V.Kumar & Philip Kotler

未来营销

AI时代的营销技术、方法和模式

［美］
V.库马尔
菲利普·科特勒

著

许剑锋 唐兴通 刘龙泽
译

Transformative Marketing
Combining New Age Technologies and Human Insights

本书是探索全新营销时代的指南，聚焦于人工智能、机器学习、无人机等新时代技术在营销领域的应用。书中阐述了这些前沿技术如何催生新的营销机会，推动创新，重塑客户互动并提升营销效果，从机器学习算法实现的个性化体验到元宇宙的沉浸式互动皆有涉及。同时，本书深入探讨了技术与人类情感、认知的相互关联，以及大数据时代下理解复杂消费者行为的重要性，强调了技术在提取有价值的观点以指导战略决策、推动业务增长方面的作用。

本书还着重讨论了营销部门在新时代技术应用中面临的挑战，包括技术的选择、使用时机与原因，以及成功部署技术后数据处理和利用的重要性。目标读者为高层和中层管理人员、崭露头角的管理者，以及商业和市场营销专业的学生，适合作为多门相关课程的教材。

First published in English under the title
Transformative Marketing: Combining New Age Technologies and Human Insights
by V. Kumar and Philip Kotler
Copyright © V. Kumar and Philip Kotler, 2024

This edition has been translated and published under licence from Springer Nature Switzerland AG.

此版本仅限在中国大陆地区（不包括香港、澳门特别行政区及台湾地区）销售。未经出版者书面许可，不得以任何方式抄袭、复制或节录本书中的任何部分。

北京市版权局著作权合同登记　图字：01-2024-4501号。

图书在版编目（CIP）数据

未来营销：AI时代的营销技术、方法和模式 /（美）V. 库马尔（V. Kumar），（美）菲利普·科特勒（Philip Kotler）著；许剑锋，唐兴通，刘龙泽译. -- 北京：机械工业出版社，2025.4. -- ISBN 978-7-111-78037-3

Ⅰ. F713.365.2-39

中国国家版本馆CIP数据核字第20253EF543号

机械工业出版社（北京市百万庄大街22号　邮政编码100037）
策划编辑：坚喜斌　　　　　责任编辑：坚喜斌　陈　洁
责任校对：王荣庆　王　延　　责任印制：任维东
唐山楠萍印务有限公司印刷
2025年5月第1版第1次印刷
169mm×239mm・20.25印张・1插页・316千字
标准书号：ISBN 978-7-111-78037-3
定价：89.00元

电话服务　　　　　　　　　网络服务
客服电话：010-88361066　　机　工　官　网：www.cmpbook.com
　　　　　010-88379833　　机　工　官　博：weibo.com/cmp1952
　　　　　010-68326294　　金　书　网：www.golden-book.com
封底无防伪标均为盗版　　　机工教育服务网：www.cmpedu.com

献给我的父母帕塔（Patta）和威斯瓦纳森（Viswanathan），我的叔叔坎南（Kannan）。

献给我的妻子阿帕娜（Aparna）。

献给我的女儿一家——安妮塔（Anita）、罗翰（Rohan）、瑞安（Ryan）、德文（Devin）以及普丽塔（Prita）、马特（Matt）、斯蒂芬（Stephen）和奥斯汀（Austin）。

献给我的姐姐尚蒂（Shanti）、姐夫普拉萨德（Prasad）及其家人。

献给我的岳父岳母拉莉塔（Lalitha）博士和拉马穆尔蒂（Ramamurthy）以及我的精神导师M.卡蒂基扬（M.Karthikeyan）。

——V.库马尔

献给我的妻子南希（Nancy），庆祝我们69年来婚姻美满、爱意绵长、幸福相伴。

——菲利普·科特勒

本书赞誉

这是一部由营销领域两位最具影响力的思想领袖撰写的重要著作。他们以如下话语迎接读者:"欢迎来到一个由现代科技——人工智能、机器学习、无人机和机器人等——驱动的全新的营销时代,本书将指引您驾驭这个新世界。"对于踏入陌生国度的旅行者来说,一本可靠的指南至关重要。如今,所有营销主管都身在一段通往陌生、快速变化的科技世界的旅程中。他们需要这本指南。这是一本必读之作。

——加里·L.利利安(Gary L.Lilien)
宾夕法尼亚州立大学管理科学特聘教授

我一直视科特勒教授为我的营销导师。这次他与V.库马尔教授合作,又创作出了一部开创性的著作。对于任何希望理解尖端科技与现代营销实践之间动态互动的人来说,这都是一本必读书。作者巧妙地将这些内容与人性洞察融为一体。无论您是高层管理者、未来领袖,还是商业与营销领域的学生,这本书都能为您提供在当今快速发展的市场中取得成功所需的知识和策略。

——拉加·拉加曼纳(Raja Rajamannar)
万事达卡首席营销官

科技总是通过改变消费者行为来推动商业变革,而这种变化又反过来影响营销策略,进而吸引新的客户。V.库马尔和菲利普·科特勒的这部杰出的著作是企业在营销5.0时代拥抱正确技术的绝佳指南。

——何麻温·卡塔加雅(Hermawan Kartajaya)
MCorp(MarkPlus)创始人兼首席执行官

这是一部突破性的著作，因为它识别出了营销领域中的巨大技术突破。对于每一个希望保持领先地位的营销人士来说，这本书是必读之作。

——赫尔曼·西蒙（Hermann Simon）
西蒙顾和（Simon-Kucher）创始人及名誉主席

那些能够超前于竞争对手，明智地运用新时代技术的营销领袖，将为其企业带来持久的优势。科特勒和V.库马尔的这本书，正是帮助这些领导者发掘技术变革潜力的宝贵指南。

——乔治·达伊（George Day）
宾夕法尼亚大学沃顿商学院营销学教授

在这本开创性著作中，V.库马尔和科特勒为技术驱动营销的未来提供了全面而深刻的指南。通过巧妙地将最新的技术进展与经典的营销原则结合，他们为企业在日益激烈的竞争环境中保持领先提供了清晰的路线图。对于任何希望通过充分发挥新时代技术潜力来提升营销能力的人来说，这都是一本必读之作。

——穆罕·梭尼（Mohan Sawhney）
美国西北大学凯洛格管理学院数字创新副院长、技术与创新研究中心主任

本书精辟地阐述了不断演变的营销格局，并为运用新时代技术走向成功提供了全面的指导。在这部开创性著作中，作者穿梭于现代营销瞬息万变的格局之中，深刻剖析了人工智能（AI）、通用人工智能（GAI）、元宇宙、机器人、机器学习（ML）、无人机、物联网（IoT）和区块链等新时代技术的影响。对于力求在充满活力的、技术驱动的未来行业中不仅求生存，更求发展的营销人员来说，本书实为必读之选。

——马克·奥利弗·奥普雷斯尼克（Marc Oliver Opresnik）
德国吕贝克应用科技大学营销学特聘教授

这是一个新时代。技术进步迫使我们改变营销决策的方式。它为我们的生产、产品和服务的营销方式、理解客户的方式以及客户与我们和其他人建立联系的方式带来了令人振奋的机遇。V.库马尔和科特勒站在了由尖端技术带来的

营销影响的最前沿。本书是必读之选——否则就会被时代抛弃。

——大卫·J.鲁宾斯坦（David J.Reibstein）
宾夕法尼亚大学沃顿商学院威廉·斯图尔特·伍德赛德
（William Stewart Woodside）营销学教授

科特勒教授在营销领域的卓越成就无人能及，本书进一步巩固了他作为数字时代思想领袖的地位。不要仅仅适应变化，要以书中提供的变革性见解积极拥抱变化。强烈推荐！

——瓦得马·A.弗沃德（Waldemar A.Pfoertsch）
塞浦路斯国际管理学院（CIIM）高级营销教授

如果你想了解自己在营销技术方面落后了多少，读这本书就对了！

——许丁宦（Hooi Den Huan）教授
新加坡南洋理工大学

本书为营销管理者提供了一份急需的路线图，阐述了如何利用八项新技术来提供卓越的客户体验和价值，同时提高营销效率。

——V."塞努"·斯里尼瓦桑（V."Seenu" Srinivasan）
斯坦福大学管理学荣休教授

随着技术进步深刻地改变着营销世界，顶尖的营销人员迫切需要培养新的技能和思维方式。令人欣慰的是，本书深入探讨了八项最重要的前沿技术，为各层级的营销人员提供了清晰的阐释、宝贵的洞见和启发。

——凯文·莱恩·凯勒（Kevin Lane Keller）
达特茅斯学院塔克商学院市场营销学教授（E.B.奥斯本讲座教授）

科特勒教授和V.库马尔教授是阐述"未来营销"的理想人选，他们的描述清晰明了，极具预见性。这本书是营销从业者和学生的必读之作！

——多米尼克·M.汉森斯（Dominique M.Hanssens）
加州大学洛杉矶分校安德森管理学院营销学特聘教授

致　谢

我们衷心地感谢Bharath Rajan、Namrata Manchiraju和Ben deHooge在本书编写过程中提供的协助。同时，我们也非常感谢我们的同事，他们激发了我们的灵感，并在本书写作过程中为我们带来了新的想法和方法。

我们还要感谢本书中引用的各项研究的合著者们所做的贡献。此外，我们要向实践界的朋友们表示感谢，他们为我们提供了许多将想法付诸实践的机会，从而加深了我们对当前不断发展的新时代技术的理解。

我们还要感激那些通过持续互动，从消费者视角为我们提供宝贵意见和反馈的学生们。

我们要感谢Renu为本书内容所做的文字编辑工作。

V.库马尔博士是印度We School的杰出研究学者、印度MICA的杰出研究员，以及中国华中科技大学的长江学者。他感谢这些机构对其持续研究的慷慨支持。

前　言

新时代技术领域魅力无穷且影响深远，它不断重塑着营销格局和人类认知。随着数字技术的持续发展，我们正站在创新与互联互通的交汇点上，最先进的技术将会彻底改变企业与客户群体互动、相互理解和建立联系的方式。

技术进步显著影响了消费者与企业建立联系的方式。随着精通技术的客户群体不断壮大，人们对快速、便捷的数字体验的需求与日俱增，同时也期待能即时解决他们的需求。因此，企业正在调整自身实践，加速拥抱技术，重塑流程，创建新的组织架构，并引入创新的商业模式。通过将更多资源用于技术进步，企业可以收获成本降低、效率提升以及更好地满足利益相关者期望等诸多好处。

欢迎来到一个全新的营销时代，这是一个由现代技术——如人工智能、机器学习、无人机、机器人技术等驱动的时代。本书将成为你探索这个新世界的指南。在这个迅速发展的市场中，营销职能在塑造、创造、执行以及影响人类思维和技术进步等方面发挥着各种各样的作用。

人工智能、元宇宙、无人机和物联网等前沿技术的出现，为营销领域带来了新的机遇。这标志着一段变革之旅的开始，我们将在这段旅程中探索这些技术的复杂性，探究它们如何推动创新、如何重塑客户互动以及如何提升营销效果。从机器学习算法实现的个性化体验，到元宇宙带来的沉浸式互动，本书将引导读者穿越推动营销迈向有趣时代的技术领域。

值得注意的是，本书探讨的不仅仅是我们周围显而易见的技术进步。通过深入研究这些技术进步，本书揭示了技术与人类情感和认知之间的相互关联。在大数据时代，理解消费者行为的复杂性比以往任何时候都更加复杂和精细。现代技术不仅使海量数据的收集成为可能，还能赋予营销人员提取有价值的信息的能力，而这些信息可以指导战略决策的制定并推动业务增长。本质上，这本书颂扬的是技术领域中的人类精神的本质。

此外，本书深入探讨了营销部门在应对新时代技术时面临的挑战。它强调需要了解应该使用哪种技术、如何使用、何时使用以及为什么使用的重要性。同时，本书还突出了成功部署技术所产生的数据的重要性，这些数据为营销人员提供了宝贵的反馈。书中还讨论了如何处理海量数据，以及如何利用这些数据提供的见解来开发解决方案和制定增长战略，从而在实现企业盈利的同时兼顾相关者的利益。

本书的目标读者是高层和中层管理人员，他们拥有改变组织内市场营销战略设计、开发和实施的权力和资源。同时，本书也为正在崭露头角的管理者提供了一份指南，帮助他们理解新时代技术如何与市场中传统和新兴的营销实践相结合。此外，商业与市场营销专业的本科生、研究生等也将从本书中受益，因为书中涵盖了技术和营销领域的前沿话题。因此，本书可以作为客户关系管理（CRM）、客户参与、技术营销、技术管理、社交媒体营销、数字营销、营销分析和营销战略等课程的必读/补充/推荐读物。

V. 库马尔

菲利普·科特勒

目 录

本书赞誉
致　谢
前　言

第 1 章 变革性营销已经开始

概述	/001
新时代技术的简介	/003
超越数字前沿的展望	/009
本书的组织结构	/010

第 2 章 变革性营销：营销 5.0 视角

概述	/013
利用人类洞察建立有意义的连接	/014
新时代技术与营销的融合	/016
理解新时代技术的资源、能力和战略	/017

第 3 章 利用人工智能实现变革性营销

概述	/019
人工智能的起源、定义和组成部分	/021
智能家居的崛起	/023
个性化教育	/024
可穿戴设备的世界	/025
营销 5.0 世界中的人工智能	/027
使用人工智能的数据驱动营销	/027

　　　　使用人工智能的预测营销　　　　　　　　　　/ 028
　　　　使用人工智能的场景营销　　　　　　　　　　/ 029
　　　　使用人工智能的增强营销　　　　　　　　　　/ 030
　　　　使用人工智能的敏捷营销　　　　　　　　　　/ 031
　　当前营销中的人工智能应用　　　　　　　　　　　/ 032
　　　　了解客户需求以部署人工智能　　　　　　　　/ 033
　　　　重新审视企业整合人工智能的能力　　　　　　/ 033
　　　　利用人工智能制定营销组合战略　　　　　　　/ 034
　　　　通过人工智能推动客户参与　　　　　　　　　/ 035
　　　　利用人工智能制定数字战略　　　　　　　　　/ 036
　　人工智能在营销领域的未来　　　　　　　　　　　/ 037
　　　　人工智能在社交媒体中的应用　　　　　　　　/ 039
　　　　人工智能营销工具　　　　　　　　　　　　　/ 040
　　　　人工智能与营销的无缝整合——新的营销文化　/ 040

第 4 章 利用生成式人工智能实现变革性营销

概述　　　　　　　　　　　　　　　　　　　　　　　/ 043
生成式人工智能的起源、定义和分类　　　　　　　　　/ 045
　　起源　　　　　　　　　　　　　　　　　　　　　/ 045
　　定义　　　　　　　　　　　　　　　　　　　　　/ 046
　　分类　　　　　　　　　　　　　　　　　　　　　/ 047
　　生成式人工智能的一些商业应用　　　　　　　　　/ 049
营销 5.0 世界中的生成式人工智能　　　　　　　　　　/ 052
　　使用生成式人工智能的数据驱动营销　　　　　　　/ 052
　　使用生成式人工智能的预测营销　　　　　　　　　/ 053
　　使用生成式人工智能的场景营销　　　　　　　　　/ 053
　　使用生成式人工智能的增强营销　　　　　　　　　/ 054
　　使用生成式人工智能的敏捷营销　　　　　　　　　/ 055
当前营销中的生成式人工智能应用　　　　　　　　　　/ 056
　　了解客户需求以部署生成式人工智能　　　　　　　/ 057
　　重新审视企业整合生成式人工智能的能力　　　　　/ 059
　　利用生成式人工智能制定营销组合战略　　　　　　/ 059
　　通过生成式人工智能推动客户参与　　　　　　　　/ 063
　　利用生成式人工智能制定数字战略　　　　　　　　/ 064
生成式人工智能在营销领域的未来　　　　　　　　　　/ 065

超个性化体验	/ 066
大规模个性化营销	/ 066
创意内容的新形式	/ 067
开发营销活动的道德考量	/ 068

第 5 章
利用机器学习实现变革性营销

概述	/ 070
机器学习的起源、定义和组成部分	/ 071
面向分析的技术	/ 074
与人工智能的联系	/ 076
机器学习模型	/ 078
营销 5.0 世界中的机器学习	/ 079
使用机器学习的数据驱动营销	/ 080
使用机器学习的预测营销	/ 080
使用机器学习的场景营销	/ 081
使用机器学习的增强营销	/ 082
使用机器学习的敏捷营销	/ 082
当前营销中的机器学习应用	/ 083
了解客户需求以部署机器学习	/ 084
重新审视企业整合机器学习的能力	/ 084
利用机器学习制定营销组合战略	/ 085
通过机器学习推动客户参与	/ 088
利用机器学习制定数字战略	/ 089
机器学习在营销领域的未来	/ 090
机器学习与客户流失分析	/ 091
需求预测的改进	/ 092
客户和产品战略制定	/ 094

第 6 章
利用元宇宙实现变革性营销

概述	/ 097
元宇宙的起源、定义和分类	/ 098
起源	/ 098
定义	/ 098
分类	/ 100

	营销 5.0 世界中的元宇宙	/ 102
	使用元宇宙的数据驱动营销	/ 102
	使用元宇宙的预测营销	/ 103
	使用元宇宙的场景营销	/ 103
	使用元宇宙的增强营销	/ 104
	使用元宇宙的敏捷营销	/ 105
	当前营销中的元宇宙应用	/ 106
	了解客户需求以部署元宇宙	/ 106
	重新审视企业融入元宇宙的能力	/ 107
	在元宇宙中制定营销组合战略	/ 108
	通过元宇宙推动客户参与	/ 111
	在元宇宙中制定数字战略	/ 112
	元宇宙在营销领域的未来	/ 113
	技术考量	/ 113
	社会 / 伦理考量	/ 114
	经济考量	/ 115
第 7 章 **利用物联网实现** **变革性营销**	概述	/ 117
	物联网的起源、定义和分类	/ 118
	个人	/ 119
	组织	/ 119
	行业	/ 120
	国家	/ 120
	可穿戴设备	/ 121
	智能家居	/ 123
	工业自动化	/ 124
	营销 5.0 世界中的物联网	/ 125
	使用物联网的数据驱动营销	/ 126
	使用物联网的预测营销	/ 127
	使用物联网的场景营销	/ 127
	使用物联网的增强营销	/ 128
	使用物联网的敏捷营销	/ 129
	当前营销中的物联网应用	/ 130
	了解客户需求以部署物联网	/ 130

重新审视企业整合物联网的能力	/ 131
利用物联网制定营销组合战略	/ 132
通过物联网推动客户参与	/ 133
利用物联网制定数字战略	/ 135
物联网在营销领域的未来	/ 136
物联网与运输行业	/ 136
智慧城市	/ 137
实时购买流程与采购	/ 139

第 8 章 利用机器人技术实现变革性营销

概述	/ 142
机器人技术的起源、定义和分类	/ 143
起源	/ 143
定义	/ 144
分类	/ 145
工业和商业应用	/ 147
面向家庭的技术	/ 150
仿人机器人	/ 151
营销 5.0 世界中的机器人技术	/ 153
使用机器人技术的数据驱动营销	/ 153
使用机器人技术的预测营销	/ 154
使用机器人技术的场景营销	/ 154
使用机器人技术的增强营销	/ 155
使用机器人技术的敏捷营销	/ 156
当前营销中的机器人技术应用	/ 157
了解客户需求以部署机器人技术	/ 157
重新审视企业整合机器人技术的能力	/ 158
利用机器人技术制定营销组合战略	/ 158
通过机器人技术推动客户参与	/ 161
利用机器人技术制定数字战略	/ 162
机器人技术在营销领域的未来	/ 163
机器人技术与互动服务行业	/ 164
互动营销	/ 166
创意内容策划	/ 167

第9章 利用无人机实现变革性营销

概述	/170
无人机的起源、定义和分类	/171
起源	/171
定义	/171
分类	/172
军事导向技术	/176
消费者应用	/177
商业应用	/179
灾难响应	/182
营销5.0世界中的无人机	/183
使用无人机的数据驱动营销	/183
使用无人机的预测营销	/184
使用无人机的场景营销	/184
使用无人机的增强营销	/185
使用无人机的敏捷营销	/186
当前营销中的无人机应用	/187
了解客户需求以部署无人机	/188
重新审视企业整合无人机的能力	/189
利用无人机制定营销组合战略	/190
通过无人机推动客户参与	/191
利用无人机制定数字战略	/193
无人机在营销领域的未来	/194
无人机的"好""坏"与"丑"	/195
提升客户体验	/196
客户联络解决方案	/197

第10章 利用区块链实现变革性营销

概述	/199
区块链的起源、定义和分类	/200
起源	/200
定义	/201
分类	/203
以安全为导向的技术	/205
与人工智能和机器学习的联系	/206

人工智能/移动互联网提高区块链的效率	/ 207
营销 5.0 世界中的区块链	**/ 208**
使用区块链的数据驱动营销	/ 209
使用区块链的预测营销	/ 209
使用区块链的场景营销	/ 210
使用区块链的增强营销	/ 211
使用区块链的敏捷营销	/ 212
当前营销中的区块链应用	**/ 213**
了解客户需求以部署区块链	/ 213
重新审视企业整合区块链的能力	/ 215
利用区块链制定营销组合战略	/ 215
通过区块链推动客户参与	/ 218
利用区块链制定数字战略	/ 219
区块链在营销领域的未来	**/ 220**
数据和交易安全	/ 221
对广告透明度的影响	/ 221
在线营销活动管理	/ 223

第 11 章
总结

新时代技术助力高效营销：一个战略框架	**/ 228**
新时代技术	/ 229
企业能力的生成	/ 232
有关营销行动的战略和战术	/ 234
客户体验	/ 234
利益相关者参与 / 收益	/ 235
新技术世界中的价值和社会福祉	**/ 238**

注释	**/ 240**

第 1 章 变革性营销已经开始

概述

"前卫",是一个可以用来描述当前商业和营销状态的词语。纵观人类历史长河,有一些关键时刻重新定义了我们生活、工作和交流的方式。今天,我们正站在这样一个变革时代,新时代技术的融合正在重塑我们熟知的世界。技术进步推动的快速且无止境的创新浪潮,为人类翻开了新篇章。

本质上,我们今天知道的、拥有的和看到的一切都与十年前截然不同。流行文化中或许早已显现出技术渗透到日常生活的迹象,但技术变革的速度既令人兴奋又令人畏惧。与许多事物一样,营销也适应了这些技术进步。最初,营销是以产品为导向的(1.0版),后来演变为以客户为导向(2.0版),再之后是以人为本(3.0版)。这些阶段的演进花了70年的时间才得以实现。

在这个空前变革的时代,传统的边界正在消融,既定的规范也在被颠覆。这些技术的影响触及我们生活的每个角落,深入到我们生活的每一个角落,从我们交流和获取信息的方式到我们应对全球挑战(如气候变化和医疗健康)的方式。正如我们现在回顾工业革命或互联网兴起等过去的变革时期一样,未来的营销专家无疑也会将这个时代视为历史的关键时刻。这些技术进步对营销战略、消费者行为和商业格局的影响将在未来多年被深入分析和研究。

在此背景下,尽管许多人认为营销3.0(以人为本的营销)将是演进的终点,但Y世代和Z世代的一套新的价值观和原则却推动了新的框架诞生,用以服务于混合客户旅程中的每一位客户。由此，营销4.0应运而生，它探讨了技术、数字媒体和渠道的应用。然而，技术在营销中的作用显然远不止于此，这也为营销5.0[1]的诞生铺平了道路。企业正将技术融入其战略、战术和运营，同时也利用技术造福人类。在这个阶段，营销的以人为本特性与技术赋能相结合，其核心意图是利用新时代技术来模拟人类营销者的能力。

这场变革的核心是数据的指数级增长，数据已成为创新和进步的生命线。从我们访问的网站到我们购买的产品，我们的数字足迹正被算法精细分析以了解我们的行为和偏好。这些洞察的结果随后被用来创造个性化体验，如推荐定制内容和提供个性化解决方案。此外，社交媒体平台、搜索引擎和电子商务的兴起从根本上改变了企业接触并与目标受众互动的方式。传统的营销渠道，如平面广告或电视广告，正在被数字广告方法所补充，在某些情况下甚至被取代，因为这些数字广告方法提供了更高的精准度、个性化和可测量性。

与此同时，我们与周围环境互动的方式也在不断演变。智慧城市正在兴起，利用物联网（IoT）的力量来提升城市生活，如减少交通拥堵的智能交通系统和减少碳足迹的节能建筑。由于认识到新时代技术对人类生活和环境的影响，许多组织开始追踪城市的表现，评估它们如何利用技术改善人类的生活。[2]

智能手机和其他移动设备的普及进一步加速了向数字营销的转变。消费者现在可以随时访问互联网，并越来越多地依赖移动设备来研究产品、比较价格和购买产品。因此，企业必须调整其营销策略以有效地在这些平台上与消费者进行互动，确保其品牌信息在各种设备和渠道中都易于获取且具有吸引力。

除了数字营销，人工智能（AI）、虚拟现实（VR）和增强现实（AR）等新时代技术也将对营销格局产生深远的影响。人工智能驱动的聊天机器人和虚拟助手已经被用来提升客户服务并提供个性化推荐。虚拟现实和增强现实技术能够带来沉浸式的品牌体验，让消费者在购买产品前就能在自己的环境中进行可视化预览。

此外，对数据驱动营销的日益重视正在改变企业理解和定位目标受众的方式。消费者在线活动产生的海量数据，结合先进的分析工具，使营销人员能够深入洞察消费者的偏好、行为和购买模式。这种数据驱动的方法使企业能够提供高度精准和个性化的营销活动，从而提升客户参与度和提高转化率。

然而，站在这个全新世界的边缘，我们也必须面对关于这些技术进步的伦理和社会影响的深刻问题。数据隐私、算法偏见和就业岗位流失等问题日益严重，这要求我们仔细思考并采取负责任的监管措施。

在这里，新时代技术正在拓宽已知的营销边界。以营销的视角来理解和利用这些创新的新时代技术，将在未来许多年中不断塑造并重新定义我们与客户的互动方式。[3]人工智能、生成式人工智能、元宇宙、机器人技术、机器学习、无人机、物联网和区块链等新时代技术只是构建一种新型的基础设施的开始，在这种基础设施中，营销既富有体验性又具有即时性，会形成一个营销人员能够利用的持续的循环以改变消费者认知、提供商品和服务并满足消费者需求。

学术研究将变革性营销定义为："……企业的营销活动、概念、指标、战略和计划的融合，以便响应市场变化和未来趋势，通过提供优于竞争对手的价值交付来超越客户预期，从而为企业获取利润并为所有利益相关者带来利益。"[4]考虑到新时代技术在营销功能中的融合，我们在这个背景下将变革性营销定义为："利用新时代技术和人类洞察来彻底改变企业和客户互动的方式，从而创造更多个性化和沉浸式的体验，借此提供优于竞争对手的卓越价值，换取企业利润并造福所有利益相关者。"

我们是如何走到这一步的？新时代技术在营销中的潜力有哪些？我们可以探索哪些战略、能力和资源来做好准备？通过研究八项关键技术的特性、它们对营销管理的更广泛影响，并深入了解目前取得进展的国家，我们可以更好地理解数字化世界中新的营销进展是如何出现的。

新时代技术的简介

如前所述，本书涉及八项快速发展的新时代技术。为了更好地理解这些技术及其为企业和用户提供的价值，我们有必要对这些技术进行简要概述，见表1-1。

表 1-1　了解变革性营销的新时代技术

分类	人工智能	生成式人工智能	机器学习	元宇宙	物联网	机器人	无人机	区块链
定义	系统正确解读外部数据，从这些数据中学习，并利用这些学习成果通过灵活调整来实现特定目标和任务[5]	人工智能算法的一种，可根据训练数据生成新的输出结果[6]	利用经验提高性能或进行准确预测的计算方法[7]	一个完全沉浸式、超可虚拟共享空间，融合了物理世界、人类世界和数字世界的三元世界[8]	一个由唯一可识别对象（事物）和虚拟处寻功能的组成的系统，它将创建一个类似互联网的结构，用于远程定位、感知、操作和/或驱动实体[9]	机械机器人或形的计算机程序，执行基于规则的工作，在任任有可配置的基本功能，如身份验证、保证安全、审计、日志记录和异常处理[10]	任何不依赖载人类操作员即可飞行的飞行器，可自主飞行或远程操作[11]	分布式数据库解决方案，可维护持续增长的数据记录列表，并由其中的节点与其节点确认[12]
起源领域	• 哲学 • 认知科学 • 计算机科学	• 哲学 • 认知科学 • 计算机科学	• 数学 • 计算统计学 • 计算机科学	• 计算机现实 • 虚拟现实 • 增强现实 • 传感器	• 计算机科学	• 哲学 • 工业工程 • 力学 • 计算机科学	• 数学 • 物理学 • 工程学 • 军事国防 • 计算机科学	• 计算机科学
广泛的营销应用	• 数字营销 • 内容营销 • 互动营销	• 电子邮件营销 • 数字营销 • 社交媒体营销 • 预测分析	• 数字营销 • 内容营销	• 电子商务 • 市场测试 • 内容营销 • 数字营销	• 数字营销 • 内容营销 • 互动营销	• 互动营销 • 内容营销 • 数字营销（与人工智能相结合时）	• 重复营销 • 数字营销 • 视觉营销 • 创意营销 • 内容营销	• 数字营销 • 互动营销 • 内容营销
使用的数据类型	• 文本 • 音频 • 视频	• 文本 • 音频 • 视频 • 图像 • 代码	• 数值数据 • 分类数据 • 时间序列数据 • 文本	结构化、半结构化或完全非结构化	应用程序、传感器、穿戴设备、装置、网络、媒体和位置的组合	• 编程语言 • 机械	传感器数据（速度/距离、红外线（热能） • 图像 • 化学	• 节点间通信 • 文本 • 音频/视频 • 数字
人类与技术的交互方式	• 直接/视觉 • 移动式 • 基于网络	• 直接/视觉 • 移动式 • 基于网络	• 移动式 • 基于网络	• 移动式 • 基于网络 • AR/VR 头戴设备	• 移动式 • 基于网络	• 直接/视觉 - 机器人	• 直接/视觉 - 无人机	• 移动式 • 基于网络

第1章 变革性营销已经开始

	用户的主要收益	用户面临的主要挑战	企业的主要收益	企业的主要挑战
人工智能/机器学习	・持续学习 ・非例行任务的自动化 ・辅助决策 ・个性化	・个性化结果 ・解决复杂问题 ・人机对话	・学习自动化 ・决策支持	・员工培训 ・遵守政府法规 ・识别和使用相关人工智能知识来推动解决方案的开发
知识产权/信任	・需要专业水平的理解 ・信任在结果中的重要性	・结果不准确 ・可能侵犯知识产权	・了解潜在益处 ・管理用户对结果的期望	・偏差和准确性问题 ・道德和法律方面的不确定性 ・与现有基础设施的整合
机器人/自动化	・制定客户战略 ・全渠道营销 ・市场洞察力	・节省时间和资源 ・提供卓越的客户体验 ・提高客户参与度 ・创建个性化产品	・模式识别 ・数据管理 ・与传统工作角色相结合	・虚拟工作环境与协作 ・扩展学习空间 ・电子商务社交机会 ・精通社交媒体
AR/VR	・功能增强 ・设备集成 ・实时连接	・建立信任 ・隐私/数据担忧 ・多种设备的安全性 ・适应集成设备的环境	・更强的感知、跟踪和监控能力 ・资产安全 ・整合多项资产 ・多节点数据收集 ・使多项资产之间的通信更加便捷	・卓越的效率 ・精确度 ・更强的工作能力 ・更快适应程序变化 ・耐受恶劣和危险环境
物联网	・员工培训 ・遵守政府法规 ・识别和使用相关人工智能知识来推动人工智能解决方案的开发	・安全问题,尤其是敏感数据 ・测试、实施和管理大型数据的基础设施 ・有关人才管理、数据管理和解决方案开发的财务规划	・建立基础设施的初始投资水平较高 ・监管和合规框架不够明确 ・数据可能被滥用	・整合负责开发、实施和维护物联网解决方案的多个业务职能部门 ・数据保护 ・努力确定设备或网络中的安全漏洞 ・遵守物联网法规
无人机	・隐私问题 ・法律问题 ・禁飞导航 ・核算资产的实际损失	・最后一公里解决方案	・人与机器人的互动/交流有时会很棘手 ・对出现问题的情况较少道德问题	・任务执行效率 ・更快、更一致的响应
区块链	・加快行动处理速度 ・数据和价值的安全传输	・实施标准不统一 ・潜在的责任法律问题及其追责途径	・商业运营更透明 ・商业运营速度更快 ・商业流程跟踪更完善	・内容创作 ・数据收集与整合 ・交付解决方案 ・在媒体营销活动中使用
3D打印/监管	・操作问题 ・隐私管理 ・遵守监管框架 ・管理运行中的损坏	・估算和管理交易流量和速度,以便制定和实施区块链解决方案 ・了解责任法律问题	・了解移动性需求 ・灵活性需求 ・整合解决方案的开发议程 ・明确何时何地使用机器人 ・遵守政府法规	

005

（续）

分类	人工智能	生成式人工智能	机器学习	元宇宙	物联网	机器人	无人机	区块链
企业广泛/深入应用的关键原因	• 用户和营销人员的接受度不断提高 • 数据驱动决策的快速制定与调整 • 消除人为错误	• 快速响应客户需求 • 实时洞察 • 可扩展的个性化营销 • 获取高质量的数据	• 快速发展 • 初期的重点仍然是改善客户服务，未来将在更多领域大有可为 • 强调高效解决问题	• 易于与其他新时代技术集成 • 有创建数字孪生的能力 • 提高运营绩效	• 由于应用范围广泛，在电子企业和企业中迅速获得认可 • 技术企业之间加强合作，促进了许多物联网应用的开发	• 仍处于探索发展阶段 • 面向企业和客户的应用范围广泛 • 未来潜力依然多样	• 接触消费者的新途径、前景广阔 • 为营销和推广活动提供了广阔的空间 • 有助于目标数据收集和活动，尤其是与物联网、虚拟现实、增强现实和云服务相结合时	• 发展的形成阶段 • 早期采用的企业正在探索有关用途和实施方面的应用与界限
隐私问题的性质/来源	• 收集和保护个人数据 • 了解利用用户数字足迹开发解决方案所带来的影响 • 在推理匿名性之间取得平衡 • 处理个人身份信息和准标识符	• 向公众公开私人信息或专有信息 • 生成内容的所有权不明确 • 潜在的员工滥用	• 数据驱动的鱼叉式网络钓鱼 • 数据中毒	• 可能滥用数据，尤其是未成年人的数据 • 对私人生活的高度侵犯 • 现行隐私法规［如《通用数据保护条例》(GDPR)］的误用和适用性 • 有关数据权利和所有权的问题	• 数据或网络黑客问题	• 以移动和监控为中心的隐私问题	• 安全和监督问题 • 未经明确许可的检测和记录 • 了解公共空间和私人空间的区别和分类	• 数据（私与公共） • 管辖权问题、HIPPA 联邦和州法律问题、GDPR 问题 • 来自新时代黑客和技术的威胁

注：未来改编并扩展自 Kumar, V.(2021).*Intelligent marketing: Employing new age technologies*. Sage Publications.

表1-1中的每一种新时代技术都代表着特定的应用场景,并通过各种营销应用满足企业和用户的实际需求。以下是对这些新时代技术的简要讨论,以便说明它们在营销应用中的潜力。

人工智能:人工智能运作于持续学习和自动化领域,作为驱动数据分析和实现自动决策的智能。人工智能使用深度学习和自然语言处理等技术,通过处理大量数据并识别数据中的模式来训练机器完成特定的任务。它可以分析复杂数据以识别行为模式和见解。这种能力使企业能够实施人工智能解决方案,从经验中学习。因此,人工智能可以帮助企业做出变革性决策,减少错误,并根据先前的经验自动触发响应。

生成式人工智能:生成式人工智能指的是一种人工智能算法类别,它根据已训练数据生成新的输出。[13]这些数据可以采取多种形式呈现,包括文本、图像、音乐,甚至整个虚拟世界。生成式人工智能的目标是创造不仅能复制人类创造力,在某些情况下还能超越人类创造力的机器,生成既新颖又高质量的内容。生成式人工智能采用的主要技术之一是深度学习,这是一种在大型数据集上训练神经网络的机器学习类型。然后,这些网络可以通过从已学习的分布中进行采样来生成新的内容。生成式人工智能还使用其他技术,包括强化学习、进化算法和贝叶斯网络等。生成式人工智能有潜力改变企业处理营销和客户服务的方式。从产品设计到产品个性化,再到培养客户关系和提供卓越的客户体验,这项技术有潜力改变企业运营和与客户互动的方式。

机器学习:机器学习指的是利用经验来提高性能或做出准确预测的计算方法。[14]通过考虑过去的信息(即所谓的经验),机器在执行过程中获得学习能力,从而表现出性能的提升。因此,学习的质量取决于数据的数量和质量,而关键成果是对关键变量的预测。简而言之,机器学习是人工智能的一个子集,旨在训练机器进行学习。因此,通过机器学习,企业可以开发算法,使其能够根据先前的数据和行为模式预测未来的行为和趋势。

元宇宙:元宇宙指的是一个完全沉浸式的、超时空和自我维持的虚拟共享空间,融合了物理世界、人类世界和数字世界。[15]它也可以被视为一个虚拟现实空间,用户可以在其中与计算机生成的环境和其他用户进行实时互动。这是一个集合了物理世界和各种虚拟世界的共享虚拟空间,允许用户参与各种活动,如社交、游戏和商业活动。元宇宙的特点在于其沉浸感和互联性。在这方面,元宇宙有潜力彻底改变我们的工作、学习和娱乐方式。在商业世界中,元宇宙对生产力、内容创作和体验传递具有重要意义。总体而言,元宇宙有潜力重塑我们生活的各个方面,并为人类互动和创造力开辟新的可能性。

物联网:国际电信联盟(ITU)将物联网定义为"信息社会的全球基础设施,通过基于现有的和不断发展的互操作信息和通信技术将(物理和虚拟)事物互联,从而实现先进服务"。[16]物联网建立在一个传感器网络之上,这些传感器捕捉每个设备的信息,并且可以单独识别。物联网设备能够感知、计算并在短距离内无线传输数据,同时可以通过互联形成无线传感器网络。[17]通过将物体互联、从环境中收集信息,并通过互联网与物理世界进行交互,物联网可以提供信息传输、分析、应用和通信等服务。

机器人:机器人是指"执行基于规则的工作,并且具有诸如认证、保证安全、审计、日志记录和异常处理等基本功能"的机械机器、系统或程序。[18]机器人在20世纪70年代首次出现在工业领域,协助生产活动。近年来,服务机器人(即用于服务的机器人)帮助企业执行各种面向客户的任务。智能机器人是服务机器人中的一个专门类别(例如,机器人服务员、机器人家用清洁器),指的是"能够执行物理任务,在不需要指令的情况下自主操作,并且由计算机控制而无须人类干预的技术"。[19]借助智能机器人,人们可以在一定程度上借助人力实现效率提升,也可以完全依靠机器实现效率提升。

无人机:无人机是指任何不依赖机载人类操作员进行飞行的空中飞行器,可以自主飞行或通过远程操作飞行。[20]无人机及其技术从开源开发者市场中获得了显著的推动。无人机制造商利用开源社区的热情和专业知识,汇聚了分布在各地的用户群体。这种举措通过开发特定用途的解决方案,持续带来了丰厚的回报。在这方面,无人机被广泛应用于商业领域,如监控、检查、物流、电影制作和救援等多个领域。

区块链:区块链是一种分布式数据库,能够永久、不可更改和透明地记录数据和交易。[21]去中心化的记录存储方式确保了不存在单一的薄弱点,从而降低了黑客攻击和数据泄露的风险。[22]通过指定交易执行的条件,区块链使两方或多方更高效、更快捷地完成交易,并提供更高的数据和资产安全性。

超越数字前沿的展望

营销数字化彻底改变了企业与客户互动的方式。社交媒体营销使企业能够接触更广泛的受众,并与他们实时互动。电子商务使客户可以舒适地在家中购买产品和服务。这些进步使营销变得更加高效、经济和个性化。营销数字化的一个关键优势是能够追踪客户行为和偏好。借助分析工具,企业可以收集客户与其品牌互动的数据,包括网站访问、社交媒体参与度和购买历史。这些数据可用于策划针对每个客户特定需求和兴趣的定向营销活动。

营销数字化的另一个好处是能够自动化某些任务。例如,企业可以使用聊天机器人提供客户支持并回答常见问题。这不仅节省了时间和资源,还通过即时响应提升了客户体验。营销数字化还允许企业创建更具吸引力和互动性的内容。例如,增强现实和虚拟现实技术可用于创建沉浸式体验,使客户能够在虚拟环境中与产品互动。这可以帮助企业以更具吸引力和难忘的方式展示其产品。

新时代技术无论是单独应用还是综合应用,都在开创一个与传统实践显著不同的商业场景。[23] 具体来说,营销活动和业务任务中已经出现单独实施新时代技术的趋势。最近,企业开始认识到综合实施新时代技术的优势,其中多种技术被用在特定的运营领域。此外,企业对数据驱动的商业和营销策略的关注增加,这使企业能够利用新时代技术在其整体运营(特别是营销)中的强大功能。新时代技术在整合多种数据源并使用先进技术进行数据挖掘和生成见解方面的潜力,促使企业以全新的方式看待新时代技术。

如今,新时代技术在营销领域的影响日益显现,甚至深入到我们的生活中。例如,亚马逊利用人工智能、机器人、机器学习、无人机、物联网和区块链等技术的融合,提供、交付并开发出一系列正在改变商业格局的解决方案。从1995年创建简陋的主页到如今,亚马逊已经真正拥抱了一个不断演化的数字生态系统。人工智能在你与亚马逊应用程序、网站或Alexa设备互动时便开始发挥作用;机器人在仓库中快速穿梭,识别并取出商品;机器学习根据个人的购物和浏览行为推送大量个性化推荐;无人机则准备好交付PrimeAir包裹(待监管支持）。此外，亚马逊云服务（AWS）提供AWS物联网，为企业在工业、消费和商业应用中集成设备和数据收集提供一系列解决方案。亚马逊托管区块链（Amazon Managed Blockchain，简称AMB）在区块链技术方面取得了进展，它提供了使用开源框架创建和管理可扩展区块链网络的手段，并具备必要的分析功能。这只是一个例子，展示了人工智能、机器人、机器学习、无人机、物联网和区块链等每项技术是如何持续促进企业能力的提升以应对日益扩大的信息池的。

新时代技术构成了企业设计数字化之旅的基础。例如，人工智能使营销人员能够预测营销活动的结果，分析过去的数据以识别模式，并为未来的活动提出优化设计。这使营销人员能够意识到潜在的市场失败，并有效规避。同样，物联网使企业能够将情境化的触点融入实体场所，创造无缝的全渠道体验。它还使营销人员能够为客户提供个性化体验。增强现实和虚拟现实技术帮助企业在最少人力干预的情况下交付引人入胜的产品。

因此，营销人员在拥抱上述每项新时代技术时，频繁使用这些新技术的术语也就不足为奇了。企业纷纷借此机会适应目前营销领域正在发生且将持续数十年的显著变化。总体而言，技术将推动营销向数据驱动、预测性、场景化、增强化和敏捷性方面发展。营销5.0概念围绕预测营销（predictive marketing）、场景营销（contextual marketing）和增强营销（augmented marketing）展开。这些应用建立在数据驱动营销和敏捷营销之上。第2章将讨论这些营销应用如何提升人类生活。

本书的组织结构

本书将采用基于营销5.0概念的人文应用视角，特别是针对新时代技术在营销学科中的应用。本书涵盖了人工智能、生成式人工智能、机器学习、元宇宙、物联网、机器人、无人机和区块链八项新时代技术，每项新时代技术用一章进行专门讨论。这八章分别由概述、关键术语和相关概念衔接。每章都遵循相似的四部分叙述结构，重点讨论这些技术的关键领域。选择保持相似的叙述结构，是因为这些技术具有高度的互联性和相关性，以及它们在许多组织中经常协同工作以改善人类的生活方式。

第1章讨论了营销5.0概念及如何从新时代技术的角度理解这一概念。在这一部分，本书将介绍八项新时代技术。此外，本章还论述了如何超越将新时代技术视为单纯的技术工具，而认识到它们在企业数字化转型过程中的关键作用，以及它们在丰富人类生活方面的重要性。

第2章阐述了企业如何通过新时代技术提升客户体验，并且通过建立有意义的联系来改善人类生活。这一讨论基于营销5.0概念，融合了与技术和人类相关的几个关键营销概念。随后，第3章至第10章分别专门讨论了八项新时代技术。

新时代技术章节第1部分（第3章至第10章）都以讨论这些技术的基础开始，即它们的起源、定义和组成部分。尽管基础讨论可能涉及技术细节，但为了便于读者理解，我们尽量简化，将重点放在后续的营销学科的特定讨论上。

新时代技术章节的第2部分讨论了营销5.0的组成部分（即数据驱动营销、预测营销、场景营销、增强营销和敏捷营销）与该章节涵盖的新时代技术的关系。这种方法将帮助读者了解每项新时代技术是如何在客户旅程中提升价值，同时关注为人类创造更美好的生活的。

新时代技术章节的第3部分详细讨论了营销5.0的五个组成部分。在这里，我们将从客户体验和客户参与的角度对这五个组成部分进行分析，具体包括：①了解客户需求以部署新时代技术；②重新审视企业整合新时代技术的能力；③制定融合新时代技术的营销组合战略；④通过新时代技术推动客户参与；⑤制定基于新时代技术的数字战略。在这一过程中，讨论将紧紧围绕如何利用新时代技术所提供和支持的资源、能力与策略来改善人类生活。通过借鉴市场实例、趋势和商业实践，第3章至第10章呈现了新时代技术当前的营销应用现状。

新时代技术章节的第4部分讨论了这些技术的未来发展，并预测这些技术可能的进步方向。这部分展示了未来可能出现的一系列发展，预示着新时代技术将在商业实践和营销应用中的潜力。

第11章主要探讨了推动和挑战新时代技术及营销5.0概念实施和发展的组织性问题。此外，第11章还讨论并展望了新时代技术的下一步发展。

关键术语和相关概念

人工智能	一种新时代的技术，使用深度学习和自然语言处理等技术，通过处理大量数据并识别数据中的模式来训练机器完成特定的任务。
区块链	一种分布式数据库，可对数据和交易进行永久、不可更改和透明的记录。
无人机	不依赖机载人类操作员进行飞行的空中飞行器，可自主飞行或通过远程操作飞行。
生成式人工智能	人工智能算法的一种，可根据经过训练的数据生成新的输出。
物联网	信息社会的全球基础设施，通过基于现有的和不断发展的互操作信息和通信技术将（物理和虚拟）事物互联，从而实现先进服务。
机器学习	人工智能的一个子集，旨在训练机器进行学习。
元宇宙	集合了物理世界和各种虚拟世界的共享虚拟空间，允许用户参与各种活动。
机器人	执行基于规则的工作的机械机器、系统或程序，往往具有可配置的基本功能，如身份验证、保证安全、审计、日志记录和异常处理。
变革性营销	利用新时代的技术和人类的洞察力，彻底改变企业与客户互动的方式，为客户创造更加个性化和身临其境的体验。

未来营销
AI时代的营销技术、方法和模式

第 2 章 变革性营销：营销 5.0 视角

概述

变革性营销旨在利用前沿的新时代技术的潜力，彻底改变企业与目标受众连接的方式。借助新时代技术的力量，企业可以策划出富有创意和影响力的营销活动，从而取得显著成果。这些技术涵盖了多种工具和平台，包括人工智能、无人机、元宇宙、机器人技术和第 1 章中介绍的其他新时代技术。"变革性"一词意味着这些技术有潜力显著改变营销的开展方式。它们可以彻底革新企业与客户的互动模式，带来更加个性化和沉浸式的体验。

变革性营销的一个关键特点是，它能够通过融合新时代技术和人类洞察，适应并与快速变化的数字化环境共同演进。随着技术的快速发展，企业需要走在时代前沿才能保持竞争力。通过拥抱新时代技术，企业可以保持相关性，并以动态和个性化的方式有效地与客户互动。例如，人工智能可用于分析海量的客户数据，使企业能够深入了解消费者的行为和偏好。这些信息可以用来策划针对目标受众的定制化营销活动，从而在更深层次上与他们产生共鸣。

此外，利用新时代技术的变革性营销使企业能够提升客户体验并建立更强的品牌忠诚度。例如，虚拟现实和增强现实可用于为客户创造身临其境的互动体验。这些体验包括：虚拟展厅，让客户在逼真的环境中探索产品；增强现实应用，帮助用户在自己的空间中直观地查看产品的效果；等等。通过提供这样吸引人的体验，企业可以给客户留下深刻印象，培养忠诚度和信任感。从行业发展来看，对于希望在数字时代保持领先地位的企业来说，变革性营销似乎将改变游戏规则。

利用人类洞察建立有意义的连接

在追求市场扩张的过程中，企业越来越注重发展（包括自身和社会的发展），而不仅仅是增长。当一个社会向着更高的文化水平和更好的收入水平迈进时，那些未被开发的细分市场就成了新的增长源泉。此外，品牌也意识到需要发展和培育其正在竞争的市场。随着互联网和技术的进步，企业不断受到审查，其伦理道德方面也受到监督。采用包容和可持续的营销方法有助于缓解这个问题。利用技术回馈社会可以加速进步，为每个人创造机会。这为建立关系和促进与有共同兴趣或目标的人的连接创造了全新的可能性。如今，新时代技术为促进有意义的人际连接提供了独特的机会。[1]虽然科技常被指责会使人孤立起来，但它反而可能拉近人与人之间的距离，关键在于如何利用这些工具。

在这方面，营销5.0作为一个概念被提出，它可以促进人类团结和连接。营销5.0被定义为"……在客户旅程中，利用模仿人类的技术来创造、传递、交付和提升价值"。[2]它有助于营销人员有效应对当代挑战，包括代沟、财富两极化和数字鸿沟。通过实施营销5.0，营销人员可以成功地创造、传递、交付和提升客户旅程中的价值，同时保持人类智慧和计算机智能之间的和谐平衡。营销5.0的部署需要使用旨在模仿人类营销人员能力的新时代技术（如人工智能、生成式人工智能、元宇宙、机器人技术、机器学习、无人机、物联网和区块链）。营销5.0概念围绕三个相互关联的应用展开，即预测营销、场景营销和增强营销。这些应用基于两个基本的组织原则，即数据驱动营销和敏捷营销。[3]图2-1展示了营销5.0的概念。

营销5.0概念中的两个原则理解如下：首先，数据驱动营销涉及系统地收集和分析从内部和外部来源获得的海量数据。此外，它还需要建立一个全面的数据生态系统，以便促进和增强营销决策过程。其次，敏捷营销涉及利用去中心化的跨职能团队，快速构思、设计、开发和验证产品及营销活动。这两个原

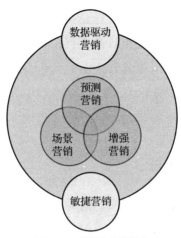

图2-1 营销5.0的概念

注：本图引自 Kotler,P.,Kartajaya,H.,& Setiawan,I.(2021).*Marketing 5.0:Technology for humanity*.John Wiley & Sons.

则为实施营销5.0概念奠定了基础。

营销5.0概念中的三个应用解释如下：首先，预测营销指的是系统地构建和应用预测分析（有时结合机器学习技术），在营销活动开始前预测其结果的系统方法。其次，场景营销指的是通过传感器和数字接口在物理环境中识别和特征化客户，进而提供量身定制的体验。最后，增强营销指的是利用数字技术，通过整合类似人类的技术（包括聊天机器人和虚拟助手）来提高面向客户的营销人员的效率。

实施营销5.0需要采用数据驱动的方法，这可以通过建立一个全面的数据生态系统来实现。这个生态系统使营销人员能够进行预测营销，传递个性化的营销信息，并通过增强营销创建与客户的无缝互动。然而，为了充分利用这些执行要素，企业还必须具备敏捷性，以便能够迅速响应市场变化。通过遵循这些原则，企业可以有效地实施营销5.0并最大化其营销效果。

新时代技术为社会提供了巨大的机遇，并通过营销5.0带来价值。它使企业建立能够跨越地理和行业界限处理大规模交易的平台和生态系统。这有助于企业满足客户日益增长的期望，提高他们的支付意愿，并推动创造更大的价值。例如，人工智能在医疗保健领域的应用要归功于其在加速药物发现和精准医疗方面的潜力。在预防医疗方面，健康追踪设备（可穿戴设备）与物联网连接被广泛使用。此外，数字化还为全球企业的可持续发展计划做出贡献。电动汽车正在加速发展，太阳能交易也日渐盛行，旨在节约能源。为了应对数字鸿沟和两极分化问题，企业需要在日常生活的各个方面应用新时代技术，并将其扩展到为社会的更大利益服务。

新时代技术与营销的融合

科技变革的时代已经到来。然而，情况并非一直如此。尽管技术在推动营销目标和企业成果方面发挥着至关重要的作用，但它并未被视为营销实践的关键组成部分。[4]营销实践已经全面拥抱技术，并将其牢牢置于企业运营的中心。通过技术，企业现在能够通过各种触点与用户互动，并且经常在一天内的多个时刻互动。此外，技术还使企业能够促进和监控用户之间的互动。这些以技术为中心的行动使企业能够收集有关用户及其需求的实时数据。随后，这些信息可以用于开发个性化的产品，并实施以客户为中心的营销战略，从而促使企业与客户之间建立更深的互动关系。

新时代技术的起源与一些长期建立的学科（如哲学、数学、工程学等）以及近年来兴起的学科（如计算机科学）紧密相连。鉴于新时代技术在我们生活中的影响日益增大，以及由此带来的营销规则的变化，理解新时代技术的起源和演变至关重要。物联网和区块链作为八项技术中最年轻的技术，被认为是从计算机科学中汲取知识而发展起来的。考虑到每项技术进步的历史背景，对于现代营销人员来说，这一点尤为重要，因为它们代表了客户互动的平台。了解在不同国家和文化中应该使用哪种技术、如何使用、何时使用以及为什么使用是至关重要的。此外，可以推断，一旦这些平台被有效利用，所产生的数据将为营销人员提供持续的反馈流，这对制定解决方案和企业发展战略具有潜在影响。换句话说，清楚地理解这八项新时代技术将如何帮助企业制定战略、提升能力和部署资源是至关重要的。

理解新时代技术的资源、能力和战略

新时代技术与营销学科的融合最能通过资源、能力和战略来理解。[5]资源[6]指的是组织为实现其目标所能利用的一切事物,通常被概念化为企业在实施战略、提高效率和效能方面所需的物质资本、人力资本和组织资本。[7]资源的概念最初是作为企业资源基础观(RBV)的一部分提出的,被视为企业持续竞争优势(SCA)的核心要素。[8]研究提出了VRIO框架(价值、稀缺性、难以模仿性和组织性)来理解资源与持续竞争优势之间的关系。研究发现,只有当资源同时具备价值、稀缺性、难以模仿性和能被企业组织有效利用的特性时,持续竞争优势才能产生。[9]

能力是企业资源的子集,指的是"组织内嵌的、不可转移的、特定于企业的资源,其目的是提高企业所拥有的其他资源的生产力"。[10,11]能力可以是静态的或动态的。静态能力指的是"用于执行既定流程所精炼且难以复制的例行程序"[12];动态能力则指"组织有意识地创造、扩展或修改其资源基础的能力"[13]。本质上,动态能力不同于静态能力,动态能力使企业能够及时了解市场发展情况,并随时准备更新资源利用的方式,为所有利益相关者传递价值。

研究还从企业的视角对能力理论进行了改进。具体来说,动态能力方法采取了一种由内向外的视角,即企业从外部市场出发,并采取一切必要措施准备和实现其既定目标。相反,自适应能力观则强调了一种由外向内的视角(即从市场流向企业内部),并促使管理团队走出企业去了解客户需求(以便制定战略)。[14]

战略是指"……企业关于如何在其运营市场中获得卓越绩效的理论"。[15]此外,战略还被视为企业在管理其业务关系时采用的计划、策略、模式、定位和视角[16],这些最终都会为客户创造价值[17]。总体而言,战略通过集体的认知和行动将企业凝聚在一起,而不是为了解决具体问题而采取的孤立步骤。虽然从定义的角度来看,战略、能力和资源通常是指与企业相关的独立概念,但当前的新时代技术驱动的环境为整合各种技术及其企业应用方式提供了一个平台。

任何成功的新时代技术的实施都需要企业统一资源、能力和战略。Netflix就是一个利用新时代技术进行此过程的典型案例。Netflix的企业战略围绕着人展开（即员工、客户等）。尽管没有明确的使命宣言，但我们可以从其当前企业文化的表述中了解Netflix的战略。具体来说，Netflix的核心理念是"人重于流程"，并专注于一系列价值观，如判断力、沟通能力、好奇心、激情、无私、创新、包容性、诚信和影响力。[18]Netflix的能力包括建立完善的技术基础设施能力、强大的数据管理能力以及有效的人才和内容采购能力。

我们可以从消费者的角度观察Netflix的能力在实际中的运用。当用户通过联网设备(计算机、电视、平板电脑)或使用手机流量登录Netflix时，这一过程就开始了。登录后，用户根据自己的兴趣做出选择。专有的机器学习算法随即开始工作，很快就为用户精心推荐节目和预览内容。随着时间的推移，系统生成了大量信息，不仅捕捉了用户偏好，还捕捉了用户的行为。他们观看什么、何时观看、观看频率、在哪里观看和如何观看，这些仅仅是其中一部分信息，此外还有许多其他有关用户的具体细节。这些信息与Netflix的企业资源以及那些有形的和无形的利益密切相关。因此，Netflix可以采购更多消费者真正感兴趣的节目，从而节省时间和成本，并根据从当前消费者获得的数据创建有针对性的营销活动，吸引新用户。理解企业战略、资源和能力的影响是利用新技术实现营销管理潜力的重要组成部分。对于Netflix和其用户来说，这无疑是双赢的局面。

关键术语和相关概念

敏捷营销	利用去中心化的跨职能团队，快速构思、设计、开发和验证产品及营销活动。
增强营销	利用数字技术，通过整合类似人类的技术（包括聊天机器人和虚拟助手）来提高面向客户的营销人员的效率。
能力	属于企业资源的一部分，嵌入式且不可转移，目的是提高企业其他资源的生产力。
场景营销	通过传感器和数字接口在物理环境中识别和特征化客户，进而提供量身定制的体验。
数据驱动营销	系统地收集和分析从内部和外部来源获得的海量数据。
动态能力	组织有意识的创造、扩展或修改其资源基础的能力。
营销5.0	在客户旅程中，利用模仿人类的技术来创建、传递、交付和提升价值。
预测营销	系统地构建和应用预测分析（有时结合机器学习技术），在营销活动开始前预测其结果。

第 3 章 利用人工智能实现变革性营销

未来营销
AI时代的营销技术、方法和模式

概述

人工智能在我们的日常生活中无处不在。通过利用数据分析、机器学习、算法和自然语言处理，人工智能赋予企业当前和未来的竞争优势，从而对营销行业产生影响。[1]目前，几乎所有行业和业务都在不同程度地使用人工智能。表3-1展示了2022年全球各行业和业务的人工智能采用情况。

如表3-1所示，人工智能使用最多的业务是高科技/电信行业的风险管理（38%），其次是消费品/零售行业的服务运营（31%）以及金融服务行业的产品/服务开发（31%）。值得注意的是，人工智能在营销中的使用率较低。这可能是由于与其他业务相比，营销需要更高水平的个人直觉和人工干预。然而，展望未来，这也代表了企业在营销中开发人工智能应用的潜在增长和机会领域。企业已经开始使用人工智能来帮助实现客户个性化营销。在这方面，人工智能对企业的重要性可以通过人工智能的多种用途看出，如聊天机器人、跨渠道分析客户画像和预测客户/潜在客户的行为等。[2]其他在营销中不断增长的人工智能应用包括进行调查研究、撰写和发布内容、提供翻译服务和公关等。随着人工智能应用数量的增加，人工智能生态系统也在不断扩大，越来越多的企业在开发人工智能产品和应用。表3-2列出了人工智能生态系统中一些精选企业的名单。

表3-1　2022年全球各行业和业务的人工智能采用情况

分类	人力资源(%)	制造业(%)	市场营销和销售(%)	产品/服务开发(%)	风险(%)	服务运营(%)	战略和企业财务(%)	供应链管理(%)
所有行业	11	8	5	10	19	19	21	9
商业、法律和专业服务	11	10	9	8	16	20	19	12
消费品/零售	14	4	3	4	15	31	29	11
金融服务	1	8	7	31	17	24	23	2
医疗/制药	15	7	2	4	22	12	8	8
高科技/电信	6	6	4	7	38	21	25	8

注：本表引自：Stanford University. (March 15,2023). AI adoption by industry and function, 2022[Graph]. In *Artificial Intelligence Index Report 2023*. Retrieved September 4,2023, from https://aiindex.stanford.edu/wp-content/uploads/2023/04/HAI_AI-Index-Report_2023.pdf.

表3-2　人工智能生态系统中的精选企业

选择的人工智能应用	主要企业
数据科学平台	SAS, IBM Watson, Rapidminer, Anaconda
数据生成与标注	Hive, Upwork, Amazon MTurk, Unity
机器学习操作（MLOPS）	Fiddler, Arize, Neural Magic, Evidently AI
计算机视觉	Amazon SageMaker, Matroid, clarifai
语音识别	Siri, Alexa, Cortana, PolyAI
自然语言处理	Google Cloud Natural Language AI, Hugging Face, Amazon Translate
边缘人工智能	Hailo, Deeplite, Edge Impulse
横向人工智能/通用人工智能（AGI）	Google Research, Microsoft Research, Meta Research, OpenAI, stability.ai, Midjourney
人工智能硬件	Google Cloud, 英伟达（Nvidia）, 英特尔, Graphcore, Cerebras
闭源模型	OpenAI (ChatGPT), OpenAI (DALL-E2), OpenAI (GPT-4), DeepMind, Midjourney, Google Bard, Google LaMDA

注：本表引自 Insights Compass 2023—Unleashing Artificial Intelligence's true potential.In Statista.Retrieved September4, 2023,from https://www.statista.com/down.

正如表 3-2 中所列，人工智能解决方案在许多面向用户的互动中占据主导地位。例如，人工智能驱动的聊天机器人通过基于客户的过往购物数据个性化体验，从而影响在线购物体验。人工智能在日常生活中的应用包括自动化处理客户的咨询和请求，以及通过聊天机器人提供旅行建议、预订票务和推荐景点等服务。人工智能的发展及其在营销行业的前景十分广阔。

本章的组织结构如下：首先，介绍了人工智能的起源简史，接着从营销的角度定义了人工智能，并讨论了与人工智能相关的流程，如神经网络和深度学习等。在此背景下，展示了一些此类人工智能流程的实际应用。其次，讨论了人工智能在营销中的一些应用，重点包括理解客户需求、重新评估企业整合人工智能的能力、设计以人工智能为中心的营销组合策略、通过人工智能推动客户参与，以及设计人工智能驱动的数字策略。最后，展望了人工智能在营销行业中的未来发展，如机器人技术的应用、用户体验的改进，以及企业与客户之间多对多的无缝互动与连接。

人工智能的起源、定义和组成部分

多年来，对人工智能的探索并非一帆风顺。在这方面，艾伦·图灵（Alan Turing）是率先将人工智能界定为一个研究领域的先驱。图灵认为，计算机可以像人类一样评估和解决问题。他在 20 世纪 50 年代发表了论文《计算机机械与智能》（Computing Machinery and Intelligence），讨论了如何构建和测试智能机器。[3] 这项开创性的研究为人工智能领域奠定了基础，并激发了该领域的研究。在 1956 年，约翰·麦卡锡（John McCarthy）和马文·明斯基（Marvin Minsky）主持了达特茅斯人工智能夏季研究项目，这一事件标志着第一个人工智能项目的诞生，也是"人工智能"一词的起源。在接下来的几年里，计算机变得更加普及，成本也逐渐降低，推动了人工智能的进一步发展。计算机的存储量和运行速度得到提高，人们对算法的使用也有了更多的认识。今天，通过技术，人工智能已经融入我们的日常生活。娱乐、银行和营销行业都在使用人工智能。从语音助手（如 Siri、Cortana 和 Alexa）到生成式人工智能工具［如

ChatGPT、Bard（谷歌的聊天机器人和内容生成工具）和DALL-E（OpenAI的图像和艺术生成工具）]，人工智能不断影响着我们的日常生活。

在创建人工智能的概念时，约翰·麦卡锡将人工智能描述为"制造智能机器，特别是智能计算机程序的科学和工程"。[4]智能的概念源自人类大脑的框架，如解决问题、推理和学习的能力。在营销中，人工智能被定义为"一个系统能够正确解读外部数据，从这些数据中学习，并通过灵活的适应性来实现特定目标和任务的能力"。[5]现在，随着人工智能的整合，营销人员可以将一些工作自动化（例如，线索生成、评分、客户留存）。通过利用人工智能，他们可以识别潜在客户，并在客户最有可能对营销信息做出反应时与他们互动。此外，人工智能技术可以基于客户的购买历史和与品牌的互动创建客户档案。通过这些档案，营销人员可以设计有针对性的营销活动，增强客户参与度和转化率。最后，人工智能是预测分析和预测工作的重要组成部分。人工智能擅长处理大量复杂的数据，从而预测客户的反应，以及预测诸如收入、投资回报等商业指标，以便指导战略决策。[6]

人工智能的力量源自自然语言处理、神经网络和深度学习等多个子领域。具体来说，人工智能旨在实现自动化和持续学习，充当推动数据导向的分析和决策的数据智能驱动力。[7]也就是说，人工智能可以协助编程处理与企业营销活动相关的信息，包括存储、检索和使用相关信息。此外，人工智能可以通过处理大量数据并识别数据中的模式来训练机器并生成见解以完成特定任务。人工智能科学家使用的语言类似于人类使用的语言。计算机程序是通过特定代码开发的，这些代码并不容易为所有人理解。因此，机器在经过自然语言处理（即人类交流的自然方式）后，会产生许多以人为中心的解决方案。自然语言处理包括自然语言理解和自然语言生成。歧义是自然语言中的一种现象，涉及从多个角度理解语言结构。这是因为许多单词、短语和句子可能具有多个或类似的含义，解决自然语言处理中的歧义对于理解和领会文本的本意至关重要。根据歧义在文本中的来源，歧义可以分为四类：词汇歧义、句法歧义、语义歧义和语用歧义（解释与语境之间相互作用层面的歧义）。[8]通过适当地解决这些歧义，自然语言处理可以帮助理解和解读口语内容，使之更有价值。然而，如前所述，由于人类语言的复杂性以及受计算机对其解读的方式的影响，自然语言

处理仍然是机器面临的一个挑战。⁹

在机器学习中，机器识别特定的模式并提高其未来的性能。具体来说，通过考虑过去的信息（即所谓的经验），机器在执行任务的同时获得学习能力，从而表现出性能的改善。过去的信息可以是收集到的数据的形式，也可以是通过与环境互动主动获取的信息的形式。学习的质量取决于数据的量和质量，其关键结果是对关键变量的预测。¹⁰为了促进深度学习，人工智能使用神经网络，其方式类似于人类大脑的运作。人工神经网络（ANNs）由常规神经网络和深度神经网络组成，它们的区别在于神经元的数量。深度神经网络包含多个隐藏的神经元层，这些层是信息处理的地方。神经元层越多，连接就越多。总体来说，机器学习主要基于数据分析和统计学的学习，并强调预测（以及未事先指定的高阶交互）。¹¹因此，机器学习可以生成预测，这些预测也可以用来验证或校准数据。¹²

在深度学习之后，推理成为可能。推理发生在通过训练获得的能力被用来理解新数据时。当前使用的一个深度学习和推理的例子是脸部识别工具，它允许Facebook在照片中标记已知的家人和朋友。总之，在人工智能的概述之后，接下来将呈现三个小故事，展示人工智能应用的可能性以及企业和用户如何从这些应用中获得价值。

智能家居的崛起

随着消费者越来越需要在家中安装能执行智能任务的设备，智能家居设备的使用量不断增长。¹³亚马逊开发的Alexa与Echo设备配套使用，具备回答问题和处理请求的能力，如预测天气、播放音乐、调暗灯光或锁门（见图3-1）。设备的激活词是"Alexa"，然后由云端服务来处理这些请求。¹⁴其他在智能家居中流行的工具还包括旅行规划应用（如Mezi）、音乐应用（如Pandora）、财务规划应用（如Olivia）、语言翻译应用（如Liv）和智能家居解决方案（如Nest）等。由于移动设备的普及，消费者更频繁地使用Siri和Google Assistant，而不是亚马逊的Alexa。

2019年，全球估计有32.5亿台语音助手在使用，预计到2024年，活跃设备数量将达到84亿台。¹⁵虚拟助手已经成为智能设备业务的重要组成部分，在

图3-1 家用智能锁。一种用于家庭保护的智能锁设备
注：本图为 Sebastian Scholz（Nuki）在 Unsplash 上发布的照片。

用户与设备的互动中发挥着重要作用。随着业务的增长和技术的进步，各企业越来越关注"智能"技术的广泛应用。精通技术的消费者现在可以像使用智能手机一样，与他们的智能家居和汽车进行交流。语音助手的普及程度持续增长，这也推动了人工智能市场的发展。同样，亚马逊、谷歌和苹果也在继续推进它们的人工智能设备的发展。亚马逊的目标是使与 Alexa 的对话持续更长时间，而不必在每次请求前重复唤醒词"Alexa"。谷歌网页版的 Duplex 允许 Google Assistant 通过自动填充来预约、预订甚至租车。苹果计划更新 Siri，使其具备语音识别能力，为用户提供个性化的建议。总的来说，语音助手设备未来预计将具有更自然的对话和更接近人类的声音。

个性化教育

人工智能在教育领域也取得了显著进展。特别是，人工智能被应用于诸如智能辅导、科学仿真实验、个性化学习、教育资源和课程以及教育游戏等教育应用中。传统的教育模式基本上没有发生变化，即一个教师对整个班级的学生教授相同的内容，而对他们的个体成长关注较少。为每个学生设计个性化学习计划的需求是当前推动人工智能在教育和学习领域应用的强大动力。当教师想了解学生的知识掌握情况时，考试和测试是他们分析的主要手段。这一方面可能会发生变化，因为人工智能工具可以用来分析学生的教育数据，帮助教师创建个性化的学习计划。例如，D2L企业开发的 Brightspace Insights

可以分析来自在线资源、出版商和学习应用的数据，以便了解学生的学习行为。Brightspace Insights为教师提供信息，帮助他们决定如何教学，并预测学生当前的问题，使教师能够立即解决这些问题。[16]同样，佐治亚州立大学引入了一个人工智能聊天机器人Pounce，通过使用对话式人工智能技术，该机器人使"夏季辍学率"（即春季入学的学生在秋季退学）降低了22%。通过这个聊天机器人，学生可以及时获得问题的解答，从而帮助他们留在学校。[17]在美国的K-12教育阶段，Carnegie Learning开发了一款基于人工智能的应用程序Cognitive Tutor®，这是一个侧重于学生如何理解和吸收数学知识的中学数学项目。教师通过让学生在讨论作业的过程中获取并应用新材料来帮助他们学习。实施课程可以使用教科书、自适应软件，或者教科书和软件活动相结合的方式。

针对年龄较小的孩子，一些企业也开发了类似的工具，作为发展性学习辅助工具的一部分。Pillar Learning开发了一款名为Codi的人工智能互动玩具，专为儿童设计，内容根据孩子的年龄、能力和兴趣量身定制。Codi包含歌曲、课程和故事，父母可以通过一个协调的移动应用程序进行调控。Pillar Learning的首席执行官Dayu Yang表示："与其他儿童玩具不同，Codi注重发展，而不仅仅是提供舒适或娱乐。"[18]其他类似应用的例子包括Querium企业使用名为Stepwise的人工智能平台帮助学生提供个性化的STEM课程，以及Hubert.ai创建的一个评估系统，可以分析孩子的技能，如想象力、背景推理和创造力。[19]这些程序都是通过人工智能增强个性化学习的能力而实现的。

可穿戴设备的世界

可穿戴设备是嵌入到可以穿戴在身体上的物品中的电子技术或设备。这些设备用于实时追踪信息（如睡眠时间、心率、活动等，见图3-2）。虽然可穿戴技术近年来才进入消费市场，但它们已被广泛应用于军事、医疗和健康护理领域。智能手表、健身追踪器、头戴显示器、运动手表和智能珠宝是当今消费者市场上流行的一些可穿戴设备。[20]

可穿戴设备由微机电（MEM）传感器组成，这些传感器旨在感知和测量各种环境和物理参数，如运动、温度、湿度等。可穿戴设备中的不同类型的微机电传感器包括加速度计（用于跟踪运动、行驶距离、睡眠模式）、陀螺仪（用于检测手势、测量方向）和气压传感器（用于天气预测和海拔跟踪）。这些传感器使可穿戴设备更加精准，并增强了它们在提供用户健康和日常活动的有价值见解方面的能力。下面讨论了一些流行的可穿戴设备。

智能手表和健身追踪器：随着行业竞争的加剧，苹果、Fitbit、Garmin、三星等品牌正在加大努力以获取市场份额。例如，Apple Watch Series 8可以检测皮肤温度、跟踪月经周期、检测摔倒并通过摔倒检测功能呼救。智能手表和健身追踪器的新用户数量（包括老年人群）激增，为了更好地迎合这一新群体，这些设备增加了血糖监测等功能，适用于糖尿病患者。同样，Fitbit增加了一项检测睡眠呼吸暂停的功能，同时还提供了跟踪活动、步数、睡眠模式等功能。

图3-2　可穿戴设备。智能手表是一种可穿戴设备，提供多种功能，如本地天气、待办事项列表、日程安排、个人通信、个人健康等相关信息

注：本图为Fabian Albert在Unsplash上发布的照片。

头戴显示器：十年前，谷歌通过发明Google Glass进入了头戴显示器领域。然而，由于价格、安全和隐私问题，谷歌的智能眼镜在2015年从市场撤出。虽然谷歌可能会进一步探索这一领域，但微软和苹果等行业领导者正在大力推动这一领域的发展。微软的HoloLens是一款混合现实头戴设备，它结合了增强现实和虚拟现实的优势，可以提高组织的生产力（特别是在制造、医疗和教育领域）。通过多种传感器、先进的光学技术和无缝融合环境的全息处理技术，全息图可以用于显示信息、与现实世界融合并模拟虚拟世界。该设备的主要功能包括全息图（无须使用镜头即可创建物体的摄影图像）、Cortana（微软的虚拟助手）和云（该设备可以无缝地与Microsoft Azure配合使用）。

智能珠宝：健康追踪类珠宝的搜索量每年增长200%，全球销售了数百万件此类设备。在2023年，消费者看到了一个新的智能珠宝时代——时尚、先进、低调。智能珠宝的重点已经扩展到睡眠数据、生育能力和心理健康，从而提供了整体的健康状况。例如，芬兰健康科技企业Oura在2015年推出的Oura Ring，能够从用户的手指上收集心率、体温、呼吸率、睡眠数据等。Oura在2021年推出了第三代Oura Ring，新增了心率监测、血氧监测、月经预测等功能。截至2022年，该企业已售出超过100万枚戒指，包括詹妮弗·安妮斯顿（Jennifer Aniston）、哈里王子（Prince Harry）和格温妮丝·帕特洛（Gwyneth Paltrow）等名人都在使用。其他智能珠宝的例子包括：Bellabeat的Leaf Urban，这是一款可当作手链、项链或胸针使用的智能珠宝；Ringly的Aries智能戒指；Fossil的Q Tailor智能手表；Ringly的Aries智能手链；等等。虽然这些产品受到了广泛好评，但企业仍在继续开发设计和提高产品的精确性，以便提供最佳的客户体验。

营销5.0世界中的人工智能

近年来，人工智能在营销中的应用变得越来越重要。人工智能通过提供有关消费者行为和偏好的宝贵见解，彻底改变了企业的营销方式。借助人工智能，营销人员可以分析大量数据，更深入地了解他们的目标受众，从而创建更加个性化和有效的营销活动。正在将人工智能纳入其业务流程的企业正在获得竞争优势，这将在未来带来良好的发展。基于第2章讨论的"营销5.0"概念，本节展示了人工智能如何在"营销5.0"世界中发挥作用。特别是，本节通过"营销5.0"的视角，讨论了人工智能应用的五个实例，并说明这些行动如何有利于人类。

使用人工智能的数据驱动营销

技术在为客户提供定制化体验方面的重要性已经得到了广泛的记录。在这个背景下，探讨数字原生企业Spotify如何利用人工智能并实施数据驱动的营销是非常有趣的。Spotify的人工智能模型通过利用用户数据（如播放列表创建、收听历史和与平台的互动）来预测他们未来的收听偏好，从而向用户推荐音频内容。Spotify主要依赖强化学习来优化用户的长期满意度，从而提供高度个性化的推荐，提升用户的幸福感并鼓励持续的参与。虽然音乐流媒体行业的每个参与者都有其特点，但Spotify在提供超个性化推荐方面的能力使其处于行业的前沿。通过利用人工智能，Spotify彻底改变了其服务，在市场上创造了无与伦比的价值。据该企业称，它每天处理5000亿个事件来训练模型，使该模型在积累更多数据的同时能够提供质量更高的推荐。[21]

最近，Spotify推出了一个新的人工智能DJ，它能根据用户的音乐数据提供个性化的引导。[22]这一功能最初以测试版本形式推出，可提供经过精心挑选的音乐和对曲目及艺术家的评论，并且以逼真的声音呈现。这个人工智能DJ可以筛选最新的音乐，重新播放用户的老歌，并带回他们多年来未听的专辑。这个DJ结合了Spotify的个性化技术、生成式人工智能和能将文字转化为逼真声音的动态人工智能语音技术。

使用人工智能的预测营销

随着技术的不断发展以及我们与其互动的日益广泛，建立一系列能够有效分析数据并保持组织最初设定目标的程序变得至关重要。为了帮助组织做出明智的决策，科技企业正在开发各种基于人工智能的工具，使其能够从数据中提取有价值的见解。一个值得注意的例子是Salesforce的Einstein Analytics。

Einstein Analytics是一个基于云的分析解决方案，旨在帮助Salesforce的用户从各种来源（如ERP系统、数据仓库和日志文件）收集的数据中获得见解。[23]该平台的主要目标是整合不同来源的数据并生成有价值的见解。通过利用人工智能，该工具能够生成报告、构建预测模型，甚至提供聊天机器人功能。凭借其数据探索和预测分析能力，企业可以找到关键业务问题的答案，并做出更明智的决策以满足客户需求。此外，该工具还能提供人工智能预测，帮助销售团队评估风险、提供互动交易指导、识别潜在的遗漏机会，并提出改进表现的建议。该平台还提供了对销售流程的全方位洞察，使得整个过程中的每一个销售指标都能得到透明的评估。

Einstein Analytics的预测能力使其在多个行业中成为一个受欢迎的工具。例如，在医疗保健领域，Einstein Analytics for Healthcare利用人工智能为护理资源协调人员、效率管理人员和转诊管理人员提供与其患者群体相关的有价值的见解和指标。通过使用该工具，护理资源协调人员可以快速识别未遵循治疗计划的患者，并采取积极措施以防止不必要的住院。效率管理人员可以从对治疗请求流程的洞察中获益，从而帮助他们缩短周期时间并提高批准率。此外，转诊管理人员还可以利用患者转诊管理洞察来更好地理解转诊来源，发现改进点，并提高患者的转诊率。

使用人工智能的场景营销

使用人工智能进行场景营销涉及利用复杂的算法和机器学习技术来理解消费者与品牌互动的场景。这包括分析位置、时间、所使用的设备甚至天气等因素，以便提供定制化的营销信息。人工智能驱动的系统还可以分析社交媒体帖子、在线评论和客户反馈，从而深入了解消费者的情感和偏好。人工智能在场景营销中的整合不仅提高了营销活动的效率和效果，还提升了整体的客户体验。人工智能驱动的聊天机器人和虚拟助手通过提供即时且准确的回答、个性化推荐甚至协助购物，进一步增强了客户体验。

星巴克是利用人工智能彻底改变场景营销的一个典型例子。该企业坚信创新的力量，强调需要迅速行动，而非冗长的时间表。这使该企业能够不断改进客户体验和员工的生活。通过利用人工智能和数据科学，星巴克可以优化其流程和产品开发。星巴克收集客户的定量和定性反馈，从而赋能其合作伙伴，并探索为组织增值的方式。

2019年，星巴克推出了Deep Brew，这是一项利用人工智能和物联网技术来优化门店人力分配、驱动库存管理和个性化客户体验的技术。[24]此技术简化了操作流程，并使客户体验更加人性化，使客户更容易获得所需服务，员工也能更好地提供服务。通过拥抱人工智能，星巴克能够保持领先地位，并为客户提供独特且个性化的体验。此外，通过分析客户的购买历史、偏好和行为，Deep Brew通过移动应用程序为客户生成个性化推荐。这不仅增强了用户体验，还提高了客户的参与度。除此之外，Deep Brew还通过识别趋势和模式，帮助星巴克推出具有针对性的促销和优惠。这使星巴克能够推出与特定客户群体产生共鸣的活动，从而推动销售和客户参与。

星巴克不仅使用Deep Brew为客户创造情景体验。[25]该企业还在探索其他举措，如基于用户定位的精准营销。星巴克应用程序使用地理定位功能为用户提供特定位置的促销信息和功能。当顾客接近门店时，应用程序可以发送有关进行中的优惠活动或个性化折扣的通知，以便鼓励他们光顾。通过利用人工智能和其他技术，星巴克能够为其顾客创造更个性化和更具吸引力的体验，最终推动销售和提高客户忠诚度。

使用人工智能的增强营销

增强营销是一种强大的工具，可以帮助企业在两个关键方面提升其营销效果。首先，它使营销人员能够设计更具针对性和个性化的营销活动。通过分析客户数据，人工智能算法可以识别出模式和偏好，从而创建更有效的营销信息。其次，增强营销可以帮助企业节省时间和资金。通过实现一部分营销任务的自动化，企业可以减少设计和执行营销活动所需的时间和资源。

人工智能在提升人们工作效率方面发挥着关键作用，尤其是在癌症研究和治疗领域。近年来，病理学家（特别是在癌症治疗领域）的短缺已成为一个显著问题，这反映出医疗保健各个领域面临的挑战。此外，人口老龄化也导致病理学家的工作量增加。病理学家必须为每个病例分配适当的时间，因为如果花费的时间过多或过少，可能会对患者造成严重的后果。尽管人们正在尝试利用数字化以提高病理学家的工作效率，但挑战同时也出现了。例如，一片单玻片的数据就将占用大量存储空间，超过1GB。这给技术基础设施带来了巨大的压力，并且导致了数据收集和存储的成本显著增加。

为了解决这个问题，谷歌和美国国防部合作创建了增强现实显微镜（ARM）。[26]这种显微镜与普通高中实验室中的显微镜类似，一台配备了人工智能模型的计算机连接。通过将准备好的玻片放在显微镜下，人工智能可以准确地勾勒出癌症的位置。病理学家可以通过目镜和单独的显示器观察到这个轮廓——一条亮绿色的线。此外，人工智能还提供了关于癌症严重程度的信息，并在显示器上生成黑白热图，以像素化的形式显示癌症的边界。此外，ARM软件的截屏功能预计将为医疗机构带来显著的成本节省。

尽管ARM并非旨在替代数字病理系统，但其简便的设计可以帮助医疗机构快速获得诊断结果。目前，世界上仅有13台ARM，它们尚未用于协助病理学家进行患者诊断。然而，专家表示，它可能成为病理学家在无法方便获取第二意见时的宝贵资源。总体而言，由于成本节省和工作流程效率的提高，这项技术有潜力在全球范围内革新癌症研究和治疗。

使用人工智能的敏捷营销

如第2章所述，敏捷营销涉及利用分散的跨职能团队快速构思、设计、开发和验证产品和营销活动。当与人工智能结合时，敏捷营销提供了一种无与伦比的动态和灵活的营销方式。通过人工智能算法分析大量数据，营销人员可以获得有关消费者行为、偏好和趋势的宝贵信息。这使他们能够做出基于数据的决策，并精准地调整营销工作以针对特定的受众。通过利用人工智能，企业可以让重复性任务自动化，简化流程，并优化营销活动以获得更好的结果。

例如，以卡夫亨氏食品企业为例。该企业最近宣布计划在其所有业务运营领域实施基于敏捷的战略Agile@Scale，整合专门的团队组，专注于解决特定的挑战和抓住机遇。[27]此项目旨在通过有效管理今年增加的促销活动，提升企业与自有品牌竞争的能力。

作为Agile@Scale战略的一部分，该组织设立了多功能团队组，每组由12人组成，专注于关键机会领域，如收入管理和创新。该战略将技术投资（如人工智能）与敏捷方法相结合，以便增强企业的内部能力，同时与微软等供应商合作。根据该战略，这些团队组分布在各个部门，如创新、物流、制造、销售和财务。每个团队组都以投资回报率（ROI）为衡量标准，由卡夫亨氏员工和微软等外部合作伙伴组成。每个团队专注于解决特定的挑战或抓住特定的机遇。

通过与微软合作，该组织建立了一个"供应链控制塔"，作为企业整个产品组合的空中交通管制中心。这项创新为企业提供了对工厂运营的实时可见性，并自动化了卡夫亨氏85个产品类别的供应链分销。通过利用Azure的人工智能、物联网和数据分析能力，企业能够高效且经济地将产品交付到2500家美国零售商和餐饮服务客户以及数百万消费者手中。[28]通过实施该计划,卡夫亨氏成功地将人工智能整合到其供应链透明化体系中,销售额显著增加了3000万美元。此外,这一举措使企业能够简化其运营优先级,并自动识别服务风险和人员操作风险。结果,卡夫亨氏通过利用这项先进技术,使人员操作风险有效地降低了42%。[29]

当前营销中的人工智能应用

企业越来越多地使用人工智能技术来开发以客户为中心的解决方案。[30]此外,各国也在积极关注人工智能投资以促进经济增长和技术发展。[31]正确使用人工智能时,它可以成为提升企业生产力和加快决策过程的重要工具。关键在于,人工智能驱动的工具可以使管理者在市场细分和定位等问题上获得更深入的见解,而无须耗费太多时间。

此外,借助大数据的帮助,人工智能的能力得到了显著提升。[32]通过分析大量的人口统计数据和个人信息,人工智能可以推荐个性化的产品和服务,通常包括广告和战略性折扣,从而直接影响消费者。人工智能能够在任何人无法达到的规模尺度上进行产品策划。机器之所以在这方面表现得更出色,是因为它们能够对数据进行切分和处理,从而生成比人类更为精确的见解。此外,企业还可以利用人工智能提供增强的搜索引擎,这些引擎基于机器学习算法。例如,谷歌也采用了人工智能来为搜索引擎提供更详尽且全面的结果。通过使用一种称为"搜索生成体验"的技术,谷歌利用大型语言模型和生成式人工智能,不仅识别最相关的信息,还将其呈现为简洁的文本(以及相关的搜索结果),供用户即时使用。[33]这项技术最初由谷歌率先使用,之后更多企业开始尝试。例如,Carmax的人工智能工具通过对品牌、里程数和价格范围等选项进行筛选以提供更优的定制化方案,充当消费者的个性化经销商。这确保了消费者只会看到与其需求相关的方案和内容。[34]以下展示了人工智能在企业营销方面的五个应用场景。

了解客户需求以部署人工智能

深刻理解客户的需求和愿望，对于任何企业成功都是至关重要的。因此，企业正越来越多地收集与其业务有关的全部数据，这为企业将数据转化为见解带来了机遇和挑战。企业正面临着这样一种矛盾局面：信息日益增多，但知识却在减少，洞察力却在不断下降。这种现象被认为是数量压倒质量，从而导致信息质量下降。[35]换句话说，问题不在于企业拥有多少数据，而在于它们拥有的数据是否适用于决策。此外，在决策过程中如何分析和使用这些数据也问题重重。在这方面，用人工智能分析海量数据会非常有效。

为了加快简单流程和日常工作的处理速度，聊天机器人和虚拟助手可以成为很好的工具。企业可以利用这些工具，通过减少这些日常任务所花费的时间来提高客户满意度。通过分析大数据集，人工智能可以高度的准确性预测消费者的需求和愿望，帮助企业开发急需且有价值的产品。在时尚行业中，人工智能被用于理解客户需求的案例尤为普遍。常见的应用包括Zara使用人工智能算法生成纹理和图案，阿迪达斯（Adidas）和耐克（Nike）允许客户使用人工智能算法设计自己的鞋子，以及Stitch Fix使用人工智能提供卓越的在线购物体验等。特别是，Stitch Fix广泛应用人工智能来实现其多个核心功能。该公司不仅因其造型算法而闻名（该算法根据客户的偏好和需求挑选出最合适的服装），还在其他领域使用了人工智能。[36]例如，使用算法将合适的造型师与客户配对，帮助买家预测未来的时尚趋势以更好地管理库存，以及识别买家的"潜在风格"和"潜在尺码"，而不是只关注他们表面的偏好。总体而言，这些算法共同作用，为客户提供最适合其独特需求的服装。

重新审视企业整合人工智能的能力

正如之前提到的，机器学习是人工智能的主要推动力之一。具体来说，机器学习研究了计算机系统用来执行特定任务的相似统计模式，这些任务是基于模型而非精确指令完成的。对于在竞争激烈环境中茁壮成长的企业来说，关键在于有效地将人工智能应用到为客户提供的解决方案中。这意味着人工智能工具必须与企业的目标保持一致，从而确保人工智能应用的成功。此外，为人工智能工具设定明确的预期也是非常重要的。在这方面，企业不采用人工智能的

一个关键原因是人工智能应用带来的回报不明确或不足。³⁷

此外，人工智能可以帮助企业更有效地分配资源。许多工作职能目前包括大量重复且耗时的任务，如文件处理、校对和数据收集等。人工智能基础设施使企业能够轻松应对这些耗时的任务。因此，员工可以将更多时间花在对企业未来更为重要的关键任务上，如创造性思维和决策制定。例如，据估计，60%的职业将至少有30%的工作实现自动化，此外，一些职业还会实际减少。而且，预计人工智能还会创造出以前不存在的新工作岗位。³⁸在这方面，人工智能将在工作类型和劳动力管理方面改变职场。

利用人工智能制定营销组合战略

在一个消费者偏好和需求不断变化的动态商业环境中，确定合适的营销策略可能会变得颇有难度。如今，人工智能让企业能够应对这些即时变化，并适应快节奏的环境。剖析人工智能在营销组合中扮演的角色，可以为我们提供它在企业中渗透的有趣见解。这一点可以通过以下讨论中的人工智能在企业营销组合策略中的应用得以体现。

人工智能在产品决策中的应用：企业利用人工智能工具帮助设计师和制造商创造更好的产品。通过人工智能，设计师可以收集和分析大量数据，了解客户需求，并创造出高效且具有成本效益的产品。人工智能提供了根据客户需求定制产品的能力。³⁹人工智能在产品设计中的一个特点是能够根据一组参数（如材料、成本、尺寸等）生成设计方案。在这方面，生成式设计算法在当今的工业中越来越受欢迎，广泛应用于航空航天、建筑和消费品制造等领域。例如，企业越来越多地使用数字孪生技术来实时设计、管理和更新其产品。数字孪生是通过人工智能和连接设备等新时代技术对实体产品进行实时虚拟呈现。这种形式使企业能够定义、管理和更新产品特性和产品设计，同时监控产品性能并预测潜在的性能问题。使用数字孪生的企业包括微软、波音和梅赛德斯-奔驰等。未来，随着人工智能变得更加普及和实惠，预计将有更多企业采用数字孪生来管理其产品开发等工作，这不仅能提升产品性能，还能为客户提供身临其境且引人入胜的体验。

人工智能在定价决策中的应用：在当今竞争激烈的商业环境中，企业不断寻找增加收入、保持和获得竞争优势的方法。近年来，使用人工智能算法进行价格优化成为一种受到关注的方法。人工智能分析大量实时数据的能力提供了在任何特定时间识别产品和服务最佳定价的潜力。例如，打车应用Uber使用动态定价。在这里，人工智能算法分析实时数据以预测需求、识别定价趋势，并实时调整价格。对于Uber而言，这意味着根据实际的市场需求和交通状况调整价格。此外，基于人工智能的分析还帮助企业分析客户数据（购买历史、人口统计、在线行为），以便为每位客户制定个性化的定价策略。利用这种方法，企业可以通过提供符合客户需求和支付意愿的价格来提升客户忠诚度并提高销售额。品牌还可以通过这种方式与客户建立更紧密的关系，提高客户满意度。

人工智能在渠道和促销决策中的应用：产品的可触达性和可用性对于最大限度地提高客户满意度至关重要。产品分销作为一个过程，依赖于物流、库存管理、运输等各种其他重复性过程。人工智能通过整合其他新时代技术，如机器人包装、无人机配送和物联网进行订单跟踪和补货，提供了让这些过程自动化的解决方案。[40]在促销方面，人工智能在根据客户档案实现个性化和定制化方面发挥了作用。情感人工智能算法和内容分析可以用于追踪和理解客户情感。例如，基于人工智能的在线写作工具（如CopyAI、Jasper和QuillBot）帮助用户生成各种类型的内容（如博客标题、电子邮件、社交媒体内容）。这些工具可以帮助营销人员生成内容，非常适合初学者了解生成式人工智能。

通过人工智能推动客户参与

人工智能可以让企业更高效地与客户建立联系。在人工智能领域，机器学习算法（例如，协同过滤、深度学习等）越来越多地被用来创建不仅能理解客户需求和期望，还能识别用户偏好的企业产品和服务的工具。[41]这帮助企业更容易巩固客户与营销人员之间的关系。[42,43]

此外，研究发现，那些建立在情感联系之上的满意的客户关系会进一步发展为深度参与的状态，[44]并且，积极的关系在影响客户参与行为方面发挥着作用。[45]据此，参与度（涉及两方利益相关者）被定义为客户之间、客户与企业员工之间以及企业内员工之间的态度、行为和连接程度。[46]态度越积极、行为越正面，并且连接度越高，参与度也就越高。

数据使人工智能能够智能、高效地分析、预测和推荐个性化的客户需求。[47] 客户总是在寻找能够改善和简化他们生活的产品和服务。在这方面，企业可以通过个性化推荐来提高客户参与度。[48] 定制化的产品推荐在信息量巨大的环境中对企业尤为重要。[49] 例如，一项最近的调查发现，48%的客户因为产品推荐不够精确而转向购买其他品牌（无论是线上还是线下）。[50] 此外，研究表明，个性化推荐可以提高客户的参与度。[51] 总的来说，人工智能在各个行业中广泛被用于定制化推荐和产品推荐，并且正在持续为企业带来显著的成果。

利用人工智能制定数字战略

实施在线营销活动是营销策略的重要组成部分。当今，通过在线活动接触大量人群的机会越来越多。点击付费广告、搜索引擎优化、内容营销、电子邮件营销和社交媒体营销是数字营销活动中最常用的策略。人工智能可以被整合到数字营销策略中。

人工智能可以帮助企业开拓尚未被竞争对手发现的新平台。在合适的时间和地点向合适的人展示相关广告，可以成为成功的数字营销策略的重要组成部分。具体而言，使用人工智能工具，企业可以准确定义并开发过去很难被发掘的创新产品。例如，在英国，欧莱雅使用人工智能工具密切监控社交媒体上用户对其品牌的评价。该品牌的首席营销官斯特凡·贝儒伯（Stéphane Bérubé）表示："通过与消费者进行个性化互动，我们能够了解他们，并相应地做出反应。我们比以往任何时候都更能够预测和预见市场趋势，从而更好地服务消费者。"[52] 同样，IBM Watson 也被应用于 McCormick Foods 以监控消费者的反馈和社交媒体的动态，从而开发新的香料产品。[53]

基于消费者研究、语义理解和相关性（而非优化）的自然语言处理，让人工智能驱动产品优化的能力越来越强。此外，人工智能还可以应用于内容创作。例如，人工智能可以用于开发以内容为导向的广告，正如 McCann 的人工智能工具，该工具帮助创意团队编写和拍摄引起目标受众高度共鸣的广告片。[54] 像 Grammarly 这样的工具可以预测用户想要表达的内容，并提供建议，使内容更加简洁和清晰。在某些内容营销任务中，如编写电子邮件主题和提示关键词，人工智能的表现甚至优于人类。因此，企业可以利用人工智能更高效地设计其数字营销策略。

简而言之，人工智能在营销中的价值主要围绕个性化展开。最近的研究已经认识到，人工智能对企业营销实践的影响与过去显著不同。在这个新技术时代，有人提出，当通过制定策略使用人工智能工具实现个性化时，个性化可以带来更好的营销效果。因此，企业在个性化内容策划的背景下使用人工智能时，可以明显看到品牌塑造和客户管理实践得到了极大改善。[55]在这方面，图3-3提供了一个框架，用于理解人工智能在策划个性化产品过程中的作用。

如图3-3所示，消费者如何在诸多选择中做出决策以及消费者如何存储和使用知识以做出决策这两个因素继续影响企业的发展。具体而言，信息的丰富性和消费者处理公开信息的必要性，在学术研究中分别被概括为"选择的悖论"和"数字认知负荷"。[56]上述两个因素共同为企业和消费者开创了一个新时代，在这个新时代，人工智能能够为消费者精准整合和策划多样化的选择，并以个性化的形式为消费者提供丰富的信息。未来，个性化将继续在人工智能解决方案的帮助下推动企业产品开发。

人工智能在营销领域的未来

人工智能在相对较短的时间内在商业和营销领域取得了显著的发展。它在各种场景下，向企业和用户展示了其有效性和实用性，人工智能将在当前的基础上持续发展。目前，人工智能在营销中最重要的影响似乎是通过提供个性化体验来建立客户互动。[57]人工智能的自动化决策减少了营销人员在设计个性化客户体验时的猜测。这在内容策略、活动策略、产品交付、销售策略、购买意图、重定向等方面提供了各种营销机会。具体来说，人工智能通过分析数据帮助消费者做出关键的购买决策，并准确地将合适的企业产品与消费者的需求配对。这使人工智能成为确保消费者在短时间内做出正确选择的有力工具。图3-4展示了人工智能的一些热门和新兴应用。

2023年麦肯锡的一份报告指出，人工智能及相关分析可以产生17.7万亿美元的经济价值。[58]此外，人工智能驱动的营销可以通过提供更好的产品和服

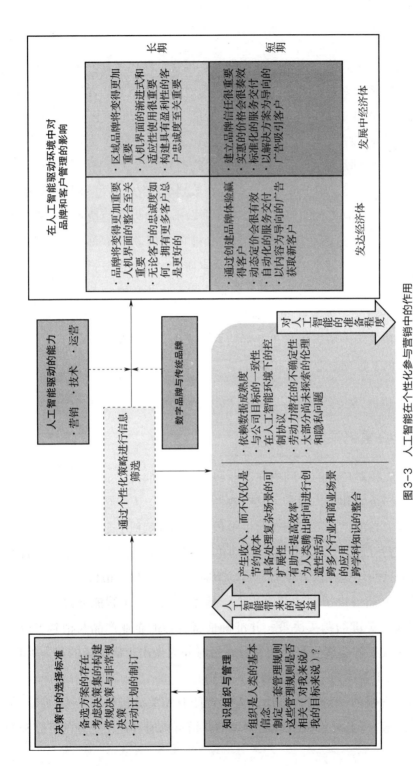

图3-3 人工智能在个性化参与营销中的作用

注：本图来自 V.Kumar,Bharath Rajan,Rajkumar Venkatesan,& Jim Lecinski[2019], "Understanding the Role of Artificial Intelligence in Personalized Engagement Marketing," *California Management Review*,61(4),135-155.

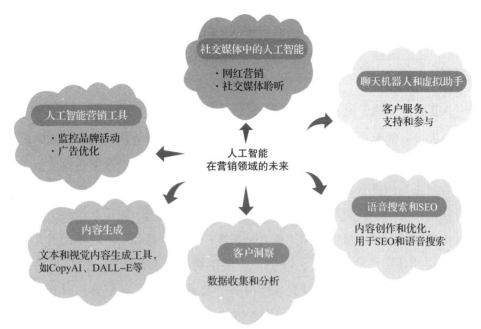

图 3-4 人工智能的热门和新兴应用

务、提高客户满意度和转变整体业务运营,为企业带来显著的价值。[59]特别是,人工智能在营销中的未来可以从两个方面来看:①数据驱动的营销;②客户互动和体验管理。数据驱动的营销从收集来自多种来源(如社交媒体、客户关系管理系统、网站分析)的数据开始。收集数据后,企业可以使用人工智能驱动的工具来分析数据,识别模式和趋势以辅助决策,并发现优化机会。在数据驱动的营销中,我们讨论了三个人工智能预计将在未来发挥更大作用的关键领域——人工智能在社交媒体中的应用、人工智能营销工具和人工智能与营销的无缝整合——新的营销文化。

人工智能在社交媒体中的应用

人工智能在社交媒体中的应用正在不断增长。[60]各行业中,社交媒体平台越来越受到零售企业的欢迎,因为它们可以用于加强与客户的关系。人工智能在社交媒体中的应用帮助零售品牌提升其促销效果。在当今网红盛行的时代,找到与品牌价值观和产品契合的网红对于成功开展推广活动至关重要。人工智能可以提供关于网红的深入见解，预测他们与品牌的契合度，并根据其参与统计数据评估其潜力等。人工智能还可以为投资带来可观的回报，并帮助设计网红活动中呈现的内容。

人工智能营销工具

由人工智能驱动的营销工具正在帮助营销人员进行分析，并基于实时数据提供更快、更准确的见解。首先，人工智能驱动的工具可以帮助企业分析大量的广告定位和预算变化，找到并细分受众群体，创作、测试广告内容，并提高广告在目标受众中的表现等。人工智能还可以用于预测，如预测哪种语言在特定客户群体中能带来最佳效果，或者根据客户搜索产品和服务时使用的关键词来预测推荐什么内容。此外，许多企业正在使用人工智能驱动的标识检测系统，以便检查它们的标识在社交媒体网络上出现的频率，了解客户对其品牌的情感态度，并识别它们在广告中可以改进的方面等。

人工智能与营销的无缝整合——新的营销文化

人工智能在营销行业中的潜在价值依然巨大，企业应考虑如何利用人工智能的进步来助力其品牌目标的实现。企业正在将人工智能整合到个性化服务、搜索引擎优化、内容开发、消费者决策、客户服务、客户关系管理等领域。为了确保人工智能实施的成功，与企业目标保持一致至关重要。也就是说，一个成功的人工智能实施应当覆盖整个组织，并且不遗漏任何部门或相关方。由于人工智能具有互动性，成功的实施往往是跨学科的、交互式的和综合性的，并且将所有企业的运营整合在一起，而不是以孤立或按顺序的方式进行。这将使企业更有能力应对人工智能实施中可能出现的各种挑战。此外，明确人工智能实施的定义也是至关重要的。[61]

总之，未来的发展趋势将牢牢指向个性化和定制化产品。企业已经注意到了这一趋势，并正在顺利地朝这个方向发展。与许多正在兴起的创新一样，人工智能的未来预计将经历快速的变化。然而，由于人工智能的应用，商业企业的一部分运营工作产生根本性的转变，这对于发达市场和发展中市场的企业来说都适用。作为即将发生的变化，发达市场的企业已经在整合由人工智能驱动的变革，例如：①为用户提供令人难忘的使用体验（如Spotify的"每周发现"，这是基于用户听歌历史的个性化播放列表）；[62]②实时定价信息（如在线零售商Jet使用人工智能动态更新实时定价）；[63]③预先编程的服务应用（如Uber Eats使用人工智能优化送货时间）。[64]

此外，发展中市场的企业则专注于：①在用户中建立品牌的可靠形象（如移动金融对话平台Juntos为用户提供个性化的文本信息，从而帮助拉丁美洲地区的消费者实现财务目标）；[65]②分析企业产品及其合理定价（如亚马逊印度站的人工智能工具可以研究假日购买数据并提供正确的定价建议）；[66]③规范服务交付选项以确保一致性（如Keeko机器人在中国的600所幼儿园中为孩子提供统一的教学）；[67]④开发以解决方案为重点的商业广告（如奥美为雀巢在中国开发的营养助手，帮助开发个性化的膳食准备选项）。[68]

从长期影响来看，企业可能会更好地装备自己以提供涵盖客户与企业互动各个方面的人工智能解决方案，而不是仅限于短期内特定的使用场景。在这一点上，研究已经指出，发达市场的企业在个性化方面的战略可能会集中在以下几个方面：①强化品牌价值；②将人机互动作为核心功能融入其中；③为不同盈利水平的客户服务（而不仅仅是专注于高利润客户），以此作为它们营销战略的基石。[69]

预计在长期内，发展中市场的企业的关注点将与发达市场的同行不同。具体而言，预计发展中市场的企业可能会专注于：①在区域层面（而不是国家层面）建立品牌价值；②在增量和适应性层面上逐步将人机互动融入现有的业务实践中；③促进并确保用户之间的可盈利的客户忠诚度。

当然，无论是短期还是长期的企业举措（无论是在发展中市场还是发达市场）都离不开人工智能方面的企业能力建设。人工智能驱动的能力包括与营销、技术和运营相关的能力。营销能力（例如，收集和利用客户级数据来推动企业的营销活动）影响了人工智能如何为企业带来益处。新时代技术（如人工智能）使企业能够在个人层面上收集、整合和分析大量数据，从而使企业能够获得更强的洞察力，但数据的数量、种类和速度可能导致信息过载。[70]这使企业能够识别和提取有助于确保卓越营销表现的见解。

在技术能力方面，企业将需要重新评估其技术基础设施，并确定它们将如何与新时代技术保持一致。此外，学习如何使用和应用新时代技术所需的时间和精力，可能会受到这些技术与企业及其员工现有知识基础和技能的相关程度的影响。[71]

运营能力使企业能够基于现有规模，采用同样的技术，为同一客户群体提供现有的产品和服务。[72]此外，运营能力被概念化为面向企业的运营功能，包括员工活动和业务流程。[73]

人工智能的发展表明它在个性化和定制化产品以及提供有价值的决策指导信息方面具有强大的潜力。凭借强大的算法，人工智能工具可以在开发有针对性的产品时满足用户的需求。此外，人工智能工具可以随着时间的推移进行学习和改进，这进一步增强了其建议的准确性。最后，人工智能工具的输出结果通常是用户友好的且易于使用的。这是用户采用此类产品、享受良好使用体验的一个重要理由。

关键术语和相关概念

歧义	自然语言中的一种现象，涉及从多个角度理解语言结构。
人工智能	制造智能机器，特别是智能计算机程序的科学和工程。
人工智能（在营销背景下）	一个系统能够正确解读外部数据，从这些数据中学习，并通过灵活的适应性来实现特定目标和任务的能力。
深度神经网络	人工神经网络的一个组成部分，包含了多个隐藏的神经元层，这些层是信息处理的地方。神经元层越多，连接就越多。
微机电（MEM）传感器	用于感知和测量各种环境和物理参数的传感器，如运动、温度、湿度等。

未来营销
AI时代的营销技术、方法和模式

第4章 利用生成式人工智能实现变革性营销

概述

生成式人工智能（Generative Artificial Intelligence，简称GAI）是一种根据从现有内容中学习到的知识创建新内容的人工智能形式，这些新内容可以是文本、图像、音频、视频或合成数据等。从现有内容中学习的过程称为训练，训练的结果是创建一个统计模型。生成式人工智能使用统计模型来预测预期结果，并据此生成新内容。相较于传统编程（需要手动编写硬编码规则），当今的世界已经取得了显著的进步。随后，神经网络的出现使模型能够处理更复杂的模式并产生输出结果。生成式人工智能是深度学习的一个子集，使用监督、无监督和半监督的机器学习方法，基于现有数据的概率分布生成新的数据实例。生成式人工智能的输出形式包括自然语言（如语音、文本）、图像、音频和视频等。有趣的是，之前的模型在输入类型上不够灵活，而生成式人工智能可以接受文本、语音等形式的提示。

对于营销领域来说，生成式人工智能是一个相对较新的概念，但其市场在不断增长，从2020年的140亿美元增长到2023年的近9000亿美元，并有望在2032年突破1.3万亿美元。[1]近年来，生成式人工智能工具的爆发式发展，如谷歌的Bard、OpenAI的ChatGPT和Midjourney企业的Midjourney等，使生成式人工智能受到了各行各业的广泛关注，2023年全球几乎所有行业都开始尝试使用生成式人工智能工具。[2]表4-1展示了生成式人工智能在全球各行业中的应用

043

情况。

生成式人工智能工具在各个业务中的应用越来越普遍。与人工智能一样，生成式人工智能最常应用于营销和销售、产品开发、服务开发和服务运营（包括客户服务和后台支持）等业务。例如，在营销中，生成式人工智能的常见用途包括撰写电子邮件和社交媒体消息的文案，生成社交媒体和网站的图像、聊天机器人和营销材料的脚本，创建营销文件的初稿、个性化营销活动的消息和文本文件的摘要等。[3]随着新的生成式人工智能工具不断推出，报告显示，以上的业务表现出对这些工具的最高使用率。

表4-1 全球各行业中生成式人工智能的应用情况

特征	经常用于工作 (%)	经常用于工作及工作外 (%)	经常用于工作外 (%)	至少尝试过一次 (%)	没有接触过 (%)	不知道 (%)
先进行业	5	11	16	47	15	5
商业、法律和专业服务	7	16	13	41	21	2
消费品/零售	7	11	12	40	26	4
能源与材料	6	8	15	50	19	3
金融服务	8	16	18	41	14	4
医疗保健、制药及医疗产品	6	10	17	44	15	7
技术、媒体和电信	14	19	19	37	9	3

注：本表来自 McKinsey & Company. (August 1, 2023). Share of respondents using generative AI at work or outside of work in 2023, by industry [Graph]. In *Statista*. Retrieved October 10, 2023, from https://www.statista.com/statistics/1407402/generative-ai-use-by-industry/.

上述趋势表明，生成式人工智能的崛起无疑在不断演变的组织职能领域中留下了变革性的印记。在众多见证这一变革的领域中，营销成为这一尖端创新的显著受益领域。本章将探讨生成式人工智能对营销范式的多方面影响。

本章的组织结构如下：首先，简要介绍了生成式人工智能的起源，然后从营销的角度定义生成式人工智能，并讨论与生成式人工智能相关的流程，介绍这些人工智能流程的实际应用。其次，探讨了生成式人工智能在营销中的应用，重点是理解客户需求、重新审视企业整合生成式人工智能的能力、设计以生成式人工智能为中心的营销组合策略、通过生成式人工智能推动客户参与以及制定与生成式人工智能相关的数字策略。最后，展望了生成式人工智能在营销行业的未来，通过展示一些非常有前景的营销行动和举措来展现其潜力。

生成式人工智能的起源、定义和分类

起源

生成式人工智能源于人工智能和机器学习的广泛领域。尽管人工智能和机器学习自20世纪中期以来已经存在，但生成式人工智能的旅程始于20世纪60年代。早期的生成式人工智能工具之一便是ELIZA聊天机器人，它能够根据先前接收到的文本模拟与人类的对话。2014年，伊恩·古德费洛（Ian Goodfellow）及其同事引入了生成对抗网络（GANs），这是生成模型演变过程中的一个里程碑。这一新颖的框架让两个神经网络相互对抗，一个生成数据，另一个区分生成的数据和真实数据，从而产生高度逼真的输出。自那以后，这一领域不断发展壮大，涵盖了多种方法和模型，推动着人工智能生成能力的发展。[4]随着计算能力和数据可用性的提高，生成式人工智能模型（如马尔可夫链和神经网络）得以发展。

20世纪90年代末和21世纪初，随着多样化数据集的可用性提高、计算过程改进以及知识体系的不断扩展，生成式人工智能得到了进一步的发展，如生成对抗网络可以用于生成逼真的图像、文本和其他形式的内容。最近，该领域的额外研究和开发推动了更丰富、更先进的生成式人工智能工具的发展，如DALL-E和GPT（生成式预训练变换器，Generative Pre-trained Transformer）模型。这些模型可以生成令人难以置信的逼真的创造性内容，从而推动了生成式人工智能在多个领域的新应用。

在最近的学术讨论中，生成式人工智能的崛起被公认为推动企业全面接受人工智能的关键。[5,6]营销领域会特别受益于生成式人工智能，许多组织在营销领域中普遍应用这一尖端创新。[7]有大量证据证明,生成式人工智能在营销和广告等行业中表现卓越,因为在这些行业中,优质的内容是企业与各种利益相关者强化关系的关键。

此外,文献表明,数字化能够使企业优化与客户的沟通,从而提升客户体验。[8]这种增强是改善品牌互动[9]和增加客户忠诚度以及营销绩效的前兆。安尼辛(Anisin)[10]提出了一个引人注目的论点,认为生成式人工智能的影响远远超过之前的数字化技术,这主要归因于它具备模拟人类创作内容的能力,为营销人员提供了大量强大的内容优化工具。

对于营销人员来说,生成式人工智能不仅仅是一个提升效率的工具,还是一位推动变革的盟友。[11]不仅仅是单纯地降本增效,生成式人工智能可使品牌超越传统界限,提供通过人工手段无法实现的个性化体验。凭借其动态沟通体验,生成式人工智能提供了量身定制的视觉元素、文本和见解,帮助降低成本、提供更加优质的服务。

定义

生成式人工智能是人工智能算法和模型的一个子集,能够生成与其训练数据相似但不完全相同的新内容。这些算法不仅能分析输入数据,还能生成全新的数据实例——无论是文本、图像、声音,甚至是视频——这些新数据可能与真正由人类生成的数据难以区分。"生成式"一词指的是创造新的东西,而不是对现有数据的处理或分析。各个组织对生成式人工智能的定义大致见表4-2。

表4-2 各组织提供的生成式人工智能的定义

组织名称	定义
Gartner	"……人工智能技术能够从数据中学习工件的特征表示,并利用这些特征生成与原始数据相似但不重复的全新、独特的工件。"[12]
IBM	"……深度学习模型能够基于训练数据生成高质量的文本、图像和其他内容。"[13]
市场责任标准委员会(MASB)	"……人工智能的广泛类别,旨在基于现有材料和用户定义的参数生成新内容。生成式人工智能的输出可以是新文本、图像、音频、视频以及这些的组合形式。"[14]
世界经济论坛	"……一类基于训练数据生成新输出的人工智能算法。"[15]

我们询问了ChatGPT对生成式人工智能的定义，它提供了以下内容："生成式人工智能指的是一类人工智能技术和模型，这些技术和模型能够生成与由人类创造的数据相似，或者在某些情况下与之难以区分的新数据。生成式人工智能模型旨在理解现有数据中的模式和结构，然后生成符合这些模式的新数据样本。这些模型可以生成各种类型的内容，包括文本、图像、音频等。"

尽管定义各有不同，但所有定义似乎都一致认为，生成式人工智能是一种能够创造新事物的人工智能技术。此外，生成式人工智能是一个强大的工具，具有广泛的潜在应用，并且随着技术的进一步发展，生成式人工智能可能在未来会有更多创新且令人兴奋的应用。

分类

生成式人工智能通常根据其生成的内容类型，以及生成这些内容所采用的方法进行分类。表4-3提供了一些分类的示例。

表4-3 生成式人工智能的分类

分类	含义
按内容类型分类	
文本	例如GPT（生成式预训练变换器）系列等模型，可以撰写文章、编写代码、创作诗歌或进行语言翻译
图像	生成对抗网络因生成从人脸到艺术作品的逼真图像而闻名
音频	可以生成音乐、模仿声音或创造声音效果的模型称为音频模型
视频	人工智能可以创建视频片段或修改现有素材以创建新场景或效果
按生成方法分类	
生成对抗网络	由两个网络组成，一个是生成器，另一个是判别器，通过相互竞争来提高模型的性能
变分自编码器（VAEs）	通过潜在空间，使用概率方法生成数据
转换器模型	借助注意力机制，这些模型在生成连贯且语境相关的文本序列方面尤其有效
自回归模型	学习一次生成一段数据，并预测序列中的下一个项目

(续)

分类	含义
按应用分类	
内容创作	用于创意设计、文学和数字艺术的创作
数据增强	当数据稀少或不均衡时,采用数据增强技术来优化机器学习中的数据集
模拟和建模	模拟和建模用于创建逼真的训练和研究环境

根据生成式人工智能的分类,不同类型的生成式人工智能模型在输入和输出上有所不同。我们在此讨论了四种广义的生成式人工智能模型(见表4-4)。

首先,文本到图像模型是在大量图像集上进行训练的,每个图像都附有简短的文本描述。这类模型应用于图像生成和图像编辑。Open AI的DALL-E就是一个文本到图像模型的例子。

其次,文本到文本模型接受自然语言输入并生成文本输出。这些模型经过训练来学习一对文本之间的映射关系。

再次,文本到视频模型根据文本输入生成视频,这里的输入可以是从单句话到完整的脚本的任何内容。与此相关的是文本到3D模型,是指创建与用户文本描述相对应的三维物体的模型。

最后,文本到任务模型是根据文本输入来执行特定任务的模型。这些任务包括回答问题、执行搜索、做出预测等。上述四种模型的应用示例见表4-4。

表4-4 生成式人工智能模型的类型

生成式人工智能模型	应用	示例
文本到图像(Text-to-image)	• 图像生成 • 图像编辑	• Stable Diffusion • LimeWire • Jasper • Canva(可画)
文本到文本(Text-to-text)	• 翻译 • 内容编辑/写作	• Quillbot • GPT-3 • Byword • HiveMind

(续)

生成式人工智能模型	应用	示例
文本到视频（Text-to-video）、文本到3D（Text-to-3D）	• 视频生成 • 视频编辑 • 游戏资产	• Synthesys • Synthesia • InVideo • Colossyan
文本到任务（Text-to-task）	• 软件代理 • 虚拟助手 • 自动化	• Taskade • TextCortex • Otter • Alexa

随着新模型和应用的开发，生成式人工智能的分类可能会变得更加细致。它不仅代表了技术上的成就，也标志着我们在思考机器的创造能力，以及它们模仿甚至有时超越人类创造力的潜力方面发生了根本性转变。

生成式人工智能的一些商业应用

生成式人工智能工具的商业应用可以追溯到OpenAI的成立。OpenAI是一家人工智能研究与部署企业，致力于确保通用人工智能（AGI，通常比人类更聪明的系统）能够造福全人类。OpenAI成立于2015年，由科技行业的知名企业家创立，专注于开发安全且有益的通用人工智能，并通过人工智能推动工作和创造力的变革。OpenAI提供了多种模型，如 ChatGPT、DALL-E、Whisper 等。ChatGPT是一种人工智能聊天机器人技术，能够处理人类自然语言并生成回应。它以对话的形式与用户互动，这种对话形式使其能够回答后续问题、承认错误并拒绝不适当的请求。

OpenAI在自然语言处理技术方面取得了显著进展。[16]OpenAI目前正在开发基于1.7万亿个参数训练的 GPT-4。预计 GPT-4将具有更先进的推理能力、复杂指令的处理能力和增强的创造力。它还能够适应用户的意图和请求以降低产生不佳输出的可能性。

OpenAI的另一项创新是DALL-E，这是一种文本到图像的生成式人工智能模型。DALL-E允许用户通过提供文本到图形的提示来创建图像。它是一个神经网络，可以根据用户的提示以不同风格生成新的且常常是超现实的图像。

"DALL-E"这个名字是西班牙超现实主义艺术家萨尔瓦多·达利（Salvador Dali）和迪士尼的虚构机器人瓦力（Wall-E）的结合。该技术结合GPT-3使用深度学习模型来理解自然语言提示并生成新图像。最初，DALL-E使用离散变分自编码器（dVAE）生成图像。然而，DALL-E 2改进了所使用的方法，能够生成更高端、更加逼真的图像。[17]DALL-E 3基于ChatGPT构建，目前可供ChatGPT Plus订阅用户使用。

Google AI开发了其大型语言模型（LLM）聊天机器人Bard。该模型基于对话应用语言模型（LaMDA）构建，这是一种人工智能语言模型，允许用户进行对话式人工智能互动。该模型在一个庞大的文本和代码数据集上训练，能够生成文本、翻译语言和撰写各种类型的创意内容。Bard的第一个版本于2023年2月发布，使用了LaMDA的轻量版本，能以较少的计算能力处理更多的并发用户。除了LaMDA，Bard还从网络中提取数据，为用户提供多种服务，包括创建不同类型的内容、摘要文本和多语言翻译。所有这些功能都通过一个基于文本的简洁的聊天界面提供。Bard具备参与多轮对话的出色能力，人工智能能够在与人类用户的多次互动中保持一致的话题和角色。这一特点使Bard在聊天机器人和虚拟助手等应用中特别有价值。Bard的一些热门用途包括内容写作、创意写作、营销材料文案生成和学生写作等。表4-5提供了上述三个生成式人工智能模型的比较。

表4-5 流行的生成式人工智能模型的比较

比较项目	ChatGPT	DALL-E	Bard
是什么	能够与用户进行类人对话的人工智能驱动聊天机器人	能够根据文本描述生成逼真图像的人工智能模型	由Google AI开发的大型语言模型聊天机器人，能够与用户进行类人对话
如何运作	使用自然语言处理和机器学习来理解和回应用户查询	在大量文本和图像数据集上训练，能够生成各种风格的图像（如逼真照片、绘画作品和卡通作品）	使用更新的数据源——包括来自互联网、科学论文、数学表达式和其他工具无法处理的源代码等
流行用途	客户支持、个人助理、教育等	艺术、设计、教育和娱乐	研究、教育、创意写作、客户服务等

（续）

比较项目	ChatGPT	DALL-E	Bard
理想用途	生成创意文本格式（诗歌、代码、脚本）	生成现实世界中不存在的事物图像，能够生成难以与真实照片区分的逼真图像	回答事实性问题并向用户提供最新信息

以下三个简短的故事展示了生成式人工智能工具的发展，这些工具正在影响商业和社会的许多方面。

医疗保健：开发新的药物产品既耗时又耗资。整个过程（从构想到发布）可能需要数年时间，企业平均投资达15亿美元。[18] 借助生成式人工智能，企业可以自动化处理诸如起草临床试验通讯、将文件翻译成不同语言等耗时较长的任务。例如，拜耳企业与Google Cloud的Vertex AI和Med-PaLM 2合作，以便提高其临床试验过程的效率。此外，该企业还使用Google Cloud的张量处理单元（TPUs）进行大量计算，从而为药物发现提供新的见解。[19] 同样，微软也在大力推动基于生成式人工智能的工具，帮助医疗保健组织提供更好的医疗服务。例如，微软正在开发Azure AI Health Bot，该机器人可以从医疗机构的内部数据中提取信息，并整合来自外部的数据，从而帮助治疗特定疾病并识别内在机制和机理。患者还可以向该机器人就其症状和遇到的医学术语提问。微软还推出了其他基于生成式人工智能的项目，重点关注医疗系统中的一系列利益相关者，如患者、医生、护士、管理员、临床医生和医学专家等。[20]

时尚：设计师与生成式人工智能之间的合作致力于利用人工智能处理与其想象力相符的数据集的能力。[21] 该技术在整个行业（如商品销售、产品开发、分销、定价）中有广泛的应用前景，生成式人工智能可以丰富产品创意。利用该技术的数据挖掘、了解过往产品线并获得启发性图像和风格的能力，设计师可以进一步提升自己的创意水平。

教育：联合国教科文组织对全球超过450所学校和大学进行的调查发现，不足10%的机构制定了关于使用生成式人工智能应用程序的政策或提供正式指导。这一发现表明，尽管生成式人工智能在许多方面取得了快速进步，但在教育领域的应用还相对滞后。在这方面，联合国教科文组织的报告认为，教育是一个根本上依赖于社会互动才能有效和有影响力的人类体验。学术研究也警告了这一工具给教育者带来的挑战，同时也指出了生成式人工智能可以提供的机会。[22,23]通过提高对生成式人工智能的认识，教育者可以有效地将其融入课堂教学。此外，引导学生讨论人工智能的优缺点可以使这项技术更全面地融入教育。最终，这种方法能够使教育机构更深入地理解生成式人工智能的能力和局限性，从而帮助它们在未来生成式人工智能可能日益占据主导地位的环境中应对挑战。

营销 5.0 世界中的生成式人工智能

营销领域中的生成式人工智能已经彻底改变了企业推广其产品和服务的方式。通过利用人工智能的强大功能，营销人员可以创建与目标受众产生共鸣的、生动且引人入胜的内容。这一尖端技术使营销人员能够自动化其营销活动的各个方面，从内容创作到客户细分。通过利用生成式人工智能，企业可以简化其营销工作，节省时间和资源，同时最大化其覆盖范围。此外，生成式人工智能算法可以分析大量数据以识别模式和趋势，为营销人员提供关于消费者行为和偏好的信息。在第2章讨论的"营销5.0"概念的基础上，本节展示了生成式人工智能在"营销5.0"世界中的运作方式。特别是，本节讨论了五个通过"营销5.0"视角应用生成式人工智能的例子，并说明了这些行动如何惠及人类。

使用生成式人工智能的数据驱动营销

生成式人工智能的出现使营销发展进入新阶段，这得益于其与客户互动、定制内容以及降低成本和复杂性的能力。如今，营销人员采用数据驱动的方法来进行客户服务，旨在个性化客户体验、提高销售额和客户留存率，并为一线员工提供支持。特别是，生成式人工智能使企业能够分析用户数据、购买历史、浏览行为和人口统计信息，从而创建与个体产生共鸣的定制化信息。这种方法允许高度个性化，有助于随着时间的推移与客户建立良好的信任和关系。此外，企业还利用生成式人工智能生成结构良好且针对搜索引擎优化的内容，提升其在线可见度和覆盖范围。[24]

以可口可乐的生成式人工智能计划为例。2023年3月，可口可乐推出了一项生成式人工智能计划，为粉丝提供了探索众多品牌元素的机会。这些元素包括标志性的可口可乐轮廓瓶、Spencerian字体的标志以及可口可乐广告中的各种符号（如可口可乐圣诞老人和北极熊等）。该计划为人工智能驱动的实验和创意探索提供了一个平台，使粉丝能够以新的和创新的方式与这些元素互动。粉丝们的创意作品启发了针对纽约和伦敦广告牌的户外数字艺术设计。据企业报道，这一生成式人工智能活动在11天内就产生了近12万个图像创作，并且未使用付费媒体，用户在平台上平均停留了8分钟。该计划的成功为企业今后推出更多此类计划提供了信心。[25]通过向参与者开放其专有数据和品牌资产，可口可乐创造了一个环境，使参与者能够生成有影响力的结果，并为未来的人工智能开发者提供参考。

使用生成式人工智能的预测营销

使用生成式人工智能的预测营销涉及使用算法分析来自各种来源的数据，包括社交媒体、搜索引擎和客户行为。这些数据随后被用于创建模型以预测未来的趋势和消费者行为。这些模型可以用于创建更有可能成功的目标营销活动，因为它们基于数据驱动的洞察而非猜测。它还可以帮助识别趋势、预测行为、预判即将出现的挑战，并为其制订解决方案。

以JetBlue（美国捷蓝航空公司）为例。这家总部位于美国的航空企业与技术供应商ASAPP合作，采用了一种预打包的生成式人工智能解决方案，以便增强和自动化其聊天渠道操作。该方案极大地惠及了航空企业的联络中心，使其每次聊天平均节省了280秒。结果，这仅在一个季度内就节省了73000小时的客服时间。借助这一工具带来的效率提升，客服人员现在有更多的时间来协助处理复杂问题，从而最终改善了整体客户服务体验。[26]未来，该平台将具备从客户情绪和查询频率中学习的能力，从而为决策者提供面向客户的行动和流程的实用建议。

使用生成式人工智能的场景营销

场景营销是指通过利用实体空间中的技术界面来识别和分析客户特征，并为其提供个性化互动的过程。它是营销人员根据客户所处的具体情境，实时开展一对一营销的关键所在。通过了解消费者与品牌互动的情境，企业能够创建高度个性化且及时的营销活动。无论是基于浏览历史投放定向广告，还是根据之前的购买记录发送个性化推荐，生成式人工智能都使营销人员能够为每位客户提供全方位且量身定制的体验。

以场景广告为例。如今，广告和媒体企业正在开发场景驱动的营销内容，针对消费者在场景中表现出的品位和偏好进行沟通。例如，音频营销平台Instreamatic最近为联网电视推出了一款新产品。[27]这个创新产品在保持视觉效果不变的情况下，为同一创意生成各种音频版本。利用人工智能的强大功能，Instreamatic可以替换语音中的特定细节，如提及观众当前使用的流媒体服务或电视节目，并突出显示对应的促销代码、产品或优惠。这种动态的方法提升了观众的个性化体验，使广告商能够更有效地定制其信息。目标是迅速生成同一广告的众多个性化版本，可能在几秒钟内就能产生数百种甚至数千种变体。

在这方面，场景化人工智能正在广告商中迅速普及，并常被视为解决在线隐私、侵扰和无关广告等问题的方法。Seedtag的场景化人工智能平台Lin使品牌和代理企业能够开发与当前页面内容场景相符的定制创意内容。[28]这一创新解决方案使广告商能够优化其广告，使其无缝融入在线环境。通过利用深度学习、计算机视觉和自然语言处理功能，Lin能够理解客户广告活动的期望场景，并生成提示以增强原始创意，从而获得更有效的结果。凭借基于受众洞察和活动目标创建新创意的能力，这个人工智能生成平台提供了无限可能，同时节省了宝贵的时间和资源。

使用生成式人工智能的增强营销

增强营销借助生成式人工智能的力量，为营销人员带来了新的可能。通过分析大量数据和消费者行为模式，生成式人工智能算法能够生成创意和引人注目的内容，从而吸引潜在客户的注意。该技术使营销人员能够创建个性化的广告、产品推荐，甚至是互动体验，以满足个人的偏好和兴趣。此外，随着增强现实设备和虚拟现实设备的普及，将生成式人工智能与这些设备集成，预计将为用户带来独特的个性化体验。

下面介绍一个关于社交焦虑的案例。许多人在参与高度投入的对话（如社交活动、公开演讲或求职面试）时会感到尴尬甚至表现出社交焦虑。RizzGPT是由斯坦福大学的学生开发的一款创新的 AR 眼镜，旨在解决这一问题。[29] 这款眼镜结合了人工智能和增强现实技术，用于帮助个人在困难的对话中更好地应对。眼镜配备了摄像头、麦克风和一个内部投影屏幕，能够在用户眼前显示文字。在对话过程中，RizzGPT 使用其麦克风监控对话内容，并将其转化为文本。然后，这些文本通过 GPT-4 和 Whisper 生成基于提问背景的适当回应。该回应会在短暂延迟后显示在 AR 眼镜的小型单片屏幕上。[30]

这种技术有可能彻底改变我们与他人交流和互动的方式。它可以帮助那些在对话中感到社交焦虑或难以理解他人的人。RizzGPT 的开发是增强现实和人工智能领域向前迈出的重要一步，未来这项技术的发展和应用将令人充满期待。RizzGPT 的开发者 Bryan Chiang 认为，技术和硬件的进步可以在更短的时间内提供更智能的回应。他举例说明了摄像头如何用于识别朋友并提供相关信息，甚至在餐馆点餐时通过读取菜单并使用生成式人工智能来推荐最佳菜品。Chiang 还提到，这项技术还有许多其他可能性，下一代产品将更加令人印象深刻。[31]

使用生成式人工智能的敏捷营销

生成式人工智能在营销领域的兴起，导致了各个行业中生成式人工智能项目和预算的增加。然而，随着客户需求变得日益复杂，企业还必须具备组织敏捷性以适应不断变化的市场条件。这需要分散的跨职能团队快速构思、设计、开发和验证产品及营销活动。将生成式人工智能整合到敏捷营销过程中，可以帮助实现这一目标。

例如，三井化学株式会社成功地利用生成式人工智能和 IBM Watson 优化了其新应用发现过程。通过将包括专利、新闻和社交媒体（SNS）在内的超过 500 万个外部大数据点输入到 IBM Watson 中，三井化学株式会社能够结合它们产品特有的术语词典，高效地分析这些数据。这一举措使该公司专有词典的词汇量大幅提升，增长了约十倍。[32]

此外，这一举措还使提取新应用的效率也提高了三倍，帮助三井化学株式会社发现超出其先验知识和现有认知的新应用。通过利用销售和业务领域专家的专业知识，三井化学株式会社以敏捷且准确的方式分析这些大数据，进而发现了可能被忽视的新应用。

其中一个例子是通过SNS分析发现本地铁路系统对抗真菌产品的需求，这一发现促使三井化学株式会社开展了其抗真菌产品的销售活动，展示了其新应用发现过程的实际效果。总体而言，三井化学株式会社通过使用生成式人工智能和IBM Watson发现的新应用数量增加了约两倍，凸显了这一创新方法的显著优势。[33]

当前营销中的生成式人工智能应用

将生成式人工智能的角色扩展到营销功能之外，我们可以看到，生成式人工智能有望使多个业务职能转变角色并提升绩效——包括销售和营销、客户运营以及软件开发。根据麦肯锡的一项全球调查发现，自动化潜力最大的五大职业（无论是否使用生成式人工智能）分别是教育工作者与劳动力培训师、商业和法律专业人士、STEM（科学、技术、工程和数学）专业人士、社区服务工作者以及创意和艺术管理人员。[34] 表4-6展示了各职业中生成式人工智能相较于非生成式人工智能的自动化潜力。

表4-6 展现生成式人工智能自动化潜力的十大职业

类别	使用生成式人工智能的自动化潜力（%）	不使用生成式人工智能的自动化潜力（%）	差异影响（%）
教育工作者和劳动力培训师	54	15	39
商业和法律专业人士	62	32	30
STEM（科学、技术、工程和数学）专业人士	57	28	29
社区服务工作者	65	39	26
创意和艺术管理人员	53	28	25

（续）

类别	使用生成式人工智能的自动化潜力（%）	不使用生成式人工智能的自动化潜力（%）	差异影响（%）
办公室文员	87	66	21
经理	44	27	17
医疗专业人士	43	29	14
客户服务和销售人员	57	45	12
物业维护人员	38	29	9

注：本表来自McKinsey & Company. (June 14, 2023). Automation potential with and without generative artificial intelligence (AI) in the United States in 2023, by profession [Graph]. In *Statista*. Retrieved October 17, 2023, from https://www.statista.com/ statistics/1411571/job-automation-potential-generative-ai/.

生成式人工智能在各种与客户相关的任务中为营销人员提供帮助，并成为营销中创意流程的一部分。例如，2023年5月，WPP宣布与英伟达达成合作，旨在改变品牌内容创作的方式。通过这项合作，它们希望以更大规模和更定制化的方式整合生成式人工智能，使创意团队能够更快、更高效地制作完全符合客户品牌定位的高质量内容。[35]一些研究已经将生成式人工智能识别为一种前景广阔的技术，它不仅在营销中创造价值机会，还对改善人类生活具有重要意义。本节将介绍五个具体的应用领域，在这些领域中，生成式人工智能继续帮助企业制定营销举措。

了解客户需求以部署生成式人工智能

利用生成式人工智能理解客户需求涉及利用人工智能技术从客户数据中提取有价值的见解和信息。生成式人工智能在这一过程中可以发挥重要作用，通过创造类似人类创造力和理解力的数据、内容或回复来帮助实现这一目标。以下是一些可以从生成式人工智能的使用中受益的面向客户的领域：

分析客户反馈：生成式人工智能可以用于分析来自调查、社交媒体和其他来源的客户反馈，从而识别常见主题和趋势。这些信息可以用来了解客户需求和痛点。例如，亚马逊使用生成式人工智能使客户能够更容易地评估网站上的产品评论。亚马逊正在测试一项人工智能功能（截至本文撰写时，仅限美国客户使用），即在产品详细页面上提供一段简短的文字，突出显示产品的特点和客户在评论中频繁提到的情感，从而帮助客户快速确定产品是否适合他们。图 4-1 展示了亚马逊目前正在测试的这一功能。此功能将有助于客户更好地处理其他用户分享的产品反馈，从而确保客户评论功能得到有效利用。

图 4-1　由生成式人工智能开发的亚马逊客户评论亮点功能

注：本图来自 Amazon.com，访问自 https://www.aboutamazon.com/news/amazon-ai/amazon-improves-customer-reviews-with-generative-ai。

预测客户行为：生成式人工智能可以用于预测客户行为，如他们可能购买哪些产品或何时可能流失。这些信息可以用来策划有针对性的营销活动并提高客户留存率。例如，Stitch Fix 正在试验使用 GPT-3 和 DALL-E 2 帮助造型师快速且准确地解读大量客户反馈，并预测客户更可能购买的产品。生成式人工智能工具可以分析客户的反馈，包括电子邮件请求、产品评分和在线帖子。基于客户对某款服装的常用评论（例如，"合身""款式酷"等），DALL-E 可以生成客户可能想购买的类似服装的图像。然后，造型师可以在 Stitch Fix 的库存中找到类似的商品并推荐给该客户。[36]

创造个性化体验：生成式人工智能可以用于为客户创造个性化体验，如推荐他们可能感兴趣的产品或服务。这可以帮助企业提高客户满意度和忠诚度。例如，摩根士丹利（Morgan Stanley）正在开发一款先进的人工智能驱动助手，希望彻底改变财富管理顾问查询其庞大的内部知识库的方式。这款基于先进的 GPT-4 技术构建的下一代助手，旨在为成千上万的财富管理顾问提供快速且准确的复杂查询响应。通过利用"搜索+内容创作"的创新结合，这款生成式人工智能模型将使财富管理顾问能够访问和定制信息，以便满足每位客户的独特需求，从而实现服务体验的个性化。[37]

生成式人工智能可以帮助企业深入了解客户需求。这些见解可以更有效地帮助企业定制产品、服务和客户互动。然而，至关重要的是，在使用这些见解时要注意伦理和社会责任，同时尊重客户隐私。在此过程中建立信任是关键。

重新审视企业整合生成式人工智能的能力

企业在考虑引入生成式人工智能时，应重新审视其内部的建设能力，包括在组织内建立必要的技能、流程和基础设施。在将生成式人工智能整合到其能力中时，企业应考虑以下几个方面：① 理解生成式人工智能对其业务的潜在应用价值；②组建具备必要技能和专业知识的团队；③投资于必要的基础设施和工具；④与外部专家合作；⑤培养实验和创新的文化氛围。

当李维斯（Levi's）开始将生成式人工智能整合到其业务中时，它针对上述五点做出了应对。2021年，这家时尚服装制造商通过推出数据科学训练营，迈出了提升员工技术知识的第一步。该计划旨在培训那些技术知识有限的员工如何在企业的设计流程中使用新时代技术。完成培训后，员工们具备了开发与其工作相关的新型人工智能工具的能力。该企业的目标是增加具备技术知识的员工的多样性。通过这种方式，企业可以发现传统技术背景的员工可能忽略的问题。该计划还帮助不同专业领域的团队（如设计和工程团队）有效沟通并找到共同点。此外，李维斯还发现该计划提高了员工的留存率。[38]

虽然生成式人工智能有可能成为一种颠覆性技术，但组织需要一个明确的战略，使其能够从实验阶段过渡到工业化阶段。为了从新时代技术中获得组织想要的价值，它们需要一个团队来负责和推动生成式人工智能的应用。不断变化的客户需求和市场竞争是推动生成式人工智能需求的主要因素之一。当企业利用先发优势时，它们可以建立竞争优势，并推动比以往任何时候更高水平的创新。

利用生成式人工智能制定营销组合战略

在一个消费者偏好和需求不断变化的动荡环境中，确定适合执行的营销策略可能会充满挑战。如今，人工智能使企业能够审视这些瞬息万变的情况，并适应快节奏的环境。深入探讨人工智能在营销组合中的角色，可以为我们提供有关其在组织中渗透程度的有趣见解。

产品：生成式人工智能可以成为各行业产品开发中的宝贵工具。它可以帮助企业更高效、更有效地创造、改进和创新产品。这种技术已经在产品开发领域带来了变革。生成式人工智能模型可以通过训练大量的客户评论和产品反馈数据，揭示出问题的共性和潜在的改进方向。这些见解可以用于开发更能满足客户需求的新产品。生成式人工智能在产品开发过程中可以发挥的作用包括：

- 头脑风暴和生成新的产品创意或概念。人工智能模型可以分析市场趋势、消费者偏好和现有产品，从而提出创新概念。此外，这些模型还可以用于设计产品概念并推动早期原型的开发。
- 分析材料属性，并推荐最适合产品的材料和组件，充分考虑诸如成本、耐用性和可持续性等因素。
- 通过预测需求、管理库存和建议高效的分销策略，帮助优化供应链。
- 实施质量控制和测试。生成式人工智能可以在制造过程中帮助识别产品中的缺陷或异常。
- 收集和分析竞争对手的数据，帮助识别市场中的空白和潜在的产品差异化领域。
- 优化产品设计，提高能效和环境可持续性，与绿色倡议保持一致。
- 促进参与产品开发的跨职能团队之间的合作，促进创意分享和创新。

多家企业已将生成式人工智能纳入产品开发过程。例如，耐克利用生成式人工智能设计新鞋。它通过分析数百万人的脚部数据，设计出既舒适又时尚，并且能够提供预期性能的新鞋。[39] 同样，丰田（Toyota）利用生成式人工智能的文本到图像模型，通过使用诸如"流线型""SUV风格""现代化"等关键词，生成电动车型的早期原型图像。[40] 此外，宝洁公司（Procter & Gamble）利用生成式人工智能来管理其香水开发流程，从而更好地控制数字香味创作，加快产品上市的速度，并提升产品开发和设计流程。[41]

将生成式人工智能纳入产品开发需要企业深入理解特定行业及其客户的需

求。重要的是要确定生成式人工智能技术如何能够提供独特的解决方案。数据科学家、工程师和领域专家之间的合作对于最大化生成式人工智能在这一背景下的收益至关重要。为了随着时间的推移不断改进生成式人工智能模型和产品开发流程，持续的监控和反馈机制至关重要。

价格： 生成式人工智能可以通过提供数据驱动的见解、自动化定价策略，基于各种因素优化价格，在定价决策中发挥重要作用。此外，这项技术还可以帮助企业预测需求、确定竞争性价格并制定个性化定价策略，从而增加利润并提升客户体验。一些由生成式人工智能启用的关键定价决策包括：

- 分析客户数据，如购买历史、浏览行为和反馈，以便企业了解客户对不同产品和服务的支付意愿。这些信息可以用于设定既能为企业带来利润又对客户有吸引力的价格。
- 预测客户对不同产品和服务的需求。此信息可用于设定与预期需求相符的价格。
- 根据客户需求、竞争对手定价和库存水平等因素，实时优化价格。这可以帮助企业最大化利润并最小化损失。

使用生成式人工智能进行定价决策的一个例子可以在 Uber Freight 的生成式人工智能工具 Insights AI 中看到。通过使用大型语言模型，Insights AI 可以促进数据发现和数据探索，并从 Uber Freight 庞大的运输数据存储中提供直观的见解。该工具可以支持运输团队开展从非常细致的战术分析到最复杂的战略分析。使用此工具的企业可以通过自然语言实现按需洞察，如："我的关键服务驱动因素是什么？""为什么会发生这种情况？""未来可能会发生什么？""我们接下来应该做什么？"通过该工具，该企业旨在从根本上显著改变服务、成本、路径、规划和跟踪等方面的物流决策方式。[42]

渠道： 当今的客户希望能够随时随地获得他们所需的一切。他们希望能够使用传统、远程和自助服务渠道的组合，并且更倾向于在线订购和重复订购。许多当今市场中的企业正在努力为客户创造足够的价值以确保他们的忠诚度。企业考虑使用生成式人工智能的一些方式包括：

- 分析人口统计、客户需求和竞争等因素的数据，从而识别潜在的新业务或设施位置。然后，企业可以使用这些信息优先考虑位置，并在扩展运营时做出更明智的决策。
- 优化现有业务或设施的布局，以便提高效率和盈利能力。例如，生成式人工智能可以用来确定库存储存的最佳位置、设计更高效的客户流量，以及优化设备的放置。
- 分析选址决策对客户和社区的影响。例如，生成式人工智能可被用来预测客户对新店位置的反应，或者评估新开发项目对当地社区的影响。

关于使用生成式人工智能提高商业地点的运营效率，许多餐厅正在考虑利用生成式人工智能工具来提升它们的得来速（Drive Thru，客户直接开车进入餐厅并取餐的业务模式）业务。像麦当劳、温蒂汉堡（Wendy's）、帕奈拉面包（Panera Bread）、卡尔小馆（Carl's Jr.）、哈迪斯（Hardee's）和Popeyes等主要连锁餐厅已经在它们的得来速服务中测试人工智能驱动的点餐系统。[43] 例如，温蒂汉堡最近推出了FreshAI———款旨在改善客户得来速点餐体验的生成式人工智能工具。该工具使用人工智能驱动的语音交互和数字菜单板，使互动尽可能自然，就像与店员对话一样。系统能够快速回答客户的问题，并准确地接收食物订单，即使顾客的措辞与菜单上的不完全相同。例如，如果客户要购买一份大杯巧克力奶昔，系统理解应该是一份大杯巧克力Frosty®。总体而言，FreshAI工具提升了得来速的服务，确保客户能够自如地下单，并且确信他们会收到自己所点的食物。[44]

促销：促销也许是生成式人工智能在营销组合中最"显眼"的部分。生成式人工智能模型基于客户的购买历史和兴趣进行训练，从而生成产品推荐、电子邮件活动和社交媒体帖子。在这方面，生成式人工智能的一些常见用途包括：

- 分析客户数据，如购买历史、浏览行为和反馈，以便识别最有可能对特定促销活动感兴趣的客户。然后，企业可以使用这些信息更有效地针对这些客户进行促销，并避免在可能不感兴趣的客户身上浪费资源。
- 根据个人客户的兴趣、需求和购买历史开展个性化的促销活动。这可以使促销活动对客户更具相关性和吸引力，从而提高客户参与度和销售量。
- 通过预测不同促销活动对客户行为的影响来优化促销预算。然后，企业可以使用这些信息更有效地分配促销预算，并最大限度地提高投资回报率。

除了典型的推荐引擎和基于人工智能的个性化建议，企业还在开发有趣且新颖的生成式人工智能使用方式。例如，时尚创新机构（FIA）是一家时尚企业和平台，它一直在探索使用人工智能设计时装秀和走秀。最近，FIA使用了人工智能提示工具，如Midjourney和Stable Diffusion。FIA训练人工智能模型以理解奢侈品牌的风格，并尝试将人工智能理解的风格应用在一名男性模特身上，生成了一个真实感极强的视频。尽管FIA承认人类创意在时尚探索中的重要性，但它相信，这种新的逼真呈现技术将有助于促进数字时尚的大规模采用，并推广时尚产品。[45]

通过生成式人工智能推动客户参与

通过生成式人工智能提升客户参与度，意味着利用人工智能创建个性化、互动感强且富有意义的客户互动。这不仅增强了客户体验，还促进了品牌忠诚度，进而有助于提高客户留存率。例如，亚马逊一直在提高其生成式人工智能能力，使卖家在亚马逊网站上更轻松地创建有效的产品标题、要点和产品描述。通过这一新功能，卖家只需提供简短的产品描述，亚马逊将自动生成高质量的内容供其审核。卖家可以进一步完善这些内容，或者直接提交到亚马逊目录中。这个过程中使用的大型语言模型将帮助卖家创建更完整、统一且吸引客户的列表，从而最终增强客户的购物体验。[46]类似地，迪拜电力和水务局（DEWA）推出了一款名为Rammas的生成式人工智能工具，提供全天候的客户支持，帮助客户找到常见问题和相应的答案，如账单查询、停电信息和服务请求。Rammas被誉为全球首个在公共事业中应用的此类工具，截至2023年4月，该工具已经回答了超过700万次查询。[47]通过创建个性化体验、自动化任务并提高客户满意度，生成式人工智能可以帮助企业与客户建立更牢固的关系，并提升客户忠诚度。

利用生成式人工智能制定数字战略

在当今的数字环境中，提升线上影响力对企业的成功至关重要。借助生成式人工智能，企业可以有效地制定和实施数字策略，从而改善其线上影响力的各个方面，包括内容创作、客户互动和其他有助于成功建立在线品牌的重要元素。利用人工智能的力量，企业可以领先于竞争对手，确保其数字策略始终最新且有效。尽管企业对生成式人工智能表现出浓厚的兴趣，但在利用这项技术创建完整的数字策略方面仍处于初期阶段。以下是一些企业在制定基于生成式人工智能的数字策略时采用的早期举措：

小规模起步。在探索生成式人工智能的潜力时，各企业采取了谨慎的态度。虽然它们渴望测试这项技术及其能力，但它们也认识到避免盲目全面自动化的重要性。因此，它们小心翼翼地应用生成式人工智能，以便识别其优缺点，并将其无缝融入现有业务。例如，由维米尔（Vermeer）创作的世界名画《倒牛奶的女仆》（*The Milkmaid*）近期因一些新发现而备受关注。科学家们利用X射线技术发现了隐藏在画中的新物体。有趣的是，雀巢在法国推出的酸奶品牌"La Laitière"与这幅画作同名。雀巢将此视为测试其生成式人工智能能力的机会。雀巢的广告代理商Ogilvy Paris利用DALL-E 2（扩展工具）延伸创作了画框外的场景。借助如"以维米尔风格描绘厨房墙壁上挂着铜锅和工具"等提示，经过近1000次迭代，雀巢和广告代理商展示了由人工智能想象出的《倒牛奶的女仆》扩展版。该内容在没有任何媒体预算的情况下，引起了国内外广泛关注。这段视频覆盖人群达到了1500万，并创造了70万欧元的媒体价值。法国主要的电视广播网络也对《倒牛奶的女仆》扩展版进行了报道。[48]这无疑是小规模起步带来令人印象深刻的成果的成功案例。

专注于个性化战略。利用生成式人工智能，企业可以根据客户的兴趣和需求个性化数字体验，从而显著提升客户参与度和忠诚度，因此企业有必要实施基于生成式人工智能的个性化战略。企业可以根据个体偏好和行为来定制内容、推荐和用户体验，从而有效地满足客户需求。例如，雀巢、联合利华和亿滋国际（Mondelez）等企业正在初步探索生成式人工智能在生成广告方面的潜力，从而减少营销活动所需的时间和资金。例如，WPP与亿滋国际合作，在印度针对吉百利（Cadbury）品牌推出了一项与宝莱坞明星沙鲁克·汗（Shah

Rukh Khan）的合作活动。借助人工智能，它们能够生成超过13万个定制化的社交媒体广告，而无须制作任何新的广告。这是通过使用现有的沙鲁克·汗的视频素材，利用生成式人工智能实现的。此广告在不需要大量广告预算的情况下，获得了9400万次视频观看量。[49]

利用生成式人工智能增强现有工作，而非取而代之。随着各企业继续探索生成式人工智能的潜力，它们发现这项技术可以成为团队的有力补充，增强人类的创造力和专业知识。这种方法不仅使员工能够专注于更具战略性的任务，还使他们能够利用生成式人工智能的独特优势提高效率和生产力。通过与人类协同工作，生成式人工智能可以帮助企业发现新的机会，并更有效地实现其目标。例如，Farfetch是一家专门经营时尚和美容奢侈品的在线企业。它使用了生成式人工智能工具Phrasee来测试各种风格、语调、词汇和短语，以便确定与其目标受众最契合的语言，旨在将这些信息用于电子邮件营销活动。通过使用此工具，Farfetch能够为其广播和触发式营销活动优化主题行，尤其是那些包含浏览记录、购物车和愿望清单信息的活动。[50]自从使用这一工具以来，Farfetch取得了令人瞩目的成果。[51]Farfetch通过增强其品牌独特性来提升品牌形象，而不是完全依赖生成式人工智能进行营销改革来彻底改变营销策略。

生成式人工智能在营销领域的未来

生成式人工智能在我们的日常生活中的应用越来越普及，并且正被应用于各种活动中。未来，生成式人工智能在营销领域的前景被认为是具有变革性和充满机遇的。像GPT-3和先进的神经网络等技术已经在改变营销格局，其作用将越来越大。像亚马逊（通过其Amazon Bedrock）和彭博社（通过BloombergGPT）这样的企业正在开发具有巨大潜力的生成式人工智能模型和平台，这些模型和平台不仅能提升人们的生活质量，还能改善企业的业绩。生成式人工智能的技术能力，包括自然语言处理、感官感知以及社会和情感推理，正在加速发展。在未来的几十年里，生成式人工智能预计将达到人类水平的表现。值得关注的是，这项技术能够生成独特的个性化传媒内容，并将个性化提升到一个新的水平。以下几个领域显示了生成式人工智能在营销领域中的巨大发展潜力。

超个性化体验

我们正处于一个新的营销策略时代的边缘，在这个时代中，超个性化体验将占据主导地位。试想一个这样的营销格局：个性化内容策略不再是遥不可及的理想，而是标准配置。营销人员可能很快会发现自己在打造精准的营销活动时，抛弃传统的受众细分，转而为每个用户量身定制独特的活动。这种转变因生成式人工智能的引入得以实现，它通过利用用户的特定行为模式和画像来精心定制每个活动的各个方面，从而生成专属的图形和内容。[52]

这种趋势预计会随着沉浸式体验和增强现实的整合而加速发展。生成式人工智能将用于动态生成增强现实环境，这些环境不仅融合了用户的即时环境，还包括了他们的历史行为和偏好。这些个性化的增强现实体验有可能与个体建立深刻的共鸣，进而帮助企业策划出既具有视觉冲击力又富有个人意义的增强现实营销活动。[53]

这种范式的转变同样适用于无缝的全渠道互动。无论触点是网站、社交媒体平台还是实体店，生成式人工智能都能通过协调用户互动确保用户在与品牌互动时获得一致的体验。这种整合的体验构成了连贯的全渠道策略的基础，而在我们这个互联互通的世界中，全渠道策略正迅速成为不可避免的趋势。

大规模个性化营销

除了超个性化体验，为用户大规模定制个性化营销内容的需求将对营销活动的成功起到至关重要的作用。[54,55] 通过生成式人工智能，企业可以策划满足每位客户独特偏好和需求的个性化营销活动。这些活动可以包括个性化的内容，如社交媒体帖子、电子邮件营销、登录页面，以及聊天机器人和虚拟助手等个性化体验。许多品牌，如亿滋国际和百事公司，已经推出了个性化营销策略，以便推广品牌并与客户互动。

例如，百事公司与Synthesia合作，在它们的乐事品牌推广活动中推出了名为"梅西消息"（Messi Messages）的个性化视频信息，由足球运动员利昂内尔·梅西（Lionel Messi）为其代言。百事公司仅用了5分钟的梅西视频素材训练了一个人工智能模型，便能够通过8种语言生成6.5亿个定制视频版本，这展示了个性化人工智能的强大能力。此外，维珍游轮（Virgin Voyages）利用人工智能设计了一款定制的邮轮邀请工具，其中包括它的首席庆典官詹妮弗·洛佩兹（Jennifer Lopez）。该平台帮助潜在的邮轮游客生成由詹妮弗·洛佩兹出镜的人工智能视频邀请，邀请家人和朋友加入他们的庆祝邮轮之旅。[56]认识到这些进展，像Typeface这样的初创企业正在涌现，它们提供专门的生成式人工智能平台，使企业能够大规模地创作定制的、符合品牌的内容。这些平台使企业能够利用人工智能，同时保障数据安全、品牌指南和知识产权的所有权。展望未来，我们将见证更多此类初创企业和商业平台的崛起，它们将推动大规模的个性化营销的实现。

创意内容的新形式

生成式人工智能可以用于创建新的创意内容形式，如图像、视频和文本。这有助于企业策划出更具吸引力和有效性的营销活动。生成式人工智能使独特的创意内容的创作成为可能，彻底改变了我们体验艺术、音乐和文学的方式。这项尖端技术利用复杂的算法自动生成富有创意和独特性的作品，拓展了人类创造力的极限。

在商业领域，品牌可以利用生成式人工智能的潜力，探索未曾涉足的领域，创造出打破传统美学规则的引人入胜的作品。例如，德国最大的私有跨媒体企业RTL Deutschland通过其流媒体服务RTL+按需提供数百万个视频、音乐专辑、播客、有声书和电子杂志。该流媒体平台主要依赖视觉效果来吸引观众。在这方面，流媒体服务使用DALL-E 2根据客户的兴趣生成个性化的图像和流媒体内容的艺术作品。此外，该企业还在考虑利用DALL-E 2为尚未包含任何图像的内容添加图片，包括播客节目和有声书场景。例如，播客的元数据可以用来创建与每一集相匹配的独特图像，而不是反复使用相同的通用播客图像。同样，对于正在听有声书的人来说，DALL-E 2还可以用来为每一章的每一个场景创建一张特别的图片。[57]这类举措使企业能够基于用户之前互动过的内容的元数据，在以前难以想象的规模上探索新的创造力领域。

在未来几年里，生成式人工智能可以引领创意内容的新时代，为品牌提供多元化的营销团队、创意团队、内容创作者、艺术家、音乐家和作家，推动探索和创新。利用复杂的算法，这项技术能够生成视觉上令人惊叹的艺术作品、情感上引人共鸣的音乐和引人入胜的叙事内容。随着生成式人工智能的不断进步，它有望重塑创意领域，突破人类想象力的边界，激发新的艺术表达形式。

开发营销活动的道德考量

生成式人工智能提出了一些需要仔细关注的伦理考量。其中一个关键方面是生成式人工智能对隐私的影响。随着技术的不断发展，这项技术可以生成极为逼真的内容（例如，合成数据集和计算机生成的艺术作品）。因此，关于生成式人工智能可能被恶意使用的担忧随之而来，如传播错误信息或操纵公众舆论。因此，人们有必要解决生成式人工智能在隐私方面的伦理影响，并建立必要的保护措施，从而保护个人免受潜在的伤害。

例如，考虑生成式人工智能生成内容的开发问题。随着全球各企业不断采用这项技术，生成式人工智能生成作品的所有权和保护仍不确定。例如，美国版权局发布了指南以明确在何种情况下使用人工智能创作的艺术作品可以获得版权保护。[58]根据该指南，该机构认为，包括Midjourney、ChatGPT和DALL-E 2在内的广泛使用的人工智能系统大多无法产生可获得版权的作品。这是因为"……在当前可用的生成式人工智能技术中，用户并未对系统如何解释提示并生成材料进行最终的创作控制。相反，这些提示更像是对受委托艺术家的指令——它们指出了提示者希望呈现的内容，但机器决定了这些指令如何在其输出中实施"。[59]然而，该指南指出，这"并不意味着技术工具不能成为创作过程的一部分"，[60]并要求版权申请人披露其申请中包含的人工智能创建的材料。印度在这方面采取了与美国类似的方法；[61]欧盟尚未制定针对人工智能生成内容的具体版权法律，而是逐案处理。[62]因此，各国在如何处理由生成式人工智能启发的作品的版权问题上仍缺乏明确的法律规定。

意识到这一点，各企业开始认识到考虑伦理方面的重要性，并采取了适当的措施。例如，宠物食品制造商Mars正在使用生成式人工智能帮助他们"……预测猫狗是否可能患上慢性肾病；加快宠物基因组的测序，以便提供个性化的营养和护理；通过数字孪生技术提高制造过程的效率"。[63]在此过程中，该企业认识到了潜在的伦理风险。为了解决这些潜在的伦理风险，该企业组建了一个工作团队，专门开发关于利用生成式人工智能的政策和治理的健全框架。此外，与微软和负责任人工智能研究所（Responsible AI Institute）等著名的非政府组织建立战略联盟，有助于企业进一步确保人工智能技术的应用既负责任又符合伦理规范。

总体而言，围绕生成式人工智能的伦理考虑需要多方利益相关者的共同参与，包括开发者、组织、监管机构和公众。有必要在创新与伦理原则之间取得平衡，确保生成式人工智能技术为社会带来利益，同时最大限度地减少潜在的风险和伤害。

除了上述具体示例，生成式人工智能还可能带来我们今天根本无法想象的全新场景。随着生成式人工智能的不断发展和日益复杂，它将对未来的营销方式产生重大影响。

关键术语和相关概念

生成对抗网络（GANs）	一个框架，使两个神经网络相互对抗，一个生成数据，另一个区分生成的数据和真实数据，从而产生高度逼真的输出。
生成式人工智能	深度学习的一个子集，使用监督、无监督和半监督的机器学习方法，基于现有数据的概率分布生成新的数据实例。
文本到3D模型	指生成式人工智能模型，创建与用户文本描述相对应的三维对象。
文本到图像模型	指在大量图像集上训练的生成式人工智能模型，其中每个图像都附有简短的文本描述。
文本到任务模型	指经训练以执行特定任务或根据文本输入采取行动的生成式人工智能模型。
文本到文本模型	指经获取自然语言输入并生成文本输出的生成式人工智能模型。
文本到视频模型	指根据文本输入生成视频的生成式人工智能模型，这里的输入可以是从单个句子到完整的脚本的任何内容。

未来营销
AI时代的营销技术、方法和模式

第 5 章　利用机器学习实现变革性营销

概述

机器学习（ML）可以定义为利用经验来提高性能或做出准确预测的计算方法。[1]通过考虑过去的信息（即所谓的经验），机器在执行任务的过程中获得了学习的能力，从而表现出性能的提高。过去的信息可以是收集到的数据，也可以是通过与环境互动积极获取的信息。学习质量取决于数据的数量和质量；关键结果是对关键变量的预测。简单来说，机器学习涉及训练机器随时间学习的过程。[2]

深度学习是一种利用神经网络来识别和优化重要因素，以便预测给定情况下可能结果的技术。这个过程需要在前期进行手动编程，不断调整重要因素，直到根据输入到算法中的数据获得所需的结果。然而，一旦算法使用训练数据集进行了训练，它就可以分析新的数据输入，识别模式，并在不需要人工干预的情况下产生越来越准确的结果。本质上，机器学习是通过开发、理解和评估学习算法来提高机器智能的一种方法。

本章的组织结构如下：首先，简要地介绍了机器学习的起源，然后给出了机器学习的定义（从营销角度），并提供了三个关于机器学习应用的简短实例。接着，探讨了机器学习在营销 5.0 概念中扮演的角色。然后，讨论了机器学习在营销中的一些应用。最后，通过探讨该领域的新问题，展望了机器学习在营销行业的未来。

机器学习的起源、定义和组成部分

机器学习起源于神经网络。1943年，沃伦·麦卡洛克（Warren McCulloch）和沃尔特·皮茨（Walter Pitts）首次提出了这一概念，他们提出人类的思维过程可以通过数学和算法的结合来复制。[3]随后，在1950年，阿兰·图灵（Alan Turing）呼吁开发能够"思考"的计算机。[4]图灵的开创性文章对该领域的研究具有重要的推动作用。接着，弗兰克·罗森布拉特（Frank Rosenblatt）在1958年设计了第一个人工神经网络（ANN）用于检测形状和识别模式。

在20世纪50年代和60年代，推动机器学习领域发展的早期尝试包括教机器玩像国际跳棋这样的游戏，以及改进电话通话的音质，以此来证明机器可以处理需要理解的问题和复杂性问题。然而，在20世纪70年代至80年代初期，机器学习领域鲜有影响深远的技术问世。这段沉寂期被认为是由于研究重点转向了基于逻辑和知识的方法，而不是算法。[5]20世纪80年代末，杰弗里·辛顿（Geoffrey Hinton）推广了反向传播技术，用于形状识别和单词预测，这重新点燃了人们对机器学习的兴趣。[6]不久之后，机器学习领域取得了一系列进展，包括开发机器可读文本、文本分类和图像分类技术的进步，以及机器内存中的短期信息存储和检索的改进。21世纪初，深度学习的概念得到了推进，这是机器在处理结构化数据以及在较少人为干预下从知识中学习的能力方面的一次重大飞跃。自此以来，深度学习概念推动了（并继续推动）机器学习的发展，并广泛应用于各种商业和终端用户场景。机器学习算法的主要组成部分大致包括以下四个元素：数据、数据挖掘、数据增强和机器学习模型。

数据：数据在构建任何模型中都起着关键作用。通常情况下，人类会提供数据和一组明确的指令，并训练机器反复执行这些指令。然而，随着机器学习算法的数据越来越多，机器会根据输出的准确性进行自我修正。换句话说，机器会随着时间的推移，通过获得更多的数据进行学习。在这方面，输入数据可能有两种类型：一种是经过人工标注和分类后输入的数据[7]，另一种是机器从语义角度自主学习分类规则的数据[8]。

此外，输入的数据可能是结构化的或非结构化的。虽然机器学习在处理大量结构化数据（即任何在数据库中特定字段下具有明确定义值的数据）方面表现出色，但在处理非结构化数据时表现更为突出。非结构化数据的兴起改变了市场和营销活动的管理方式。非结构化数据（UD）被定义为单个数据单元，其中的信息不需要事先定义的结构或数值，便以相对同步的方式展现其多方面的特性。[9]此外，非结构化数据的非数值性、多面性和并行性使统计方法变得困难或不适用。然而，由于这些特性，非结构化数据在以下三个方面对于获取新的营销见解极具益处。

- 首先，非结构化数据没有预定义的数值形式。因此，研究人员必须在分析之前手动或自动进行预处理。非结构化数据中的非数值属性为研究人员发现新理论提供了更高的灵活性。高度非结构化的数据（如视频）仅为非数值，因此需要研究人员为数据赋值。
- 其次，高度非结构化数据的单个单元具有多个方面，每个方面可能包含独特的信息，这使研究人员可以根据研究目标选择和分析不同方面（尤其是语音和视频）。这类数据中的多方面使研究人员能够为管理者提供更丰富和更深入的营销见解。
- 最后，并行性表示多个方面在单个数据单元中同时存在。每个方面都可以提供独特的信息，使非结构化数据单元可以同时描述不同的现象。因此，研究人员可以通过探索这些独特方面的同步性和动态流动性，使用单个高度非结构化的数据单元研究不同的问题。

数据挖掘：数据挖掘指的是在数据库中发现对决策有用的有趣模式的过程。[10]数据挖掘使用了一系列广泛的计算方法，包括统计分析、决策树、神经网络、规则归纳和精炼，以及图形可视化。[11]企业已经意识到用户信息（例如，偏好、需求、愿望等）在整体决策制定中具有很大的力量。具体到营销方面，企业通过不同的渠道收集、存储和处理大量关于客户、市场、产品和流程的详细信息。数据挖掘使企业能够做出基于知识驱动的战略性业务决策，帮助企业预测未来趋势和行为，并创造新的机会。此外，数据挖掘可以帮助企业选择合适的目标客户或识别（之前未知的）具有相似行为和需求的客户群体。典型的数据挖掘过程包括评估和制订业务目标、数据导入、数据转换、创建分析变量、变量选择、模型训练、模型选择以及根据发现采取行动。[12]图5-1展示了用于营销目的的数据挖掘过程。

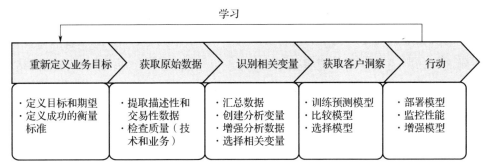

图5-1 用于营销目的的数据挖掘过程

注：本图来自 Kumar,V.,and W.J.Reinartz(2018).*Customer relationship management:Concept, Strategies,and Tools*.3rd edition,Berlin,Germany:Springer-Verlag Berlin Heidelberg.

简化数据提取、处理、质量监控和改进的烦琐流程至关重要。通过自动化这些任务，高技能的量化数据分析师可以将时间分配到更有价值的任务上。这正是机器学习的作用所在。通过数据挖掘，企业可以探索它们的数据，发现数据中的趋势和模式，协助进行业务决策。此外，机器学习可以利用现有数据不断学习并提高其性能，全程无须人为干预。与数据挖掘不同，机器学习可以检测不同数据点之间的关系，使其成为开发应用程序的强大工具。

用于获取更深入的商业见解的数据增强：虽然机器学习可以梳理数据以提供见解，但如果发掘数据的多样性，将使机器学习提供更多层次的见解。换句话说，从各种来源提取数据，将其转换，并加载到适用于机器学习过程的结构化架构中，这被称为ETL（提取/转换/加载）过程。虽然这样的过程可以为机器学习算法增添很多价值，但追踪数据的来源、设计转换和加载方法也可能是挑战。此外，考虑到机器学习可以处理的数据类型（例如，结构化数据和非结构化数据）和数据来源（例如，文本、音频、视频、位置等）范围广泛，确保数据的准确性和相关性同样是一项艰巨的任务。这是因为机器学习是基于所提供的数据进行的，数据质量非常重要。

机器学习模型的类型：机器学习解决方案使用的模型大致分为三类：监督学习、无监督学习和强化学习。监督学习涉及创建一个简洁的模型，表示预测特征和类别标签之间的关系。[13]在这种学习类型中，训练数据由成对的输入和输出组成，其中输出通常是已知的。例如，一家精品时尚零售商希望将客户分类为本地或全国客户以确定送货费用。在这种情况下，监督学习算法的输入变量是客户的居住地，这可以从零售商的客户数据库中获得。如果客户居住在该零售商所在地，则输出变量的值将被赋为1（表示本地客户）；如果客户居住在该州之外，则输出变量的值将被赋为0（表示全国客户）。决策树、神经网络、逻辑回归和K近邻算法是这种学习类型的一些例子。监督学习模型的常见应用包括垃圾邮件过滤软件和语音识别软件。

无监督学习涉及让机器学习在没有明确行动指令的情况下执行任务。在这里，机器通过利用数据的内在结构进行学习，如数据方差、可分性和数据分布。[14]降维方法和聚类过程就属于这种类型的机器学习。这种学习类型的商业应用可以在欺诈交易检测软件和图像识别软件中找到。

强化学习，也称为半监督学习，涉及从场景到动作的映射，以使某个奖励函数或强化信号最大化。[15]在这里，机器不会被告知采取哪些动作，而是必须通过尝试发现哪些动作获得最高的奖励。特征选择将少量已标记数据作为附加信息融入未标记数据中，从而提高无监督特征选择的性能。这种学习类型的商业应用包括自动驾驶汽车和新闻推荐应用等。本章后面将更详细地讨论这三种类型的机器学习模型。

近年来，由于新的计算技术，机器学习取得了显著进展。机器学习源于模式识别以及计算机无须明确编程就能获取知识这一理念。机器学习的迭代性质允许模型独立适应并做出可靠的决策。跨学科的合作推动了机器学习的显著进步，为用户和企业提供了机会。以下三个简短实例展示了机器学习的潜力及其对企业和个人的好处。

面向分析的技术

研究报告和商业趋势表明，机器学习正在企业内部迅速成为一个重要的业务职能。[16]然而，企业在前进的道路上也表现出犹豫。那么，是什么阻碍了企业全面投入机器学习以获得预测分析能力呢？一些关键因素决定了机器学习成功采用的条件，包括发展敏锐的管理判断力、积累相关领域知识、实施全面的技术驱动战略，以及深入思考落地方法论。[17]其他可能阻碍企业采用机器学习的因素包括人才管理问题、难以解释成果的问题以及数据不充分或不相关的问题。[18]

在此背景下，统计模型与机器学习之间的区别变得尤为重要。虽然统计模型（使用定量技术）被认为最适合推断，但机器学习更适合生成预测。在这方面，使用统计模型还是机器学习的决定可能取决于以下五个期望：①要考虑的变量数量（较少还是较多）；②要研究的关系类型（简单交互还是高阶交互）；③使用类型（一次性使用还是反复使用）；④使用性质（是否具有学习的可能性）；⑤使用的时间需求（实时与否）。[19]然而，这并不一定是一个非此即彼的决定。统计模型和机器学习可以结合使用。也就是说，统计模型和机器学习之间界限的融合可能是未来的发展方向。[20]随着越来越多的企业实施机器学习解决方案，企业正以各种各样的形式运用机器学习。以下是一些使用机器学习的业务领域：

- 市场营销——机器学习被广泛应用于多种市场营销功能和电子商务应用中（见图5-2）。[21]此外，机器学习使企业可以快速做出决策，并且实现数字化转型、内部数据管理和见解生成。
- 医疗保健——机器学习在医疗保健行业的应用日益增多，从而帮助医疗服务提供者获取有关患者诊断的见解，并更早地识别/预防健康风险。由于高风险患者通常需要额外的护理、监控和治疗，机器学习能够通过识别高风险患者来应对这一挑战，以便降低医疗成本。在这里，机器学习模型可以筛选医疗数据以识别风险因素和潜在的健康问题。[22]随后，医疗服务提供者可以设计包含适当干预和护理策略的护理

图5-2　Shopify。Shopify 通过其机器学习能力为企业提供支持

注：本图为 Roberto Cortese 在 Unsplash 上发布的照片。

计划。

- 食品浪费——食品浪费是所有行业的企业面临的一个重大挑战，可能对气候和环境产生持久的影响。许多企业正在努力减少食品浪费。在这方面，日立公司使用人工智能/机器学习解决方案来监控和应对医院中的食品浪费问题。为了追踪患者的饮食情况，摄像头安装在餐盘上拍摄剩余的食物。这些数据随后被输入日立公司的深度学习算法中进行分析，从而发现人类难以迅速察觉的浪费模式。这有助于日立公司改进餐饮服务决策和患者护理，并推动必要的改革。[23]

机构和科技企业正在采用基于机器学习的预测分析以在市场中获得竞争优势。机器学习的进步（如神经网络和深度学习算法），可以使其在非结构化数据集中发现隐藏的模式并揭示新的信息。在这方面，机器学习持续推动着各行各业的数据分析工作。

与人工智能的联系

人工智能是模仿人类能力的广泛科学，而机器学习是人工智能的一个特定子集，专门用于训练机器。在这一点上，人工智能和机器学习被更多地与分析和新时代技术联系在一起。[24]如前所述，用于分析目的的各种类型（即文本、图像、视频等）的数据的捕获、存储和使用，将继续推动机器学习和人工智能的发展。

机器学习和人工智能在提供细致入微的见解方面的快速发展，使我们更接近变革性营销的目标，如果仅靠人类几乎是不可能实现的。例如，语音和声音识别的进步促进了数字个人助理（如苹果的 Siri 和亚马逊的 Alexa）的发展。面部识别继续支持 Facebook 的自动标记功能和 iPhone X 的基于面部识别的解锁功能，而推荐引擎则继续推动 Netflix、Spotify 和 Pandora 的发展。因此，机器学习和人工智能之间有着天然的联系，这种联系深深植根于基于数据分析的持续学习中，这也使它们最适合用于分析。[25]

结合了人工智能和机器学习的商业应用非常丰富，可以在各个行业中找到。例如，这种结合可以在交通运输中看到，如拼车应用程序（如 Uber、Lyft、见图5-3）、在线地图［如谷歌地图会结合用户报告的交通事件（如施工和事故）来为用户推荐最快路线］和无人驾驶汽车。

图5-3　拼车应用程序。像Uber和Lyft这样的拼车应用程序结合了人工智能和机器学习来提供最相关的路线结果

注：本图为Fikri Rasyid在Unsplash上发布的照片。

类似地，这种结合也可以在像电子邮件（如Gmail读取邮件并提供自动填充选项以回复邮件）这样的通信工具，以及在线写作工具（如Grammarly使用人工智能、机器学习和自然语言处理技术提出写作改进建议和识别潜在的剽窃行为）和教育技术产品（如在线测试服务商ETS使用基于自然语言处理技术开发的自动评分系统来对测试进行评分）中找到。

一个突出的机器学习应用案例是PayPal。PayPal能够获取来自200多个市场中超过3.5亿客户和商家的数据。PayPal成功的很大原因在于帮助商家检测和预防欺诈。机器学习在检测和减少欺诈方面发挥着作用。算法可以在极短的时间内（毫秒级）执行数千次查询，并能够实时评估单个客户的行为。这使商家能够区分合法客户和欺诈客户，帮助批准真实交易，从而为诚信客户创造流畅的体验。[26]此外，PayPal的双边网络拥有来自全球4.32亿活跃账户的交易和风险数据，这些数据可以帮助训练算法并增强欺诈检测能力。

PayPal遇到的常见的欺诈行为有三种类型，该公司会利用机器学习工具来保护用户免受这些欺诈行为的侵害。首先，在注册欺诈中（即诈骗者用被盗或合成的身份创建新的银行账户或信用卡账户），PayPal使用机器学习分析第三方数据（电子邮件地址、会话数据、注册数据）以帮助用户发现并阻止任何欺诈行为。其次，在登录欺诈中（即接管现有客户账户或窃取登录信息），PayPal通过评估客户行为数据，以及监控设备、IP地址等来降低欺诈风险。最后，在支付欺诈中（即诈骗者在持卡人不知情的情况下使用其信用卡信息），PayPal使用机器学习分析先前的交易以识别异常并指示欺诈的发生。[27]

虽然PayPal和其他交易平台正在充分利用机器学习的潜力，但骗子们也在不断测试过滤器，并设计新的攻击方法以找到绕过它们的方法。随着电子商务的持续发展，机器学习对企业电子商务的反欺诈策略至关重要。在这样瞬息万变的环境中，机器学习和其他新时代技术将在支付欺诈的检测和防范中扮演更重要的角色。

机器学习模型

机器学习是人工智能的一种应用，使系统能够在无须明确编程的情况下，通过经验自动学习和改进。机器学习模型主要分三种类型：监督学习、无监督学习和强化学习。它们可以通过输入、输出和结果来理解。[28]

监督学习：监督学习通常用于记录响应变量的场景，如识别手写文本或识别垃圾邮件。基本上，学习系统使用先前的数据作为训练信息，并相应地为所有的未来结果提供相关预测。这种类型的机器学习模型常用于回归和分类问题中。[29]

在某些情况下，当研究人员希望确认响应变量中的类别和分组时，分类就显得尤为重要，有时甚至涉及定性信息。例如，一家银行可能会基于个人的收入和每月的信用卡余额来预测他是否会拖欠信用卡还款。此外，虽然监督学习中的某些方法允许研究人员解读系数，但其他方法则不允许。鉴于监督学习中响应变量可被观测到，因此研究人员可以使用留一法交叉验证（LOOCV）、K折交叉验证等方法来检查模型的预测能力。[30]

无监督学习：无监督学习用于研究人员只观察输入变量而不观察响应变量的情况。在这种情况下，研究人员可以探索变量之间或观测值之间的关系。无监督学习中使用的方法包括关联规则学习、主成分分析和聚类。无监督学习可以用于理解一组未标记数据的变异性和分组结构，如情感分析和主题建模。例如，研究人员可以从关于产品/服务的在线客户评论中挖掘信息，如客户使用的文本和表情符号。如果研究人员拥有这些客户的产品/服务使用模式的信息，就可以进行监督分析。在缺乏此类信息的情况下，研究人员可以使用自然语言处理将每位客户对产品的情感分为负面、中性和正面三类。此外，研究人员还可以将客户的评论归类为一些常见的主题（例如，产品功能、产品设计或服务质量），并据此确定他们对这些产品/服务的购买倾向。

强化学习：强化学习基于使用奖励函数来训练模型在特定环境中采取特定行为。监督学习侧重于从标记的示例训练中学习，无监督学习侧重于发现未标记数据中隐藏的模式。相比之下，强化学习则侧重于最大化奖励信号。然而，为了发现这样的行为，机器必须尝试以前未选择过的行为。机器不仅要利用已有经验来获得奖励，还要探索新事物，以便在未来做出更好的行为选择。探索和利用往往通过试错进行。[31]

强化学习可以基于客户对每个产品或每项服务的响应来改进定制化的产品或服务推荐。客户的响应（如评论、评分、过去的偏好）、竞争对手的行为以及当前的公众情绪共同构成了一个动态环境，供智能代理在其中运作。企业可以为智能代理分配不同的目标，如最大化利润、销售额或客户参与度。使用强化学习可以帮助企业更快、更有效地响应客户需求和竞争对手的营销策略，而无须了解周围环境的具体情况。

营销 5.0 世界中的机器学习

机器学习已成为营销领域不可或缺的工具。它通过预测客户行为、细分受众和推荐个性化内容，使企业能够优化其营销策略。借助机器学习算法，营销人员可以分析来自社交媒体、网站互动和购买历史等各种来源的客户数据，从而更深入地了解其产品/服务的目标受众。然后，营销人员可以利用这些知识为特定的客户群体定制营销信息和优惠信息，从而提高转化率和客户满意度。基于第 2 章讨论的营销 5.0 概念，本节将展示机器学习在营销 5.0 世界中的运作方式。特别是本节将讨论五个通过营销5.0视角应用机器学习的案例，并阐明这些行动如何为人类福祉带来益处。

使用机器学习的数据驱动营销

利用机器学习进行数据驱动营销的主要优势之一是，它使营销人员能够做出更明智的决策。通过分析数据，营销人员可以深入了解客户行为和偏好，并利用这些信息制定更有效的营销策略。此外，机器学习算法还可以用于自动化营销的某些方面，如广告定位和内容创建，从而节省时间和资源。

例如，在线眼镜平台Lenskart利用机器学习技术来提升客户体验。通过使用先进的工具，Lenskart帮助客户选择最合适的镜框，减少不确定性和退换货的需求。在Lenskart应用程序中，用户可以看到如"为你推荐"或"查看类似产品"等选项，这些选项提供个性化的推荐，帮助客户找到理想的产品。通过在不同数据点上应用机器学习，Lenskart确保这些推荐是针对每个客户量身定制的，从而使搜索过程变得轻松高效。

Lenskart采用多种方法来收集客户数据并分析客户的行为。这包括监测客户浏览的产品、添加到愿望清单中的产品、添加到购物车中的产品和最终购买的产品。此外，Lenskart还收集客户的浏览历史、购买模式、购买的子品牌和评级等数据。Lenskart根据这些互动的意义分配不同的权重（购买的权重最高，浏览的权重最低），并应用一系列机器学习算法来预测客户的未来购买行为。这种数据驱动的方法使Lenskart能够个性化购物体验，并提供与个人偏好一致的定制选择。结果，Lenskart通过机器学习驱动的预测分析提升了客户满意度，并促进了转化率的提高。

使用机器学习的预测营销

将机器学习整合到预测营销中，彻底改变了企业获取和保留客户的方式。通过利用机器学习算法的强大功能，营销人员现在可以识别出具有高转换可能性的潜在客户，并针对这些潜在客户量身定制营销策略，从而有效地吸引和转化他们。此外，机器学习还可以帮助企业识别出有流失风险的客户，使企业能够实施有针对性的保留策略，从而保持这些客户的忠诚度。

例如，ASOS是一家著名的英国时尚和化妆品电商企业，拥有超过2500万活跃用户的庞大客户群。该企业已利用机器学习技术来增强其个性化推荐能力，不仅推荐类似的商品，还推荐能够搭配出整体造型的互补单品。为了实现这一目标，ASOS开发了一种机器学习工具，该工具能够根据商品的属性进行分析和分组，确保它们在风格上相配并可以搭配穿着。[32]

该机器学习模型使用了一个名为"Buy the Look"(BTL)的数据集进行训练，该数据集由ASOS的造型师精心挑选的近60万套服装组成。这个数据集来源于ASOS的产品描述页面，确保每个产品至少作为一个种子产品出现过。通过顺序添加单品并重新评分，该模型可以生成新的搭配。每个搭配由一个种子产品和若干个造型产品组成，如将一条连衣裙与一双鞋子和一个包搭配在一起。ASOS设计了一个搭配模板，模板中包括了完成搭配所需的特定产品类型。通过利用人工智能和机器学习，ASOS不仅能够紧跟不断变化的消费者趋势和消费者偏好，还能彻底改变客户与品牌互动的方式。结果非常显著，2020年ASOS的税前利润激增了329%，其全球零售销售额也大幅增长了19%。

使用机器学习的场景营销

场景营销涵盖了通过理解客户与品牌数字触点的互动情况来识别客户特征、建立客户画像，并在实体空间中为客户提供定制化的互动体验。机器学习在这一过程中发挥着关键作用，因为它能够分析大量数据，从而识别有意义的模式和趋势。

例如，中国香港地区的麦当劳实施的一套系统允许顾客通过其移动应用程序获取优惠券，该系统旨在推广新产品或季节性商品以及常规菜单选项，包括超值套餐。然而，这一过程起初需要大量的人工操作，耗时较长。为了解决这个问题，企业决定利用机器学习和数据科学技术开发出一个更加高效且以客户为中心的方法。[33]特别是，香港麦当劳面临着如何有效利用其245家餐厅所收集的大量数据的挑战，因为这些餐厅每天服务超过100万名顾客。为了就优惠券促销做出明智的决策，香港麦当劳需要将数据集中，分析数据以进行预测，并以能够及时提供可操作见解的方式呈现分析结果。

现在，从中央销售点系统收集的数据被整合到一个由甲骨文（Oracle）公司创建的数据仓库中。通过利用无监督机器学习技术，这个机器学习工具能够分析数据，并根据顾客的购买行为（包括最近购买时间、购买频率和购买金额）为顾客提供相关优惠券的推荐。这大大提高了企业精准策划定向优惠券活动的能力。此外，数据驱动的方法和机器学习功能使企业能够做出更为客观、有效的分析性决策。结果显示，使用这一机器学习系统后，企业估计每周的优惠券活动策划和执行所需的时间减少了一半。

使用机器学习的增强营销

近些年，人们不仅讨论计算能力的进步，也越来越多地强调通过技术提升人类智能。智能增强（Intelligence Amplification, IA）正变得越来越重要，它涉及利用强大的计算分析技术来增强人类的能力。在营销领域，智能增强以增强营销的形式出现，其中计算机作为支持系统，帮助人类完成任务。增强营销的目标是通过自动化日常任务和帮助人类做出明智决策来提高生产力。

除了在商业中的应用，机器学习还被应用于包括体育在内的其他领域。例如，2005年由Playchess.com主办的"自由式"国际象棋比赛，允许参与者与其他选手或计算机组队。令这场比赛特别有趣的是，多组国际象棋大师与计算机合作。大家普遍认为，一名国际象棋大师配合超级计算机会在比赛中占据主导地位。然而，出乎意料的是，获胜的是由美国的业余国际象棋选手组成的队伍，他们有效地协调并指导了他们的三台计算机。他们与机器和谐合作的能力证明，比起单纯依赖一位技术娴熟的大师和一台高性能计算机，这种方式更为成功。这个非凡的结果强调了一个关键的观点：合作效率取决于选手与计算机互动和协作的方式。对此，国际象棋大师加里·卡斯帕罗夫（Garry Kasparov）表示："较弱的人类＋机器＋更好的流程优于单独的强大的计算机，更为显著的是，优于强大的人类＋机器＋较差的流程。"[34]

使用机器学习的敏捷营销

敏捷营销与机器学习相结合，提供了一种高度响应客户需求的动态且灵活的营销方法。机器学习算法可以分析包括客户行为、客户偏好和市场趋势在内的大量数据，识别模式并进行预测。这不仅提高了生产力，还使营销人员能够更快地进行实验和迭代，测试不同的方法，并根据实时洞察优化他们的营销活动。

以巴西农业跨国企业Amaggi为例。该企业拥有超过40万公顷（1公顷=10000平方米）的生产性种植面积，并表现出对可持续发展实践的极大投入。该企业的这一投入通过对精准农业的投资得以体现，该投资旨在尽量减少对环境的影响。此外，Amaggi在拥抱数字化转型和利用先进技术方面也有着卓越的表现。为了全面了解关键变量和与天气相关的影响，Amaggi团队认识到，他们需要获取比现场工人和各种传感器（例如，测量湿度、温度和降水量）收集的信息更多的额外信息。[35]

Amaggi意识到，无论分配多少人手，依靠人类每天监测广袤农田的复杂细节是不可行的。为了解决这个问题，他们与Planet（一家分析和共享地球相关数据的网络地理空间平台）合作，获取并利用卫星图像。通过接收警报，企业可以迅速了解影响作物的问题，做出明智的决策，并迅速采取行动。这种方法对生长周期较长的作物（如大豆和棉花）特别有价值，这些作物的生长周期通常为90~180天。如果未能及时应对异常，这些异常可能会对作物生长产生毁灭性的影响。通过利用来自Planet数据库的超过870万张图像，Amaggi成功地进行了趋势分析，并采用敏捷策略来应对各种挑战。

当前营销中的机器学习应用

企业总是在寻找方法来提高数据应用能力，并提供工具以赋能知识型职位将数据转化为见解。[36]十多年前推出的探索性数据可视化工具帮助企业更好地理解数据分布、异常值、离群点和数据中的噪声。在这种能力下，机器学习减少了在设计和开发仪表板的过程中对专家的依赖。利用自动机器学习（Auto-ML）增强智能化应用的类似趋势仍在继续。例如，基于自然语言处理的搜索界面增加了通过文本和语音与数据互动的能力。正如智能手机以点选方式为用户提供高级功能一样，机器学习也承诺提供同样便捷的使用体验。然而，最近机器学习的迅猛发展也引起了用户的极大兴趣，用户已经不满足于点选结果。因此，机器学习已经成为营销领域很有前途的研究方法之一，这也对营销战略的发展具有重要意义。本节介绍了机器学习帮助企业制定营销举措的五个具体应用领域。

了解客户需求以部署机器学习

机器学习可以帮助企业根据客户行为的变化，不断优化向客户推荐的内容。推荐引擎是机器学习的一个热门应用，能够将客户与他们过去喜欢的或者可能在未来感兴趣的产品进行匹配。通过这种方式，企业可以减轻客户的认知负担，将为客户寻找最佳选择的责任交给搜索平台或品牌。[37]

在营销中的多个机器学习应用体现了企业对满足客户需求的重视。例如，Uber使用机器学习来估算乘车的到达时间、识别最佳的接送地点、估算Uber Eats的送餐时间，以及检测欺诈行为。FICO使用机器学习开发信用评分（FICO分数）并评估单个客户的风险。亚马逊使用机器学习算法自动学习如何组合多个相关特征和过去的搜索历史，为客户生成个性化的搜索结果。此外，通过应用程序识别支票文本的银行也依赖机器学习工具。[38]

理解客户需求的一个重要部分是了解他们愿意为产品/服务支付的价格。零售商可以利用机器学习的强大功能来构建有效的价格自动化解决方案。例如，尼尔森全球互联商务（Nielsen Global Commerce）调查发现，搜索产品信息、检查/比较价格和寻找折扣/促销/优惠券是互联网购物者常见的活动。[39]

人工智能定价是一个关键的营销功能，能够与消费者产生密切共鸣。例如，爱彼迎（Airbnb）使用一个动态定价工具向其房主推荐价格，该工具会综合考虑的参数包括季节性、星期几、特殊活动以及更复杂的因素，如待出租房产的照片或附近房产的租金水平。亚马逊和Uber等企业也采用了类似的方法。[40]

重新审视企业整合机器学习的能力

获得详细的实时业务信息对企业的能力具有重要影响。在这方面，企业的数据成熟度正在发生显著变化。一个发达、充实且互联的数据生态系统是从深度学习和机器学习中获益的基础。例如，美国运通公司依赖机器学习算法和数据分析进行近乎实时的欺诈行为检测。结果，企业不仅能避免数百万美元的损失,还能减少耗时的人工审核、昂贵的拒付费用和手续费,以及合法交易被拒绝的情况。[41]这也意味着企业需要投入成本,聘请能够从数据中提取意义的信息并找到方法为企业找出可操作性见解的数据科学家。

此外,机器学习应用的适应性和定制能力使营销人员能够与用户群体建立个性化的沟通方式。员工现在能够通过点选界面访问所有客户的数据和信息,与营销过程中涉及的其他利益相关者进行连接和互动,并提供有意义的内容和产品。由数据驱动的网络互动不断演变,预计将在商业环境中带来更多变化。例如,塔可钟(Taco Bell)在其应用中使用机器学习技术,根据用户的个人偏好、过往用餐记录、地理位置、天气情况以及餐厅特定的菜单和定价,向用户展示最相关的菜单项、促销活动和内容。[42]

此外,为了确保机器学习计划成功,机器学习必须与企业目标保持一致。基本上,机器学习必须成为跨层级、跨职能和跨利益相关者的全企业范围的项目。在这方面,考虑到机器学习的跨学科性质,企业甚至可能希望采用跨学科的运作模式,而不是传统的基于层级的模式(例如,自上而下)。这可能会更好地帮助企业应对因人工智能整合而导致的业务转型。例如,德国在线零售商欧图(Otto)使用机器学习进行预测,能够以90%的准确率预测未来30天的销售情况。该零售商将机器学习集成到基于销售预测的库存管理中,从而使其能够计划订单发货并处理客户退货。此外,这种集成的机器学习使欧图有信心每月从供应商处自动订购超过20万件商品而无须人工干预。[43]欧图的机器学习实施的一个显著特点是,与亚马逊或eBay不同,欧图的努力重点在于非客户交互的场景(如需求预测、订单管理、商品管理、订单履行和产品退货),而不是为消费者设计个性化的内容和产品。这些努力直接为欧图节省了可观的成本。

利用机器学习制定营销组合战略

正如前文所述,机器学习因其个性化定制功能为企业带来了显著成效。在这方面,企业利用机器学习设计了营销组合策略,以便为用户提供个性化内容和产品。个性化是指企业通常基于先前收集的客户数据,决定适合每位客户的营销组合策略。[44]学术研究还从多个角度讨论了个性化的概念。[45]此外,[46]研究指出了企业采用的三个个性化层级——大众级、细分级和个体级。在大众级个性化中，企业根据客户的普遍偏好为他们提供相同的营销组合。这虽然不能被视为"真正"的个性化，但它确实在开发产品时考虑了客户的口味和偏好。3D打印技术便是这种个性化的一个例子，这项技术被用于包括医疗培训工具、汽车制造和鞋类在内的多个行业。例如，丹麦鞋类制造商 Ecco 通过实时捕捉数据，建模鞋底，能够在1小时内通过3D打印制造出个性化的鞋垫。[47]

为实现基于市场细分的个性化，企业首先要创建客户细分类别，然后根据每个类别制定个性化营销组合策略。细分级个性化的一个例子来自教育技术领域。Toppr 是印度的一项云端学习服务，学生可以通过这款应用程序进行实时在线学习。这款应用程序不仅提供了在线课程，还包括测试、模拟考试、用于解答学生问题的聊天功能，以及有助于备考的实用建议。类似的印度企业还有 Unacademy 和 Vedantu 等。[48]

最后，在个体级个性化中，企业根据每个客户的个人需求、口味和行为来设计个性化营销组合。个体级个性化的一个例子是营养个性化。在这个快速发展的市场中，营养个性化旨在根据个人健康指标为用户提供个性化的健康选择。苹果（Apple Watch）、雀巢、亚马逊（Amazon Fresh）和优步（Uber Eats）等企业在这个市场中通过相关的个性化产品寻求显著发展。[49]

机器学习个性化的全面实施可以在 HelloFresh 这家餐食配送服务企业中看到。为了应对竞争并使产品更贴近客户，HelloFresh 在多个方面使用了机器学习算法。由于它采用灵活的订阅模式，客户可以随时暂停订阅。虽然这种模式为客户提供了便利，但也为 HelloFresh 的分析师带来了一定的挑战。由于这种模式与传统的合同模式不同，打破了原来的客户生命周期价值模型（CLV）的假设，因此，Hello Fresh 提出了客户活动价值 (CCV)——衡量客户在购买行动前后产生的利润差异。

通过重新定义客户盈利能力，Hello Fresh 引入了 Morpheus——一种使用机器学习技术提供每周客户类型预测的算法。Morpheus 拥有 1360 个不同的 GBM（Gradient Boosting Models，梯度提升模型），每个模型都针对特定的客户细分群体进行训练，这些客户细分群体是根据市场、时间跨度、客户类型等因素定义的。Morpheus 算法使用了来自 HelloFresh 企业数据仓库、Google Analytics 和为企业定制的第三方数据集的数百个变量。这些变量提供了关于客户参与度、激励措施、定价、订购模式和用户行为等重要信息。通过这些模型，Morpheus 帮助营销人员从客户类别、客户对食谱更换的反应、产品体验等多个角度预测未来的盈利能力。

Morpheus 已被集成到 HelloFresh 的市场营销、财务、产品和运营等部门。运营部门利用 Morpheus 的见解来回答与最新行业趋势相关的问题。市场营销部门使用 Morpheus 了解业务决策对客户行为的影响，并推动客户转化。通过 Morpheus 提供的个性化预测，HelloFresh 能够与客户进行定制化和个性化的沟通。未来，该企业计划在整个组织中推广高质量的机器学习模型，从而实现预测分析的普及化。

企业通过机器学习进行个性化的举措，对营销组合的四个主要元素——产品、价格、促销和渠道产生了显著影响。由于渠道的增加（尤其是新电子渠道的增加），以及客户越来越希望通过多渠道互动，产品个性化受到企业越来越多的关注。结果是，企业现在更有能力测试全渠道模式，该模式更加专注于渠道和品牌之间的互动与协作。[50]换言之，全渠道模式不仅涵盖了传统的渠道管理策略，更实现了渠道之间的无缝衔接，并致力于提供卓越的用户体验。[51,52]各企业已不再满足于早先亚马逊和 Netflix 提供的"为您推荐"功能。例如，Netflix 利用机器学习算法实现电影标题和封面图像的个性化，这一算法可以选择出最能引起用户共鸣的图片。此外，Netflix 还计划根据个人的观影历史创建个性化的电影预告片。[53]

价格个性化基于以下理论：企业提供的产品与服务不同，客户获得的效用就不同，进而客户的支付意愿也就不同。[54]价格个性化可以根据位置、季节性和用户的明确偏好等因素实现。由于机器学习擅长分析大量的数据和信息，它继续被用于这种形式的个性化定价中。例如，总部位于慕尼黑的巴伐利亚精品酒店（Bavaria Boutique Hotel）实施了一种人工智能/机器学习驱动的定价方案，该方案考虑了潜在顾客的整个旅程，分析了慕尼黑及周边地区相关竞争对手的价格和优惠信息，考虑了该地区的重要社交活动，整合了在线旅游平台的额外成本，并考虑了组织关键绩效指标(KPI)等因素，在一天内多次实时生成合适的价格推荐。这种方法与传统的基于经验的人工确定房价的方法有明显的区别。该定价方案预计将得到最优的房价，与市场保持一致，从而提高该酒店的营业额。[55]

机器学习也被用于传统零售环境中确定定价策略。例如，沃尔玛建立了一个由机器学习算法驱动的云网络，实时向实体商店员工提供数据和分析，使他们能够在价格上与亚马逊上的网店保持竞争力，可以在整个地区及时调整其实体店中商品的价格。[56]

自从个体级别的数据可用以来，促销中的个性化活动受到了显著的关注。[57]个体级别的数据使企业能够执行广泛的与客户相关的行动，如受众细分、动态在线内容创建、目标促销优惠和折扣、个性化营销活动等。企业越来越多地使用机器学习算法来推动此类促销活动。例如，堪萨斯城酋长队（Kansas City Chiefs）使用机器学习算法来改善球迷体验。决策云平台能够使团队将多个级别的球迷数据连接到不同的优惠、促销和招揽活动中。机器学习还使团队能够确保促销内容和优惠仅传递给最有可能购票的球迷，从而避免蚕食其零售销售额。[58]

自电子商务兴起以来，基于位置的个性化营销发生了显著变化。传统基于实体店位置的营销思路，现在也同样适用于在线营销。例如，位于特拉维夫的服装店 Mystore-E 设计了一套类似于网购的体验模式，并将其应用在它的线下商店。[59]通过数字显示屏和增强现实，顾客可以虚拟试穿服装。通过机器学习能力，员工可以接收与顾客选择匹配的通知，提供高度个性化和精选的产品。此类举措使顾客和企业能够立即响应由任何一方发起的沟通信息。

其他模糊物理空间和数字空间界限的个性化例子包括 Macy's On Call（一个个性化购物体验的移动数字助手，提供店内商品的推荐和商品位置指引）[60]和希尔顿的 Connie（一个使用自然语言处理能力提供个性化游览地点和餐厅推荐的机器人礼宾）[61]等。

通过机器学习推动客户参与

传统的客户关系管理主要关注客户服务成本的差异。随着自动化程度的提高，客户服务成本的差异逐步减小。这意味着在数字平台上，客户盈利能力的主要差异是由客户留存率和客户提供的毛利率驱动的。换句话说，在新时代技术背景下，客户盈利能力更加重要。为提高机器学习算法预测的准确性，企业不仅要分析客户交易数据，还要利用客户偏好、人口统计、交易频率和消费潜力等方面的客户差异。策划引擎以及语音或图像识别软件背后的机器学习算法的训练，需要来自各类客户的产品偏好数据，以便使企业更好地区分高利润客户和低利润客户偏好的产品。此外，降低服务客户的成本意味着企业可以在不同利润水平上为客户提供个性化的产品推荐和服务。这意味着，由于客户交易提高了机器学习算法预测精度的边际效应，客户的知识价值（即客户自愿与企业分享信息以改进企业未来的产品）也随之增加。[62]因此，高知识价值客户不一定是高利润客户或具有高推荐价值的客户。

Google、Netflix 和亚马逊等企业致力于建立网络效应（即提供免费产品或象征性订阅服务），并专注于扩大用户基础。从其产品组合（如谷歌搜索、Gmail、Amazon Prime）中收集的数据为推荐算法的开发奠定了基础，这些算法能够生成搜索词、电子邮件、电影、音乐、相关文章和类似产品组合的自动补全建议和个性化推荐结果。

客户参与策略的成功，取决于客户对企业建立的情感依附。[63]尽管客户可能不会优先考虑与企业的直接互动，但许多企业（如温蒂汉堡、Target、Patagonia、Chick-fil-A 和 Whole Foods）仍然会发起与社会话题或消费者关注的问题相关的讨论，以便直接与客户互动，从而实现更深层次的客户参与。[64]企业越来越意识到，针对不同的客户偏好和参与群体设计、提供个性化体验，构成了有效的客户参与策略。在这方面，新时代技术（尤其是机器学习）使迪士尼、亚马逊、Netflix 和 Google 等企业能够在实体和在线环境中提供这种个性化体验。

利用机器学习制定数字战略

新时代的技术格局，包括机器学习的加入，已经将企业置于一个由智能体构成的生态系统中，这些智能体通过不断扩展的用户网络提供直观的数字服务。创建这样一个由新时代技术（包括机器学习）组成的生态系统，本质上将多个功能整合于一个数字平台上，从而提高了消费者的便利性。消费者可以从企业在该生态系统中提供的优惠和奖励中受益。企业开发的机器与人之间的互动能力在提高消费者福利方面起着重要作用，因为这些机器可以为消费者提供便利、安心和及时的见解。消费者可以将相对简单的任务或查询委托给智能代理，从而省下精力和时间。通过分析更广泛的趋势数据以及个人行为数据，企业可以为其客户开发有针对性且与个人相关的优惠和解决方案。

企业已经认识到机器学习和新时代技术在推进其数字战略中的潜力。例如，时尚零售商 Burberry 利用机器学习和大数据来识别假冒产品、提高销售额，并建立和加强与客户的个人关系。为此，Burberry 使用从其奖励和忠诚度计划中收集的数据，为个别客户开发个性化的数字和店内购物体验。其他实例包括 Uber 使用机器学习算法来估算乘车的到达时间、识别最佳接载地点、估算 UberEats 的用餐时间并检测欺诈行为；FICO 使用机器学习算法来开发其信用评级（FICO 分数）以及评估个人客户的风险；亚马逊使用机器学习算法自动学习组合多个相关特征和过去的搜索历史，并为客户生成个性化的搜索结果。

机器学习在营销领域的未来

由于机器学习能够高效、准确地帮助企业推进数字化，未来企业将面对一个越来越数字化的学习型环境。[65]这种发展可能会引发有关目前全球许多企业采用的客户关系管理（CRM）技术相关性的质疑。换句话说，机器学习（以及潜在的其他新时代技术）是否会取代 CRM 技术？这是一个重要的问题，因为许多企业已经投入了数百万美元来建立其当前的 CRM 基础设施。

研究表明，新时代技术有可能通过优化营销战略以及提高活动的效率、效力、响应能力和个性化程度来增强现有的 CRM 技术的能力。[66]例如，机器学习可以通过自动化常规任务（如数据输入、预测更新、确定通话列表和其他常规客户管理任务）来帮助 CRM 系统运行。通过帮助 CRM 系统识别行为模式和偏好，新时代技术可以自动化并个性化客户响应、沟通材料生成、数据收集、报价生成和其他客户管理操作。随着时间的推移，机器学习算法可以加快客户细分、潜在客户定制化和营销元素的定制化。因此，员工可以更有效地利用时间来进行关系建立和参与活动。同样，其他新时代技术也可以补充企业当前拥有的 CRM 系统和能力。总体而言，新时代技术可以与现有的 CRM 技术很好地协同工作，通过这种组合，企业将实现更好的价值创造。在这方面，用于营销目的的机器学习的未来看起来是充满希望和多样化的。虽然我们可以预期机器学习能力在许多组织和领域取得进展，但在以下三个领域尤为突出。

机器学习与客户流失分析

管理客户流失是一个棘手的问题，影响着包括电信、金融服务、零售和电子商务在内的多个行业。当面临客户流失时，管理者需要解决几个重要的问题。例如：①如何识别可能流失的客户？②他们何时可能流失？③我们是否应该干预，如果是的话，什么时候干预？④应该提供哪些干预措施以防止流失？如果客户流失的问题不加以解决，那么它可能会使企业产生巨大的成本流失，并可能以四种方式对企业的表现产生负面影响。首先，由于客户流失，企业的收入来源可能会大幅减少。其次，企业将难以收支平衡，因为失去了从流失客户中回收并获取成本的机会。再次，企业还将失去向已流失客户进行追加销售/交叉销售的机会，从而导致潜在收入的损失。最后，流失的客户可能带来的负面口碑会影响企业未来的客户获取。

在新时代技术出现之前，企业通常使用统计建模来解决这一问题。使用测试组和控制组是一个流行的方法，可以充分展示客户干预策略的影响。例如，使用这些干预策略，一家电信企业在扣除干预成本后，实现了34.5万美元的净收入增长，投资回报率（ROI）增长了860%。[67]然而，在当今的新时代技术环境下，企业越来越多地依赖基于机器学习算法的方法来应对客户流失。机器学习算法可以与现有的客户管理模型协同工作，有效地解决客户流失问题。

在一个由机器学习驱动的环境中应对客户流失也存在挑战。[68]挑战在于企业如何利用机器（和机器学习算法）与消费者互动。随着机器变得更加熟练和互动性增强，企业必须小心确保机器可以准确地传达企业的（或品牌的）个性。此外，企业还必须理解如何通过机器学习算法培养消费者信任。这要求企业从通常涉及展示广告和媒体相关信息的静态图像，转向一个由语音激活的虚拟助手和虚拟现实技术构成的动态互动环境。

在实施人机结合时，人们研究发现，在完全模仿人类与保持机器人特性之间存在"诡异谷"（也称"恐怖谷"）假说。"诡异谷"假说认为，当人们面对一个外貌近似人类但未能达到完全逼真程度的机器人时,人们对机器人的反应会突然从同情转为厌恶(甚至感到恐惧)。[69]在这方面,最近涉及人机交互环境的实地应用表明,人类参与者会感到不安。[70]一些企业,如Poncho(来自Weather企业)、Slack和Autodesk,正在努力为其人工智能机器人找到人机界面之间的适当平衡。

然而,最近随着机器学习的进步,其内容创作的精确度已大幅提升,以至于人们几乎无法区分人类创作和机器创作的内容。这导致人们逐渐接受这种内容和服务。此类解决方案的例子包括Adobe的Adobe Cloak(视频编辑工具)和Lyrebird(语音模仿算法)等[71](见图5-4)。所有这些例子表明,企业应设计复杂的多感官解决方案,为用户提供个性化关注,并必须理解人机界面,以便制定有效的客户干预措施,从而成功地解决客户流失问题。

图5-4 视频和音乐编辑软件。视频和音乐编辑软件与人类协同工作,创造出可以个性化和高度吸引人的内容

注:本图为Jakob Owens在Unsplash上发布的照片。

需求预测的改进

有效的需求管理将使企业能够更好地规划和利用企业资源,从而为企业及其客户创造更多价值。通过利用机器学习算法所提供的洞察力,企业可以识别即将出现的趋势并预先制定应对策略(例如,设计新产品、更新交付机制等)。

业务功能之间的互联性以及分析和业务流程的自动化可以帮助企业更高效、更有效地应对这些趋势。通过预见客户需求，企业可以通过符合客户要求的产品来给客户带来惊喜和愉悦。

许多企业利用机器学习算法帮助它们管理需求，并确保用户始终获得最佳体验。例如，在线流媒体平台Netflix使用机器学习算法进行各种预测，如根据网络质量来确定提供的视频质量、预测网络连接的下降情况、预测用户下一步会播放的视频以提前将视频缓存到设备中，从而使视频启动更快、质量更高。[72]这样的预测使Netflix能够有效地规划其视频清单，从而满足用户的期望。其他利用机器学习进行预测的例子包括达美乐预测订单完成时间，[73]以及卡夫亨氏在超级碗等重大活动期间进行需求预测并帮助零售店做出补货决策。[74]

由于更细致的洞察、更强的自动化以及业务功能更强的互联性，企业可以改善产品开发和改进流程，实现流程优化。[75]我们可以预见这一趋势在未来将继续下去，并为企业和消费者带来丰厚的收益。已经在这方面取得显著进展的一些领域包括智能仓储和智能运输等应用，这些应用可以实现直观的需求满足、仓库自动化和路线优化，从而实现效率最大化（见图5-5）。例如，沃尔沃利用机器学习能力来预测故障和中断率以确定备件的库存量。[76]随着企业继续为机器学习的发展投入更多的资源，机器学习可以开发出更具前瞻性的需求

图5-5 机器学习驱动的仓储解决方案。部署在仓库的机器学习解决方案有助于满足需求、实现仓库自动化和路线优化，从而实现效率最大化

注：本图为Nana Smirnova在Unsplash上发布的照片。

预测方法，从而为企业和用户带来更多价值。

客户和产品战略制定

机器学习算法的不断进步最终会在商业环境中得到检验，以便人们评估其实际应用效果。这些进步催生了更多基于机器学习的解决方案，这些解决方案在以下四个方面的应用中优势明显：①管理客户；②开发新产品/产品概念；③增强促销策略；④创造有效的品牌与客户互动。机器学习提供的洞察力不仅可以帮助企业管理现有客户的需求，还可以开发新产品，从而满足不断变化的个体消费需求。

聊天机器人和智能代理（见图5-6），是机器学习在企业与客户的交互界面中持续助力战略发展的一个重要领域。通过自然语言处理，聊天机器人和智能代理可以像人类一样进行沟通。具体而言，利用深度学习、遗传算法和自然语言处理等技术，机器可以通过处理大量数据并识别数据中的模式产生洞察力以完成特定任务，并将这些模式应用于个人和商业用途。

图5-6 聊天机器人和智能代理。聊天机器人和智能代理使用机器学习算法来帮助客户做出明智的选择

注：本图为 Matthew Henry 在 Burst 上发布的照片。

在个人用途中，涉及机器学习的常见解决方案包括个人助手（例如，Alexa、Siri、Cortana）、旅行规划（例如，Mezi）、音乐（例如，Pandora）、财务规划（例如，Olivia）、语言翻译（例如，Liv）和智能家居解决方案（例如，Nest）等。同样，在商业用途中，涉及机器学习的流行解决方案包括商业需求的即插即用解决方案（例如，Fluid AI）、电子商务和数字营销（例如，Sentient）、流程自动化（例如，Amazon MTurk）、面部识别（例如，Haystack）、法律语言助手（例如，Legal Robot）和信用评分（例如，Lenddo）等。这些智能代理可以响应基本的用户查询，并根据情况做出相应的反应。此外，在客户接口中，这些代理知道何时需要将客户无缝地转接给人工客服，从而提高客户服务效率并降低成本。

电子商务领域也受到机器学习的影响，机器学习可以积极影响战略开发。例如，像购物机器人这样的机器学习可以监控和比较价格，建议重新购买，甚至通过机器人之间的互动代替人类进行购买。总体而言，机器学习可以帮助企业掌握有关消费者偏好的信息，并通过相关渠道提供个性化的产品、定价和广告内容。这些行动在未来可以进一步帮助企业进行产品和客户战略开发，从而获取更多的价值。

关键术语和相关概念

数据挖掘	发现数据库中有助于决策的有趣模式的过程。
ETL（提取/转换/加载）过程	从各种来源提取数据，将其转换，并加载到适用于机器学习过程的结构化架构中。
个体级个性化	企业根据每个客户的个人需求、口味和行为来设计个性化营销组合。
智能增强	使用强大的计算分析技术来增强人类的能力。
机器学习	涉及训练机器随时间学习的过程。
大众级个性化	企业根据客户的普遍偏好为他们提供相同的营销组合。
个性化	企业通常基于先前收集的客户数据，决定适合每位客户的营销组合策略。
强化学习或半监督学习	机器不被告知采取哪些行动，而是必须通过尝试发现哪些行动获得最高的奖励。
细分级个性化	企业首先创建客户细分类别，然后根据每个类别制定个性化营销组合策略。
结构化数据	任何在数据库中特定字段下具有明确定义值的数据。

（续）

监督学习	学习系统使用先前的数据作为训练信息，并相应地为所有的未来结果提供相关预测。
"诡异谷"假说	当人们面对一个外貌近似人类但未能达到完全逼真程度的机器人时，人们对机器人的反应会突然从同情转为厌恶（甚至感到恐惧）。
非结构化数据	单个数据单元，其中的信息不需要事先定义的结构或数值，便以相对同步的方式展现其多方面的特性。
无监督学习	涉及让机器在没有明确行动指令的情况下执行任务。

第6章 利用元宇宙实现变革性营销

概述

想象在一个真实与虚拟之间的界限消失的世界,人们可以穿越绝美的风光,与地球另一端的朋友相聚游戏,或者创造出原创且个性化的作品。欢迎来到元宇宙!

随着数字世界以史无前例的速度发展,元宇宙作为一个革命性的前沿概念正在全球范围内吸引人们的关注。元宇宙的概念包括一系列通过增强现实和虚拟现实技术访问的互联虚拟领域。它不再局限于二维屏幕,而是扩展到三维空间。在这些数字空间中,个人可以自由地选择任何身份,参与各种活动,并建立超越物理界限的联系。

元宇宙建立在一系列互联技术之上,如虚拟现实、增强现实、区块链、人工智能等。这些技术协作流畅,为用户提供身临其境且统一的数字体验。它们是变革时代的基础,正在重塑我们在数字世界中的互动、合作以及社区的形成。元宇宙最初起源于游戏产业,但其影响力现已超越这一领域。它现在涵盖了虚拟市场、教育平台、社交聚会和专业会议,形成了一个多元化的生态系统,正在革新商业并重塑我们的在线互动方式。

元宇宙已成为商业世界的焦点,企业希望通过它与目标受众建立联系。诸如Meta(前身为Facebook)、微软和英伟达等主要企业正在投入大量资金构建与元宇宙概念相符的数字领域。不仅像古驰(Gucci)、耐克和Gap这样的零售巨头正在涉足元宇宙并探索客户参与其中的可能性，像迪士尼这样的娱乐品牌、像麦当劳和Chipotle这样的快餐连锁品牌，以及像亚特兰大勇士队这样的职业体育品牌也都纷纷加入了利用元宇宙增强互动和提高参与度的企业行列。

本章的结构如下：首先，介绍了元宇宙的起源简史，然后从营销的角度定义元宇宙，并介绍了一些关于元宇宙使用和应用的案例。接着，本章探讨了元宇宙在营销5.0概念中的角色。然后，本章讨论了元宇宙的一些营销应用。最后，本章通过探讨这一领域的新兴问题展望了元宇宙在营销行业的未来。

元宇宙的起源、定义和分类

起源

尼尔·斯蒂芬森（Neal Stephenson）被认为是创造了"元宇宙"一词的人，他在1992年的小说《雪崩》（*Snow Crash*）中引入了这个词。在这部文学作品中，斯蒂芬森生动地描绘了一个虚拟世界，无数人可以通过个性化的化身和创意工具进入这个世界。[1]

与此相关的是，20世纪80年代末至90年代初，互联网被发明并推出，带来了革命性的变化，重塑了我们的生活方式。数字孪生、比特币、虚拟世界的"第五个时代"[2]等概念最早出现在20世纪90年代末和21世纪初。21世纪的头十年里出现了去中心化的虚拟世界、《堡垒之夜》（*Fortnite*，见图6-1）和《宝可梦Go》（*Pokémon Go*，见图6-2）等增强现实游戏和非同质化代币（NFT）。这些是推动网络化虚拟世界和用户生成世界发展的重要事件，所有这些都可以通过元宇宙用户界面访问。[3]

定义

考虑到元宇宙的发展尚处于初期阶段，学术界对于元宇宙的定义尚未达成共识。元宇宙最初被设想为一个半物理的虚拟现实环境，用户通过虚拟化身进行互动。[4]根据21世纪后的研究，元宇宙是一个沉浸式的三维虚拟环境，允许用户与软件代理和其他用户进行互动。[5]秉持单一世界观的观点，研究表明元宇

图6-1 一个人在移动设备上玩《堡垒之夜》
注:本图为 Erik Mclean 在 Unsplash 上发布的照片。

图6-2 一个人在移动设备上玩《宝可梦Go》
注:本图为 Mika Baumeister 在 Unsplash 上发布的照片。

宙具有可扩展性和社交性,并将元宇宙描述为一个促进众多个体同时进行社交互动的虚拟环境。6根据主流媒体的报道,元宇宙是现实世界与虚拟世界的交汇点。在这里,网络技术、扩展现实(XR)和互联网的融合使元宇宙被概念化为一个结合了物理和数字元素的虚拟环境。[7]

随着技术的进步，元宇宙已经从单一的虚拟世界演变为一个更为全面的概念，涵盖了多个互联的虚拟世界。它从纯粹的虚拟呈现过渡到融合现实视角，涵盖了扩展现实范围内的各种体验，如虚拟现实、增强现实、混合现实以及其他技术的融合。[8]本质上，元宇宙现在被视为一个高度互联的数字宇宙，能够无缝地连接不同的虚拟现实。在当今社会中，元宇宙正变得越来越流行。[9]此外，元宇宙提供了轻松连接他人的机会，开辟了新的就业渠道，并允许个人以独特的方式表达自己。

元宇宙在信息技术领域得到了广泛应用。[10]此外，教育部门也在利用技术提升学生的参与度和学习效果。[11]通过将元宇宙纳入教学过程，学生能够获得独特的体验并在虚拟空间中进行社交，从而激发他们的创造力。此外，元宇宙使学习材料能够根据学生的个体需求进行定制，推动以学生为中心的教育方法的优化。[12]元宇宙的互联性和沉浸性使其不同于其他在线体验，从而更具吸引力。企业可以基于对这一概念的理解，在合适类型的元宇宙上进行明智的投资。

分类

元宇宙可以分为两种类型：传统元宇宙和基于区块链的元宇宙。传统元宇宙通常是中心化的，并且不使用区块链技术。在传统元宇宙中，一家企业拥有并运营整个虚拟世界，掌控元宇宙的一切。这种中心化的方法使现实中的活动能以一定的精确度被执行，促进远程协作以创造新产品，并提升客户体验。元宇宙的运行依赖于内部服务器和规则管理，从而确保仅有一个实体监督整个网络。

基于区块链的元宇宙是去中心化的，由社区所有。在这类元宇宙中，没有任何单一实体控制虚拟世界，用户拥有并控制他们的数据和资产。这类元宇宙中的虚拟社区在设定的边界内运作。通过去中心化，用户在元宇宙的管理中获得了更多的权力，包括允许他们扩展这个宇宙，并为彼此创造沉浸式体验。在这种模式下，元宇宙的创建者监督平台，而不是由一个中央权威管理，这为我们创建了一个更为民主和包容的环境。

尽管还处于早期阶段，但元宇宙已经迈出了向数字革命前进的步伐。全球知名企业正在投入大量的资源推进元宇宙平台和技术的发展。同时，独立创作者正在打造令人着迷的虚拟世界和沉浸式体验，不断挑战着所能达成的界限。表6-1列出了不同领域的元宇宙及其代表性产品。

表6-1 元宇宙的类型及其代表性产品

元宇宙涉足的领域	含义	传统元宇宙的示例	基于区块链的元宇宙的示例
游戏	主要专注于提供游戏和互动娱乐体验，围绕游戏机制展开，使用户能够参与游戏、寻宝和探索虚拟世界	《堡垒之夜》(https://www.fortnite.com/)，Roblox (https://www.roblox.com/)	《The Sandbox》(https://www.sandbox.game)，《Axie Infinity》(https://axieinfinity.com/)
社交	包括社交互动、沟通和协作的各个方面；促进个体之间的新联系并加强现有关系	《VRChat》(https://hello.vrchat.com/)，《Second Life》(https://secondlife.com)	Somnium Space (https://somniumspace.com/)
商业	用户在虚拟环境中进行虚拟商品和服务的买卖，这些虚拟环境作为虚拟市场，促进了商业交易和电子商务活动	Shopify (https://www.shopify.com)	Decentraland (https://decentraland.org/)
教育	通过提供一个虚拟环境来优化教育过程及增强用户体验。在该虚拟环境中，学生可以参加课程、进行小组项目合作，并与同学和导师互动	AltspaceVR	Engage (https://engagevr.io/)
企业	一个沉浸式的数字环境，旨在通过复制和连接组织的各个方面，特别是通过开发数字孪生体来优化体验和决策	Microsoft Mesh (http://www.microsoft.com/mesh), NVIDIA Omniverse (https://www.nvidia.com/en-us/omniverse/)	Cryptovoxels

注：本表来自"Types of Metaverse Explained: A Comprehensive Overview," March 8, 2023, https://mudrex.com/blog/types-of-metaverse-explained/; "Enterprise Metaverse—The new way of business," https://www.leewayhertz.com/enterprise-metaverse。

营销 5.0 世界中的元宇宙

在线虚拟市场通过利用人工智能、机器学习等前沿技术，已经彻底改变了客户忠诚和客户需求。这些技术进步使企业能够洞悉消费者的购物习惯，理解客户订单模式，并据此定制用户体验。本章广泛讨论的元宇宙是指一个无缝融合物理世界和数字世界的虚拟领域。这一融合得益于互联网和网络技术与扩展现实的结合。在这个动态环境中，数据建模工具在优化客户参与行为和购买习惯方面发挥着关键作用。大量研究表明，通过在沉浸式虚拟空间中使用客户参与工具，企业可以创造与个人偏好和需求相契合的个性化数字购物体验。本节在第2章讨论的营销5.0概念的基础上进一步展开，阐述了元宇宙在营销5.0世界中的运作方式，特别是通过营销5.0的视角讨论了元宇宙应用的五个实例，并阐述了这些应用如何有利于人类社会发展。

使用元宇宙的数据驱动营销

元宇宙为营销人员提供了一个独特的平台，使他们能以更具沉浸感和互动性的方式与消费者互动。通过在元宇宙中利用数据驱动的营销技术，营销人员可以创造个性化的体验，吸引用户并在更深层次上与他们互动。这些体验可能包括虚拟产品演示、互动广告，甚至是虚拟活动和体验。通过利用元宇宙进行数据驱动的营销，营销人员不仅可以加深对目标受众的理解，还可以创造更具影响力和令人难忘的营销体验，从而提升品牌知名度和忠诚度。

例如，Decentraland是一个基于以太坊的虚拟现实平台，用户可以使用其加密货币MANA购买、创建和货币化虚拟土地。它为设计沉浸式体验、定制化虚拟形象和与他人互动提供了一个去中心化的环境。该平台还拥有一个数字房地产市场，并为内容创作者提供了赚取收入的机会。Decentraland中的品牌设有奖励计划，允许用户通过兑换数字资产在现实世界中获得折扣，从而帮助在疫情后重振实体商业区。《美国之声》(*The Voice*)就是利用这一元宇宙的品牌之一。

《美国之声》是一档美国歌唱比赛系列节目，于2011年在美国全国广播公司（NBC）首播。参赛选手通过公开试镜选拔，并接受四位导师的指导和反馈。2022年11月，《美国之声》通过与NBC合作，在Decentraland的元宇宙音乐节上推出了为期四天的虚拟快闪活动，扩大了其影响范围。这一沉浸式体验让Decentraland社区、音乐爱好者和节日观众能够参与试镜和主题游戏收集音符，并有机会赢取品牌商品。粉丝们的积极参与使平均会话时长达到49分钟，比通常在社交媒体平台上看到的参与度高出13倍。[13]通过拥抱这一虚拟空间，《美国之声》有效地制定了与其受众产生共鸣的营销策略。

使用元宇宙的预测营销

在不断变化的营销环境中，品牌不断寻找新的创意方法与目标受众建立联系。Roblox是一个流行的在线平台，用户可以在其中创建、分享和玩游戏。这个全球平台吸引了许多品牌的注意，它们渴望利用该平台的潜力进行品牌推广和教育活动。

例如，沃尔玛于2022年9月在流行的元宇宙平台Roblox上推出了两个创新的虚拟体验：《Walmart Land》和《Walmart's Universe of Play》。这些引人入胜的空间为顾客提供了互动内容和娱乐项目，在虚拟世界中展现了沃尔玛货架上的优选商品。然而，消费者权益保护团体对这些游戏中可能存在的针对儿童的隐性营销表示担忧。随后，沃尔玛调整了方向，于2023年9月在Roblox上推出了《Walmart Discovered》。这个世界被分为不同的"部门"（如体育、宠物等），顾客可以为他们的虚拟形象购物，或者享受游戏化的体验。[14]

预测分析在分析用户在虚拟的沃尔玛商店中的互动以及预测客户行为方面起着至关重要的作用。通过利用元宇宙中的数据，企业可以预测用户更有可能在虚拟商店中探索哪些区域、购买哪些商品。通过实施预测模型，Roblox可以根据用户之前的互动、偏好和游戏行为为其提供个性化推荐。这种定制可能涉及推荐符合用户兴趣或过往购买记录的商品或优惠活动。此外，预测分析可以帮助沃尔玛优化其游戏内营销策略，准确预测最有效的用户参与方法，部署促销活动或设计虚拟商店内的互动元素。

使用元宇宙的场景营销

基于元宇宙的场景营销正在彻底改变企业与目标受众的连接方式。通过利用元宇宙的沉浸式和互动性，企业可以为客户创造个性化和引人入胜的体验。与通常依赖静态广告的传统营销方法不同，元宇宙中的场景营销允许品牌将其产品或服务无缝融入虚拟环境，使营销信息更具相关性和影响力。例如，服装品牌可以利用用户虚拟衣橱中的数据来推荐配套商品或提供独家折扣，创造出一种量身定制的购物体验。

以非洲首个元宇宙Africarare为例，它建立了Ubuntuland，旨在挖掘非洲的潜能、创造力和创新精神，同时搭建非洲与全球数字经济之间的桥梁。人们可以使用$UBUNTU代币或以太币在Ubuntuland购买、出售或租赁土地。土地所有者可以创建各种体验，如艺术展览、零售店、社交互动、游戏、虚拟音乐会等。像Nedbank、MTN和Primedia这样的企业已经成为Ubuntuland的一部分。[15]

目前，Africarare已与非营利组织Innovation Africa合作，在Ubuntuland建立了一个独特的Innovation Africa村庄。这个村庄将成为展示该组织变革性努力的平台。此次合作的主要目的是通过利用以色列的太阳能、水和农业技术，为农村社区提供清洁的水和电力，提升这些社区的生活条件。通过实施这种创新方法，这些社区的居民的生活将得到积极改善，产生显著变化。

例如，Africarare最近推出了名为"生命之滴"（Drops of Life）的独特水滴NFT系列。[16]该系列包括五种水滴，分别为钻石、黄金、白银、铂金和青铜。每种水滴都具有独特属性，并根据买家的捐赠类型有所不同。例如，钻石级水滴不仅能为一个村庄提供终生供水，还能为买家提供访问村庄并亲自为水源的发现剪彩的机会。此外，它还包括Ubuntuland中的一个虚拟3×3村庄，买家可以在其中以三维形式探索关于水资源生产的详细数据。通过在元宇宙中创建这样的虚拟空间，Africarare赋予个人力量，使他们能够发挥更大的影响力，改善人们和整个社会的生活。

使用元宇宙的增强营销

元宇宙中的增强营销为品牌和企业开辟了无限可能。通过利用增强现实和虚拟现实技术，营销人员可以创造具有互动性的沉浸式体验，吸引消费者的注意力并留下持久的印象。此外，通过追踪用户在增强现实和虚拟现实体验中的互动，营销人员可以更深入地了解消费者的偏好、兴趣和购买模式。这些数据随后可以用来优化营销策略、定制产品供应并投放目标广告，最终推动参与度和转化率的提高。

例如，Bon Viv Spiked Seltzer与专注于沉浸式体验制作的企业Aircards合作，发起了一项展示混合现实体验潜力的营销活动。[17]该项目围绕一种前沿的户外广告（OOH）方式展开。消费者可以扫描位于圣地亚哥和洛杉矶的多个Bon Viv壁画上的二维码。使用二维码，消费者可以进入一个虚拟的3D自动售货机，选择并获取他们想要的口味。该活动还鼓励消费者通过Instacart的集成服务选择数字配送，或者前往附近销售Bon Viv的零售店选购。平均每位消费者在这一无缝体验上花费了两分钟，其中58%的消费者点击购买了一罐Bon Viv。对于大多数传统数字渠道而言，这些成果远远超出了行业平均水平。这次活动的成功之处在于将一种广为人知的沟通工具（二维码）与增强现实相结合，以便"传送"消费者到一个符合他们兴趣的地点。消费者从中受益匪浅，因为他们在这个过程中得到了一个自己能够主动选择的、明确的行动建议。总体而言，Bon Viv获得了可观的投资回报率，并具备开展可量化的、以结果为导向的营销活动的能力。

使用元宇宙的敏捷营销

敏捷营销是一种强调灵活性和适应性的动态方法，它在元宇宙中找到了新的发挥空间。这一新时代技术使营销人员能够超越传统界限，探索无限可能。利用元宇宙的力量，营销人员可以开展模糊物理和数字世界界限的互动式活动。这为品牌以创新方式与客户互动开辟了全新的领域。

3D和3D图形技术已经存在一段时间了，但元宇宙在此基础上取得了突破，它使组织通过去中心化金融、代币化和电子商务等元素快速适应特定情况，从而打造出非凡的体验。例如，位于印度的沉浸式平台NextMeet提供了一个可以进行实时虚拟会议和网络交流的环境，用户可以通过3D场景中的虚拟形象进行互动。该平台重视互动协作、学习和工作实践，旨在消除远程工作和混合工作模式中可能出现的孤立感和断联感。[18]

在新冠疫情之后，企业意识到行业需要尽早转向线上工作模式，同时又不影响工作场所互动的质量。Next Meet平台允许员工使用数字虚拟形象在虚拟办公室和会议室中无缝穿梭。他们可以轻松地前往虚拟服务台、进行实时演示、在网络交流休息室与同事社交，或者使用可定制的虚拟形象自由探索会议中心或展览馆。参与者可以通过台式电脑或移动设备访问虚拟空间，轻松指挥他们的虚拟形象在虚拟办公室中移动。在员工参与度方面，该平台提供了独特的入职体验，新员工可以通过走过设有互动展台的3D大厅或画廊来探索企业，这取代了传统的阅读入职文件的方式。[19]这种解决方案使企业能够快速迁移到虚拟工作场所，同时确保员工与其同事和工作场所保持互动。

当前营销中的元宇宙应用

元宇宙具有彻底改变客户体验、品牌与客户的互动方式以及营销概念的潜力。元宇宙可以容纳数量几乎无限的用户，让他们同步且持续地体验一个大规模的、可扩展的、互操作的[20]、实时渲染的3D虚拟世界网络，这个世界提供了数据的连续性，包括身份、历史记录、权限、物品、通信和支付，以及个人存在感。[21]企业无论规模大小或目标受众如何，都可以利用元宇宙来改变其业务方式。[22]本节介绍了元宇宙在帮助企业开发营销计划方面的五个具体应用领域。

了解客户需求以部署元宇宙

在20世纪90年代，互联网曾被批评为一种昙花一现的趋势，但很快它就获得了发展动力。越来越多的消费者开始接受互联网，这带来了显著的变革。同样，元宇宙也引起了消费者的关注，这标志着技术应用方式的显著转变。[23]消费者被新奇的体验吸引，而采用元宇宙等新技术使企业能够持续地革新消费者体验。

元宇宙的应用已不再局限于游戏领域，它在体育、娱乐、零售和教育等领域都创造了令人难以置信的沉浸式体验。高端品牌［如古驰和巴黎世家（Balenciaga）］已经开发了虚拟展厅，让消费者可以在极为逼真的三维环境中浏览商品和参与互动。消费者还可以通过智能手机使用欧莱雅的Modiface应用程序虚拟试妆。元宇宙还在虚拟员工培训、使用虚拟形象的团队合作、制造业和建筑业中的虚拟原型制作、虚拟汽车展厅展示等方面有着广泛的应用和机会。有趣的是，一些国家的政府也在尝试使用元宇宙技术。例如，韩国首尔宣布启动Meta Seoul，它是韩国首都首尔的数字复制品，用户可以在其中参与各种不同的活动。这个虚拟城市将包含所有的旅游景点和名胜，用户可以在家中舒适地参观包括市长办公室在内的地方。其他城市如沙迦、迪拜和香港也宣布了类似的计划。[24]

Z世代（95后）是影响元宇宙在企业界应用的关键角色。与早期年代的人相比，这一群体更习惯于虚拟商品、虚拟世界和虚拟交易。[25]企业在决定是否实施元宇宙之前（事实上，这已不是一道选择题），必须明确其营销目标。这取决于企业的品牌定位、现有和潜在受众的喜好等。一旦确定了目标，企业就必须确定哪些平台能提供最佳机会并与品牌定位最契合。

重新审视企业融入元宇宙的能力

目前有多个平台可供元宇宙实施使用，包括Roblox、《堡垒之夜》、Decentraland、Minecraft以及Meta的Horizon Worlds。选择合适的平台对于成功实施元宇宙至关重要。Roblox因其庞大且多样化的用户群体而广受认可，这使其成为那些对用户生成内容以及年轻受众感兴趣的品牌的理想之选。例如，古驰在Roblox上进行了多次品牌推广，并在推出其Gucci Garden的元宇宙版本时取得了显著成功，两周内吸引了1990万名访问者。[26]《堡垒之夜》特别适合喜欢竞技战斗玩法的社交游戏玩家。Ralph Lauren在《堡垒之夜》物品商店中推出了数字服装和配饰系列，并进一步推出了受数字服装系列启发的实体服装线。值得注意的是，这次合作还为Ralph Lauren具有标志性的小马商标带来了55年来的首次重新设计。[27]

尽管Meta在元宇宙领域遭遇了挫折，[28]但是像英伟达这样的企业仍在推进这一技术。[29]英伟达于2023年9月推出了设计和模拟平台NVIDIA Omniverse，以便进一步推动元宇宙的发展。然而，尽管进展不错，但仍然有很多需要应对的挑战。例如，英特尔认为，要实现元宇宙的愿景，计算能力需要显著提高，约为当前容量的1000倍。[30]

目前，支撑元宇宙所需的计算能力预计将通过算法和软件得以增强。诸如机器学习驱动的神经网络和人工智能增强的计算技术等,有潜力提升计算能力,并能够保障硬件在未来可以实现持续迭代。随着各企业努力实现其元宇宙愿景,它们也必须优先考虑应对这些进步带来的高能耗的策略。一旦这些能力得到广泛认可,并能够与元宇宙相适配,企业就必须转向设计与元宇宙概念相契合的营销组合策略。

在元宇宙中制定营销组合战略

元宇宙为各种规模和行业的企业提供了巨大的营销前景。它有望重新定义组织与目标受众的互动方式,模糊物理世界和虚拟世界之间的界限。随着虚拟环境的扩展,营销人员正在调整他们的传统策略以适应元宇宙的独特需求。因此,传统的营销组合模型已不再有效,必须进行调整。

产品。在数字化转型领域,从实体产品向虚拟产品的转变越来越普遍。目前,各企业已经开始在元宇宙中设计产品(见图6-3),各种组织也在利用沉浸式技术来增强其产品。以下案例可供参考:

- 耐克在其虚拟世界Nikeland中提供虚拟运动鞋、服装和配饰。这种创新方法不仅让消费者参与鞋子的设计,还可以让他们进行购买,展示其独特的风格和个性。[31]

- 宜家在瑞典的门店推出了一款名为"小冒险"的增强现实游戏。顾客通过Instagram访问该游戏,并且沉浸在一个以教育和吸引儿童关注海洋生物为重点的互动体验中。孩子们通过与不同海洋生物一起虚拟游泳来了解海洋,同时学习关于海洋污染预防的重要主题。这也展示了宜家在推广塑料回收方面的努力,例如其Blåvingad系列使用了海洋回收塑料制成海洋主题玩具和儿童配饰。[32]

- Obsess开发了AVA虚拟平台,灵感来自Shopify的传统网页网格界面模型。该平台使品牌能够创建和管理其沉浸式3D虚拟店面,动态调整和修改商品展示、内容和造型,从而为客户提供全新的购物体验。[33]

这些例子表明,产品参与和自我表达的领域正在发生变化,虚拟体验和实体体验开始融合。

图6-3 使用元宇宙进行产品设计。产品设计和人体工学特征可以在元宇宙中配置

注：本图为 XR Expo 在 Unsplash 上发布的照片。

价格。元宇宙越来越被认为是消费者可以与品牌互动并进行购物的平台。[34] 客户的这种认知可能会让他们愿意支付更高的价格，因为这使品牌与其竞争对手区分开来。使用增强现实和虚拟现实元素增强现有产品也有助于这种差异化的产生。进行彻底的市场研究对于确定元宇宙元素的附加价值和相应的价格溢价至关重要。元宇宙中的交易活动包括在 Decentraland 等平台上购买虚拟土地、买卖 NFT、获得元宇宙体验的独家访问权限等。加密货币已成为虚拟领域内进行交易的流行方式。许多企业采用以太坊或其独特的虚拟货币来促进购买，提供了一个安全且去中心化的支付系统，促进了无缝交易并建立了买卖双方之间的信任。

元宇宙提供了与传统空间不同的定价环境。例如，古驰的虚拟运动鞋售价12.99美元，而其现实中的对应物的价格可高达1000美元。为了在元宇宙中保持合适的定价，企业可以采用各种策略。其中一种策略是利用元宇宙的能力收集和分析消费者数据，使零售商能够全面地了解客户的偏好和行为。这种对虚拟消费者的准确细分不仅增强了零售商对目标受众的理解，还加强了客户忠诚度。此外，企业可以采用竞争性定价策略，密切关注竞争对手的商品价格并相应调整自己的商品价格。另一种可行的策略是基于算法的定价，该算法利用消费者的相关数据确定产品的最佳价格。这些只是元宇宙中可采用的定价策略的一些例子。

地点。预计元宇宙市场将迎来显著发展,[35]这表明零售商和品牌将需要提高在这一虚拟领域中的参与度。虽然关于元宇宙作为独立销售渠道的可行性的讨论仍在继续,但围绕元宇宙空间总体概念的讨论也在进行。一般来说,元宇宙是指从物理现实和虚拟现实的融合中产生的共享虚拟环境。它通常被认为是人们可以与计算机生成的环境进行交互并与其他用户进行实时互动的空间。因此,元宇宙提供了广泛的可能性,从想象的世界到现实场所的复制品(如奥林匹亚遗址、泰姬陵或尼亚加拉瀑布),再到融合了现实世界和虚拟世界元素的混合空间(如艺术展览馆,见图6-4),甚至是定制空间(如虚拟工作场所、教育机构或医院的复制品)。尽管具体的背景可能会影响元宇宙的性质,但元宇宙空间本身在促进用户参与方面起着至关重要的作用。

图6-4 艺术展览馆中的元宇宙。元宇宙可以在博物馆等公共空间中使用,从而实现物理世界和虚拟世界的融合

注:本图为Sophia Sideri在Unsplash上发布的照片。

推广。在元宇宙中，推广超越了传统的营销。例如，耐克正在开发用于数字商品的NFT——一种独特的、基于区块链的代币，用于在其".SWOOSH"平台上展示所有权。[36] 此外，耐克还举办了虚拟比赛和产品展示以提高用户的参与度。另一个值得注意的趋势是元宇宙中的网红营销。在元宇宙中，人们能够以沉浸式的方式进行交流，这为公共关系（PR）行业中的企业提供了从竞争中脱颖而出的新机会。通过将元宇宙元素结合到虚拟活动中，公关公司可以利用元宇宙促进品牌参与并创造难忘的客户体验。元宇宙还在改变社交网络的格局；当元宇宙与社交媒体结合时，营销人员可以赚钱、扩大用户群、提高参与度等。Meta的Horizon Worlds就是一个例子，用户可以在那里与朋友聚会、玩游戏和参加活动。

总体而言，愿意投资的企业在元宇宙中有很多选择。为了尽可能地为客户提供最具沉浸感的体验，营销组合中的每个组成部分都将被重新设计以适应元宇宙的特性。

通过元宇宙推动客户参与

元宇宙通过三种主要方式帮助客户占据主导地位，从而推动客户参与。[37] 首先，元宇宙创造了探索和发现产品的新方式。例如，位于迈阿密的游轮企业Celebrity Cruises（名人游轮）充分利用了元宇宙来吸引新旅客。Celebrity Beyond是首艘在元宇宙中推出的虚拟游轮。[38] 感兴趣的用户可以在真正启航前进行全方位的游轮参观。此外，乘客还可以与船长的人工智能虚拟化身互动，了解轮船的布局和设施信息。企业利用新兴的元宇宙技术，能够在与客户的互动中增加更多的兴奋感、个性化和互动性。

其次，元宇宙促进了虚拟商品体验和实体商品体验的融合。在元宇宙中，客户可以同时体验虚拟商品和实体商品，而传统的商业模式通常是在线订购实体商品并线下消费。例如，2022年，可口可乐在国际友谊日于元宇宙中开展了其周年纪念活动。[39] 此次活动的纪念品通过模仿可口可乐瓶中气泡的设计，强调了团结和联系的主题，并通过空投的方式发放到现有可口可乐收藏品持有者的数字钱包中。通过允许持有者与朋友分享这个纪念品，该品牌的粉丝群体在开放的区块链社区中进一步扩大。

最后，品牌越来越多地利用元宇宙来创造一致、逼真和个性化的互动体验。数字人类，即由人工智能驱动的客户代理人，正被用于此目的。例如，韩国寿险企业Hanwa Life创造了虚拟财务顾问Hannah，以此彰显公司致力于将元宇宙引入现实的数字化举措。这位"虚拟人类"不仅会帮助寻求个性化体验的客户（主要是千禧一代和Z世代客户），还将帮助保险企业员工减轻工作负担。[40]

综上所述，元宇宙作为企业与客户进行新颖且富有创意互动的强大工具，已经展现出巨大的潜力。通过提供新的产品探索途径、结合现实和虚拟体验以及使用人工智能驱动的数字人类，元宇宙使客户能够掌控自己的消费旅程，从而提高客户满意度和品牌忠诚度。随着元宇宙的发展，我们可以预见更多企业将推出更具创意的方法，让客户真正成为其运营的核心。

在元宇宙中制定数字战略

利用元宇宙的特殊特性来实现特定目标是其数字战略的一部分。随着元宇宙的发展，企业和个人可以尝试不同的方法以优化其影响力、参与度和存在感。

企业要制定数字战略，首先需要清晰了解元宇宙应该如何构建。这个步骤包括三个关键行动。首先，确定元宇宙的中心化或去中心化程度。这意味着要认识到元宇宙可能由一个多样化的生态系统组成，其中既有像Meta的Horizon Worlds这样的中心化平台，也有像《The Sandbox》这样的去中心化网络。企业选择的战略必须足够灵活，以便适应和应对这些不同的环境。其次，企业必须仔细考虑关于虚拟化身及其互操作性的决策。虚拟化身是用户在元宇宙中的数字代表，必须确保其身份和在不同平台之间的无缝移动。最后，尽管元宇宙提供了模糊现实与虚拟边界的超现实体验的无限可能性，但企业应始终专注于为用户创造有意义的互动体验。在这个平台的巨大潜力面前，企业容易迷失方向，所以必须付出努力以确保元宇宙的沉浸式特性是有针对性的且引人入胜的。

确定结构之后，企业还需要关注其他几个方面。首先，了解与企业或品牌相关的元宇宙目标受众非常重要。这包括确定受众是否是游戏玩家、专业人士或寻求新体验的消费者。其次，明确元宇宙的价值主张也很重要。这可以包括创建虚拟产品、举办互动活动或提供游戏化的体验。再次，整合超越传统形式的互动内容至关重要，比如AR/VR以及创建3D环境。此外，通过互动空间和有意义的连接建立围绕品牌的社区也非常关键。最后，找到在元宇宙中货币化的途径，如通过虚拟商品或代币化，也是一个重要的考虑因素。通过将这些因素结合起来，企业和个人可以制定符合元宇宙特征的数字战略，从而在这个新兴的虚拟空间中实现有意义的互动和目标。

元宇宙在营销领域的未来

元宇宙或许为我们彻底重新思考客户体验提供了最大的契机。尽管元宇宙已经存在，但并非一切都尽善尽美。元宇宙对当前的客户体验状态以及创造这些体验的方法提出了质疑。企业必须克服的挑战包括选择最合适的元宇宙平台（与品牌的目标人群、虚拟地产成本和增长前景相匹配的那个平台），想出与客户互动并为其提供真实体验的新颖方式，以及使用适合元宇宙的指标来监控表现。随着元宇宙的不断发展，技术、社会/伦理和经济方面的挑战和考虑随之而来。本节将探讨这些与元宇宙未来相关的方面。

技术考量

随着元宇宙逐渐融合物理世界和虚拟世界，搭建元宇宙的技术考量显得尤为重要。其中，以下三个方面将在未来需要特别关注。

首先，元宇宙宏大而迷人的虚拟世界愿景目前受制于现有技术。在延迟、数据处理和虚拟形象逼真度等方面的进步对元宇宙的发展至关重要。与传统网络不同，元宇宙需要大量的计算资源才能顺利运行。虚拟环境的渲染和无缝的用户体验交付需要强大的计算能力。虽然一些平台尝试将这些需求转嫁给用户，但这种方法将用户限制在拥有高性能、昂贵且配备完善的计算机的人群中，阻碍了元宇宙的广泛普及。[41]

其次，能够实现无缝元宇宙体验的硬件和基础设施的可及性并不平等。例如，虽然并非所有的元宇宙体验都需要VR头显，但许多体验确实需要，因此消费者将元宇宙的概念与增强现实联系在一起。然而，VR头显的平均价格较高，并且没有明显的下降趋势。[42]此外，全球VR头显市场预计将出现收入增长放缓的现象。[43]同样，高速互联网和高性能计算机的需求也可能在新兴经济体中造成排他性壁垒。

最后，多个元宇宙平台的兴起带来了交互的问题。换句话说，如果无法在各个平台之间无缝切换，消费者可能对元宇宙失去兴趣。然而，实现交互不仅依赖于平台集成的技术，还取决于共享的内容。这带来了一个两难的局面，因为内容创作者（如品牌和企业）在没有大量受众的情况下不太可能投资于元宇宙。因此，互操作性问题与内容问题紧密相关。挑战在于如何确保用户能够在不同的虚拟世界中顺利迁移和互动，同时考虑到具体的内容问题。

社会/伦理考量

元宇宙的发展引发的许多社会和伦理方面的问题值得我们认真思考。随着这一虚拟空间逐渐融入我们的生活，我们必须解决以下问题，以便确保元宇宙能积极和负责任地演变。

首先，从元宇宙中提取数据的行为带来了巨大的挑战。元宇宙中的每一个行为、偏好和互动都可能被细致地监控和收集。虽然元宇宙具有提供沉浸式体验的潜力，但隐私问题随之而来。用户可能在不知不觉中成为潜在有害广告的目标，或者遭受数据被滥用的风险。这种情况加剧了身份盗用问题，尤其是在一个盛行可定制虚拟形象和匿名的世界里。真实身份和虚拟身份之间的界限变得模糊，为恶意分子提供了利用这一点进行身份盗用、金融欺诈或社交操控的机会。此外，身份盗用的风险可能会通过数据泄露从虚拟世界延伸到现实世界。[44]

其次，元宇宙可能对心理健康和福祉产生负面影响。例如，精心设计的虚拟环境可能引发成瘾和逃避现实的倾向，进而危及现实生活中的人际关系和责任。[45]用户可能会将虚拟世界的刺激置于职业或身体健康之上。此外，已经存在于现实世界中的问题，如网络欺凌和骚扰，可能会在元宇宙中以更危险的方式表现出来。比如，用户可能成为虚拟世界中被跟踪的对象，这种行为可被视为现实世界问题的延伸。

再次，构建元宇宙世界的算法可能导致偏见和歧视，即基于种族、性别或其他特征的偏见可能会通过元宇宙得以延续。换句话说，用户通过其虚拟形象所展示的身份可能导致他们被拒绝进入某些虚拟区域或获得某些机会，甚至受到差别对待。此外，基于先入为主的观念，给予某些用户优待的情况也可能发生。

最后，元宇宙在包容性和可及性方面也存在问题。由于技术和设备的要求，不是每个人都能平等地进入元宇宙。这可能会加剧现有的社会经济差距，甚至产生一个新的边缘化群体，进而开创一个具有现实后果的危险先例。此外，虽然元宇宙可以为个体（特别是那些身体残疾的人）构建有意义的互动世界，但它在此过程中必须谨慎行事。如果虚拟世界仅为可步行的虚拟形象设计，那么有行动障碍的人可能会感到被排斥。

经济考量

随着元宇宙涉及虚拟经济、数字资产和跨平台互动，以下经济和监管方面的考虑变得至关重要。

首先，元宇宙的货币化功能需要谨慎设定。这需要一种在货币化策略和提供引人入胜的体验之间取得平衡的策略。也就是说，如果虚拟形象不断受到应用内广告的轰炸，那么用户体验可能会很差，这对元宇宙品牌是不利的。此外，这还需要对内容创作者的管理更加谨慎。换句话说，如果不能保证内容创作者得到应有的报酬，那么元宇宙中的内容质量便很难得到保障，从而阻碍虚拟体验的丰富性和多样性。

其次，人们要仔细考虑治理和监管框架。这意味着为了适当处理知识产权、数据隐私和元宇宙中的犯罪活动等问题，现有的法律框架可能需要调整。例如，针对在线骚扰和虚拟土地所有权纠纷等问题，人们必须为元宇宙制定明确的法律救济途径。此外，元宇宙的去中心化结构使在不同平台上创建和执行统一法律变得困难。为了保证用户在多个平台得到一致的虚拟体验，人们需要为元宇宙制定统一的指南和标准，实现平台的顺畅整合。这需要各国之间加强沟通和理解，制定一个合乎逻辑的监管框架，从而保护用户并促进元宇宙的负责任发展。

最后，为了防止大型企业控制在线空间和资源，造成不公平现象，人们必须在元宇宙中维护公平竞争。在这种情况下，各国之间要加强合作，从而防止垄断和租金寻租行为的持续发生。通过专注于提高数字素养和可及性的计划来弥合全球数字鸿沟，政府和企业可以确保每个人都有平等的机会参与元宇宙并从中获利。

展望未来，以上只是元宇宙带来的一些考虑。解决这些挑战对于确保元宇宙以负责任和道德的方式发展，并使全人类受益至关重要。开放的对话、利益相关者之间的合作以及主动制定法规和流程是应对这一复杂局面的关键步骤。

关键术语和相关概念

基于区块链的元宇宙	没有任何实体控制整个虚拟世界，用户拥有并控制他们的数据和资产。
互操作性	跨系统、平台、环境和技术进行互动、交换和利用数据及由此产生的信息，从而实现流动、交易和参与的能力。
元宇宙	一系列通过增强现实和虚拟现实技术访问的互联虚拟领域。
传统元宇宙	整个虚拟世界由一家企业拥有和运营，该企业完全控制元宇宙的各个方面。

未来营销
AI时代的营销技术、方法和模式

第 7 章 | 利用物联网实现变革性营销

概述

在当今高度互联的世界中，不仅人类在建立连接，设备也在建立连接。在我们的日常生活中，我们能看到通过传感器和远程软件控制的各类设备，如联网的路灯、自动驾驶汽车、智能家居安全系统、联网可穿戴设备等。这些设备通过互联网实时收集、传输和处理信息，从而执行或协助执行某些特定任务。这个通过互联网连接起来的庞大且不断扩大的设备网络被称为物联网。简单来说，任何物理设备只要连接到互联网，就可以成为物联网设备。

想一想安装在零售店的数字屏幕。当从远处观看时，这些屏幕看起来就像播放广告的大型电子广告牌。当顾客走近这些屏幕时，广告图像会变成展示柜内产品的数字化展示，甚至包括缺货信息。[1]通过这种方式，品牌可以通过智能屏幕触达购物者。这些屏幕会根据购物者的行为和基于数据的店内环境（即数据驱动环境）进行动态调整。保护隐私的物联网传感器和人工智能软件可以将各类屏幕（如端架上的屏幕、墙壁上的屏幕、过道里的横幅类屏幕、窗户上的屏幕和冷藏柜上的屏幕）变成智能屏幕，使其根据购物者的注意力、距离和行动进行调整以提供动态的且更相关的客户体验。更多的品牌，如百威英博（Anheuser-Busch InBev）、雀巢、百事可乐、泰森食品（Tyson）、联合利华和红牛，正在使用这种技术来营销它们的产品。这项技术由总部位于芝加哥的Cooler Screens首创，该公司还与沃尔格林（Walgreens）、克罗格（Kroger）和

CVS合作推进此技术。

这些数字屏幕配备了物联网传感器和其他技术，使其既能作为商品陈列平台，也能作为广告平台。这些屏幕还用于收集购物者的数据（例如，他们正在查看什么产品）。零售商可以使用这些数据来改进他们的营销方法，更好地满足客户需求。这项技术还用于显示产品信息、促销视频和图片、社交媒体动态、天气、新闻等内容。它通过推广产品和吸引购物者来增加销售额，通过收集用户行为数据和调整营销策略来改善商品陈列，并且通过使用数字显示屏而不是玻璃门来降低能源成本，从而为零售商带来好处。它也通过提供引人入胜的购物体验和帮助顾客了解产品特性来造福顾客。[2]正如我们所见，联网设备的数量正在迅速增加，[3]而蜂窝物联网是其普及的重要推动力。[4]这样一个互联的环境具有巨大的潜力，能够持续影响我们的日常生活，并显而易见地塑造整个商业世界。

本章按照以下方式编排：首先，介绍物联网的起源简史。接着，从营销的角度定义物联网。然后，讨论物联网的各种分类，从个人到商业用途，如可穿戴设备、智能家居和工业自动化。接下来，探讨物联网在营销中的应用，重点在于理解客户需求、重新审视企业整合物联网的能力、制定以物联网为中心的营销组合策略、通过物联网推动客户参与（CE）以及制定以物联网为基础的数字战略。最后，通过特定的业务和客户导向任务（如物联网在现代交通、开发和管理智慧城市及推动关键业务流程中的角色），展望物联网在营销行业的未来。

物联网的起源、定义和分类

物联网通常指的是一组相互连接的设备之间及其与人类之间进行通信的网络。[5]这个术语于1999年由凯文·阿什顿（Kevin Ashton）首次提出。[6]然而，直到2003年，物联网才因其早期应用——射频识别（RFID）而受到关注。2003年，沃尔玛要求其主要承包商和供应商在其运输的货物上标记射频识别标签，以便进行库存管理。[7]这是射频识别最早的行业应用之一，随后也为使用联网设备来管理商业流程提供了依据。在这方面，国际电信联盟（ITU）将物联网定义为"信息社会的全球基础设施，通过基于现有的和不断发展的互操作信息和通信技术连接（物理和虚拟）事物来提供先进的服务"。[8]这一定义认识到了物联网对个人、商业和社会的深远而重大的影响，并为将物联网视为重要的变革力量铺平了道路。[9]目前，随着物联网的广泛影响和应用，物联网在交通运输和物流、医疗保健、智能环境、个人和社会用途以及未来构想这五个关键领域的相关性尤为明显。[10]

在物联网的分类方面，研究提出了多种分类结构。例如，Gluhak等人[11]根据物联网中遇到的挑战（如规模、异质性、可重复性、移动性和用户参与度等）进行分类。类似地，Gubbi等人[12]根据应用领域（如个人和家庭、企业、公用事业和移动应用）对物联网进行分类。此外，Sundmaeker等人[13]提出了基于时间、地点、设备、人员、内容、路径/网络和任务/服务的连接性的分类方法。鉴于本书的营销范围，这里介绍了基于物联网聚合结构的分类。因此，物联网可以从以下几个维度进行聚合：个人、组织、行业和国家。下文将对这四个维度进行简要说明。

个人

在个人层面，物联网设备通过检测和捕捉信息来协助人们开展日常活动。所记录的信息随后实时共享给计算基础设施以进行后续分析和解读。因此，系统会以对用户友好的通信形式（如警报和通知）向用户传达信息，而进一步的检测和分析则在后台继续进行，这部分工作对用户是不可见的。用户与设备之间以及各种连接设备之间的通信因此变得流畅且一致。通过这种方式，物联网设备可以在日常生活中扮演不显眼的角色，同时不断提升常规功能的表现，并消除人工干预的参与。个人物联网应用的例子有很多，包括可穿戴设备、自动驾驶和智能家居等。例如，Evo是一个流行的健康和健身应用程序，它可以连接到客户的智能手机和可穿戴设备，捕捉客户的活动数据，如步数、锻炼情况、睡眠和压力水平。该应用程序会分析这些数据，提供定制的健康计划，从而帮助客户实现他们自己设定的目标。[14]

组织

在组织层面，物联网使大规模数据捕捉成为可能——数十亿台设备和物体连接在一个网络上,每一台设备和物体都有独特的标识,并不断提供数据,这些数据可以进一步用于影响物理世界中的设备和物体。[15]因此,物联网带给组织的好处不仅限于感知和监控能力。实质上,由传感器捕捉到的涉及数十亿事件的数据体现了物联网的真正价值。[16]这种场景使企业能够制定策略,从而最大限度地为最终用户提供价值。例如,德国汉堡港务局安装了300多个道路传感器,用于监测港区的交通情况,并跟踪桥梁的磨损情况。在水路上,汉堡港务局还使用了带有雷达和传感器的自动识别系统,这一系统能够协调船舶交通,并提供综合解决方案来管理因船舶交通需要暂停港区周围桥梁使用时可能出现的道路交通中断。[17]

在这方面,V.库马尔等人[18]提出,物联网可以被视为一种以数据为导向的技术,为企业提供对其终端客户或用户更广泛且更精细的数据访问。因此,他们认为物联网的基础是对物理世界中设备和物体状态的实时数据的感知、记录和交换。这使连接设备之间的通信得以简化,从而帮助用户更轻松地完成日常操作。因此,使用物联网的企业通过实时收集和分析终端用户的信息,可以开展有价值的营销活动,并且从中受益。

行业

物联网在多个行业中已经占据了稳固的位置,这些行业的所有主要参与者都采用了物联网驱动的解决方案来提供基于价值的服务。大规模采用物联网的主要行业包括制造业、交通运输业、医疗保健行业、零售业和建筑业。[19]物联网收集的数据生成的见解揭示了消费者的行为模式。企业可以利用这些见解通过提供个性化的推荐、实时提醒和相关的促销优惠来改善客户体验。通过监控设备、控制使用情况以及主动发起维护请求,企业可以提高生产力、改善效率并降低运营成本。在各自行业中,许多企业广泛使用物联网的突出例子包括:零售业的供应链管理、库存管理和防损管理;制造业的车队管理、资产保护和运营效率提升;医疗保健行业的设备监控、健康监测和设施管理。

国家

随着物联网在用户和企业中的迅速普及,各国政府也开始积极参与利用物联网开展政府运营和管理国家资源的工作。研究表明，国家层面的物联网推广需要制定国家战略。例如，New 和 Castro[20]建议，考虑到"市场失灵、创新友好型监管环境的需求以及促进公平的需要，政府应制定全面的国家战略，从而消除障碍并支持技术的发展和广泛采用"。因此，世界各国政府已经开始积极推广物联网解决方案，用于管理国家资源，如能源（如太阳能、风能、生物燃料等），同时优化城市规划和政府为公民提供的服务。

考虑到政府在物联网方面的举措，许多企业对此积极回应，纷纷加大对物联网的投资。例如，美国、德国、法国、中国和日本等国家的物联网采用率已超过80%。[21]此外，巴西和印度等国家也在物联网解决方案上投入巨资。例如，巴西政府在2017年宣布了一项物联网战略，旨在通过物联网创新加速其部署，从而实现私营和公共服务的现代化，并促进创业和新业务的增长。[22]

同样，印度的物联网连接数量预计将从2016年的6000万增长到2020年的19亿。因此，印度政府积极通过"智慧城市"计划推动物联网的应用，旨在通过发展100个智慧城市来"推动经济增长并提高人民的生活质量，尤其是利用能够产生智慧成果的技术"。[23]这包括根据印度的需求开发智能解决方案，如公用事业管理、城市规划与管理、教育和市民服务等。全球各国政府都意识到，物联网的真正潜力可能不仅仅依赖于企业的市场行为，还需要政府的积极参与和监管。随着这一技术的成熟，这一趋势可能会在未来几年持续。

总的来说，近年来，随着计算技术的进步，物联网在用户、企业和政府中迅速获得了发展动力。物联网设备可以远程监控和管理特定网络的连接设备。物联网的关键要素包括：①传感器的参与，这是该技术的核心，允许收集设备级别的数据；②具备捕捉物理动作信息并传输此类信息以引发预定义的反应的能力；③存在信息基础设施，可以实时生成见解并即时传达给连接的设备；④让所有存在于物联网设备连接网络中的人和设备之间的信息交换变得更简单且更高效。为了总结物联网的概况，以下三个案例展示了物联网的可能性，以及企业和用户如何从这些服务中获得价值。

可穿戴设备

可穿戴设备是物联网的一个热门应用，正迅速吸引大量消费者关注。虽然物联网主要涉及机器对机器（M2M）的连接（如传感器、射频识别等），但可穿戴设备则基于机器对人（M2H）的连接。这对满足用户需求的市场营销人员和产品经理具有重要意义。这类 M2H 应用使技术与消费者级数据密不可分。消费者目前在日常生活中的多个场合与技术互动，并与企业分享自己的信息。他们期待能够得到根据他们的需求和偏好量身定制的产品、服务和见解。如今，技术为企业提供了制定营销战略的数据、分析和保护数据的工具，并最终实现这些战略。可用数据的精细度可以帮助企业制定个性化的营销策略，从而促使消费者与企业之间产生更多的接触点。在这样的消费环境中，可穿戴技术正在日常生活中占据稳固的位置。

可穿戴设备包括健身追踪器（如 Fitbit、Apple Watch 和三星的 Galaxy Fit 等）、健康监测器（如连续血糖监测仪、胰岛素笔、联网吸入器等）和医疗监测器（如远程患者监测、可吞服传感器、心率监测器等，如图 7-1 所示）。这些可穿戴设备收集并处理与健康和健身相关的各个方面的数据，用户和医疗从业人员可以利用这些数据来制定医疗保健方案。可穿戴设备执行一系列活动，从监控/预防健康功能到医疗治疗功能。例如，可穿戴设备可以测量心率、检测肌肉活动、监控压力水平、追踪睡眠模式和评估注意力持续时间等。这些功能可以由腕带、戒指甚至服装等可穿戴设备执行。[24] 基于收集和分析的数据，这些设备可以为用户提供个性化的、针对特定需求的建议。

图 7-1　可穿戴设备。像 Apple Watch 这样的个人可穿戴设备可以执行和监控多种操作

注：本图为 Luke Chesser 在 Unsplash 上发布的照片。

此外，由于大多数可穿戴设备拥有开放的应用程序接口（API），第三方应用程序的参与为用户和产品开发者增加了更多价值。例如，Fitbit提供的可穿戴设备帮助用户保持积极的生活方式。Fitbit API允许第三方应用程序访问用户的活动数据，从而创建解决方案，帮助用户洞察健康状况、促进健康改善和管理健康数据等。因此，设备制造商和API的开发者共同提供了广泛的解决方案，满足用户对健康管理的需求。因此，不难理解可穿戴设备行业为何正在快速增长。[25]

智能家居

随着政府建立智慧城市，微观层面的智能家居正在快速发展。智能家居就是在普通住宅的基础上增加了各种类型的传感器和执行器。[26]智慧城市和智能家居的共同目标是更好地利用可用资源，提升服务质量，同时降低提供服务所涉及的运营成本。[27]此外，通过监控和管理日常活动来创建智能家居，有助于提高用户的幸福感（见图7-2）。

图7-2　智能家居。消费者可以通过Google Home连接和控制他们的设备

注：本图为Bence Boros在Unsplash上发布的照片。

一些研究对消费者的幸福感进行了探讨，并将其概念化为"一种涉及健康、幸福和繁荣的状态"；[28]将其视为人类发展中个人层面和社会层面的反映；[29]或者看作是个人需求与社会需求的契合。[30]在新时代技术环境中，V.库马尔和D.拉马钱德兰[31]将消费者幸福感概念化为一种多维概念，描述了利益相关者在身体、情感、财务、社会和环境维度上的健康和幸福状态。智能家居的幸福感概念体现在物联网解决方案的环境辅助生活（AAL）系统中，这一系统旨在改善用户的生活方式。[32]AAL被定义为涵盖支持老年人和有特殊需求的人在日常生活中使用的技术系统。[33]此外，AAL的主要目标是为个人（提高安全性和幸福感）、经济（提高有限资源的有效性）和社会（改善生活水平）带来好处。因此，AAL环境通常包含相互关联、能感知情境、个性化、自适应且具有预判性的服务、产品和概念。这种环境通过关注用户需求和偏好的物联网解决方案得以实现。

在智能家居中，智能家电和物联网设备通过自动化日常任务和减少人工干预来简化用户的生活。[34]例如，June是一款智能烤箱，可以通过摄像头识别正在烹饪的食物，提供烹饪建议，并允许用户通过连接设备进行远程监控。结合人工智能和机器学习对物联网数据的持续分析，用户会收到个性化的通信和相关见解，并享受与设备更好的互动体验。Evo是一款受欢迎且具有深度洞察能力的健康和健身应用程序，它从用户的智能手机和可穿戴设备中收集生物识别数据，并应用数据和行为科学来提供定制的健康计划。[35]

工业自动化

物联网对工业自动化领域的影响最为显著。从历史上看，历次工业革命的一个重点领域就是减少或消除工业过程中的人为干预。为了实现这一目标，信息和通信技术、以太网和无线网络等多项技术已经（并将继续）为行业服务。因此，设计和建立无须常规人工干预的过程通常会结合使用传感器、设备和执行器。[36]

首先提出通过自动化将一个互联的生产过程整合成一个协调一致的生态系统的理念的是基于代理的分布式制造系统。[37]在当前的新时代技术环境中，物联网作为新的技术平台，用于规划和实现工业自动化。此外，这个生态系统由多个机械设备、行业特定系统和相关的软件组成。具体来说，工业自动化生态系统主要包括原始设备制造商（OEMs）和系统集成商、组件供应商以及软件/应用程序开发商和提供商。[38]

随着自动化驱动的生态系统的发展以及智能技术在工业生产中的日益使

用,"工业4.0"一词的概念逐渐形成,它指的是一场新时代的工业革命,其中互联网技术被用于智能产品的创造、智能生产和智能服务。[39]这也体现在IEEE物联网社区对物联网提供的以下详细定义中:

> "物联网构想了一个自配置、自适应的复杂网络,该网络通过使用标准通信协议将'物'与互联网连接。互联的'物'在数字世界中有物理或虚拟的呈现,具备感知/执行能力和可编程功能,并且是唯一可识别的。它们的数字呈现包含了诸如身份、状态、位置或任何其他业务、社交或个人隐私等信息。这些'物'通过利用唯一的标识、数据捕获和通信以及执行能力提供服务,可能有也可能没有人为干预。通过使用智能界面,在考虑到安全性的前提下,这些'物'可随时随地针对任何事物提供服务。"[40]

全球工业自动化市场正展现出活力。[41]此外,很多企业还在专注于工业物联网解决方案,以便增强专注于用户需求的收入增长潜力。工业物联网为组织带来了诸多好处,如提高生产效率、产出管理和资源部署效率。具体来说,企业开始从工业自动化中获得以下好处:①准确识别何时需要更换机械零件/组件;②识别相互依赖的流程中可能导致不良后果的潜在故障;③通过消除不必要的维护节省成本;④对资产维护和整体生产率的先进分析与洞察;⑤通过预防设备故障来高效地(重新)调配维护和设计团队;等等。[42]

营销5.0世界中的物联网

物联网使营销人员能够通过互动体验来提高客户参与度和忠诚度。借助这些设备及其功能,营销人员可以:①获得更深入的客户见解,从而为客户提供解决方案(例如,精确通知客户何时需要为其打印机更换墨盒);②根据客户的个人需求和偏好,为他们定制信息和优惠;③了解客户如何与他们的产品互动并识别需要改进的地方;④分析物联网数据以预测未来的客户行为(例如,在设备故障发生前发送维护提醒);⑤基于实时数据触发与当前情境相关的营销信息。在第2章讨论的营销5.0概念的基础上，本节将介绍物联网在营销5.0世界中的运作方式。本节特别讨论了物联网在营销5.0视角下应用的五个实例，并阐明了这些行动如何有利于人类。

使用物联网的数据驱动营销

基于物联网的数据驱动营销涉及利用物联网设备生成的大量数据来做出明智的决策、实现营销策略个性化，并且优化客户体验。例如，配备物联网技术的智能试衣间可以根据顾客的体型数据和风格偏好提供个性化的推荐。这不仅改善了购物体验，还增加了顾客购买商品的可能性。同样，物联网支持的忠诚度计划可以根据顾客的参与度和购买行为给予奖励，从而提高顾客的忠诚度并鼓励他们再消费。

例如，由于智能和连接技术的整合，包装行业正在经历显著的变革。智能与连接技术的整合不仅为包装增加了价值，还生成了大量数据，这些数据可以为企业提供有价值的见解，帮助企业改进产品，并为客户提供新的体验。一个典型的例子是Wiliot，这是一家环境物联网平台提供商。该公司最近推出了能够在整个供应链中实时感知和分析单个产品湿度的功能。[43]这一功能通过该公司的无电池实时定位可视化平台得以实现，该平台通过Wiliot Cloud和Wiliot IoT Pixels将数字世界和物理世界连接起来。这些低成本、自供电的设备附着在产品和包装上，通过标准蓝牙设备不断将数据传输到云端。这一创新解决方案不仅使运营成本和错误率下降，还大规模确保了对湿度敏感的产品的安全性、完整性、新鲜度和可持续性。

随着湿度感应功能的加入，Wiliot的可视化平台使企业能够更好地保护对湿度敏感的产品。这一功能是对现有的温度、位置和碳排放感应能力的补充。通过利用这一全面的数据集，企业能够在前所未有的规模上确保产品端到端的安全性和完整性。这对于那些湿度对产品质量和新鲜度起关键作用的行业来说尤为重要。Wiliot的解决方案不仅帮助企业应对了这些挑战，还为企业提供了一种替代传统跟踪方法的低成本方案。通过减少人力需求和运营成本、降低错误率、减少浪费和降低缺货风险，企业可以简化其运营并提高整体效率。

使用物联网的预测营销

预测营销在数据驱动营销的基础上更进一步，利用物联网的力量不仅能理解过去和现在的客户行为，还能预测未来的客户行为和客户需求。这使企业能够主动出击，预见客户的需求，甚至在这些需求出现之前，提供更具个性化和更有影响力的营销体验。物联网在预测营销中的一些应用领域包括：①生成实时数据流；②利用人工智能和机器学习识别模式并预测未来行为；③主动解决问题并创造价值；④根据使用模式和库存水平动态调整价格等。

例如，宝洁公司利用物联网技术改进了帮宝适纸尿裤的生产过程，这种纸尿裤由绒毛浆、塑料、吸水颗粒和弹性材料组成。[44]这个生产过程高度自动化，涉及多种技术，包括热熔胶喷涂和热黏合。然而，如果热熔胶的温度和喷涂压力不准确，或者阀门堵塞且未能及时处理，生产出来的纸尿裤将被废弃。因此，宝洁公司必须采取措施减轻生产过程中废弃纸尿裤对财务的影响。

宝洁公司使用的专有热熔胶喷涂优化技术，涉及在生产线上使用专用的传感器收集数据。这些数据结合了微软的预测分析和Azure云制造平台，使企业能够在生产过程中尽量降低纸尿裤的损坏率，达到最佳效果。为了密切监控和记录热熔胶喷涂过程中的温度和压力数据，宝洁公司还在生产线上使用了可编程逻辑工业控制器和其他传感器。通过将这些数据输入分析平台和内部开发的代码，宝洁公司可以实时识别并纠正错误或异常，而无须中断生产过程。因此，自热熔胶喷涂优化技术实施以来，宝洁公司的制造产量持续超越以往。

宝洁的生产过程通过微软的边缘分析引擎，以基于规则的方式持续对传入的数据进行测试。这种方法使企业能够在错误发生前数小时识别出所需的修正，从而避免任何生产或物料损失。通过预测潜在错误，宝洁能够采取主动措施，维持和提高生产能力，同时减少计划外的停机时间和生产过程中产生的废料。自从在11家工厂部署该解决方案以来，宝洁公司估计已减少了70%因缺陷而需报废的纸尿裤数量。

使用物联网的场景营销

在一个营销信息能够依据个人当前所处环境量身定制且巧妙融入日常生活的世界里，由物联网驱动的场景营销成为现实。传统的广告时代已经过去，场景营销利用来自互联设备的实时信息,在最恰当的时机向客户传递高度相关且个性化的信息。这种方法能够打造更具吸引力的客户体验,从而提高转化率、增强品牌忠诚度,最终为企业增加收入。

例如,总部位于伦敦的针织品牌 Sheep Inc. 正在大步前进,力求成为全球首个碳负排放的时尚品牌。[45] 为实现这一目标,Sheep Inc. 从能找到的最环保的供应商处采购原料,如仅使用可再生能源的制造商或碳中和的农场,然后将其每个组件剩余的碳足迹放大十倍。最终的成果是一款完全由可生物降解、经 ZQ 认证的美利奴羊毛制成的圆领毛衣。每件毛衣的下摆处都附有一个带有独特序列号的 NFC 标签。通过智能手机扫描这个标签,用户可以获取该服装的制造过程和碳足迹的全部信息。虽然这个标签目前还不能降解,但它是由生态塑料制成的,这种塑料是从可再生的蓖麻油中提取的 100% 碳中和的聚酰胺。毛衣被丢弃后,将在一年内完全分解,而标签可以轻松移除并进行回收。

为了将企业的可持续发展倡议与场景结合,Sheep Inc. 利用物联网与客户互动,并在企业朝着碳中和的目标迈进时向他们提供信息。企业通过嵌入在每只羊耳中的射频识别标签,让用户了解提供羊毛的那只羊的身份。此外,该标签还可以传送关于羊的行踪、日常活动、健康状况、重要生命事件、后代信息,甚至是剪毛时间等常规信息。这为客户提供了一个与企业互动的机会,使他们能够了解其生产过程,并与自然世界更加紧密地联系在一起。

使用物联网的增强营销

增强营销与物联网的结合涉及将数字体验融入物理世界,创造出互动性强且引人入胜的品牌体验。想象一下,我们早晨冲泡咖啡时使用的咖啡杯可以显示最新的定制新闻;或者,超市的货架可以根据我们的饮食偏好突出显示制作美味佳肴所需的食材。此外,我们的汽车挡风玻璃还可以投影出显示附近兴趣点的逐向导航。虽然这些场景看起来充满想象力,但物联网驱动的增强营销远不止于视觉上的吸引。它的目的是彻底改变我们与品牌的互动方式,使其变得更加贴切且吸引人,并最终让人难以忘怀。

以位于加利福尼亚的地图平台 Mapbox 为例,该平台允许开发人员为企业创建独特的互动地图和应用程序。[46] 为了改进关键的地图绘制和可视化功能,该企业现已与物联网和智能手机生态系统的先锋高通技术公司合作。该公司的Aware平台采用可配置的API优先架构，专为开发人员设计，能够实现与合作伙伴云平台的互操作。Mapbox认为，供应链和物流领域的企业能够利用这种可定制的设计，通过将定制的定位功能与Mapbox的地图和路由API集成，为其所需的特定实时定位构建一套完整的硬件、连接和服务解决方案。

高通的Aware平台将帮助Mapbox的用户实现实时资产的可视化和控制，无论是确定冬季风暴如何影响运营、监控货物在某一地点停留的时间，还是识别潜在的危险并寻找替代路线。通过整合并利用物联网的现有功能来增强其整体性能，预计用户即使在设备被淹没、室内或离线的情况下，也能实现精确的监控和稳定的连接。

使用物联网的敏捷营销

敏捷营销是一种迭代且灵活的营销方法，强调协作、适应性和客户反馈。当结合物联网时，即通过将物理设备连接到互联网以收集和共享数据，营销人员可以利用实时洞察和自动化来优化他们的策略。物联网可以在敏捷营销活动中通过多种方式被利用。例如，企业使用物联网传感器跟踪实体店中的顾客行为，使用物联网设备收集关于顾客使用产品和服务的数据，以及利用物联网数据触发营销活动并衡量其效果等。

以印度农业科技初创企业Fasal为例，该企业开发了一种专为农民设计的创新型即插即用物联网解决方案。该系统集成了远程传感器，能够实时收集作物状况、土壤质量、降雨量、湿度及其他天气条件等多种数据。[47]

通过利用人工智能和机器学习，收集到的数据被处理后生成定制化的见解和预测，并通过Fasal应用程序以当地语言传达给农民。这些宝贵的见解使农民能够有效管理灌溉，控制虫害和疾病，合理施肥和喷洒农药，并进行必要的调整以优化作物生长条件。值得注意的是，物联网系统中的高级算法甚至可以做到提前一周预测季节性作物疾病，从而使农民能够采取主动的预防措施。此外，该解决方案通过"用水量信用积分"倡导节约用水，从而解决了过度灌溉这个重要问题。在该倡议下，农民如果在一个月内维持一定时间的水位，将有资格获得月度订阅费用的全额退款。即使在印度最干旱的地区，这一倡议也成功节省了数十亿升淡水。[48]

总体而言，实施这一物联网解决方案使作物产量显著提高了30%~40%，虫害和作物疾病减少了50%~60%，水的使用量减少了30%。因此，农民的投入成本显著降低了50%，这使他们的农业实践变得更加敏捷、可持续且经济可行。

当前营销中的物联网应用

随着物联网的出现，消费者与企业互动的方式正在发生显著变化。在融入物联网的过程中，企业越来越关注通过物联网驱动的产品和服务为消费者提供卓越的体验，并与消费者建立互动关系。[49]这使企业开始制订各种物联网解决方案，这些方案提供了诸如新颖性、美观设计、便利性、低价格、卓越性能等多种价值主张。因此，物联网已成为极具前景的技术之一，不仅为营销提供了创造价值的机会，还对营销战略的制定产生了重要影响。本节将介绍物联网在帮助企业制订营销计划方面的五个具体应用领域。

了解客户需求以部署物联网

物联网使企业能够提升其能力，从而为客户带来更多便利，并简化日常任务的执行。物联网设备的互联性使客户轻松、灵活地按下一个按钮便可以远程监控、控制和管理所有已连接的设备。例如，智能门锁（如August、Friday和Wyze）允许家庭中的授权成员进行远程访问控制，并始终保障家庭安全。这些智能门锁还具备访客访问控制和设备使用信息日志记录等功能。除了保障家庭安全，这些智能设备还满足了消费者的多种需求，如减轻丢失门钥匙的压力、具备远程锁定/解锁的功能、与传统门锁系统兼容和为家居增添美观性等。

在零售行业中，结合客户需求开发物联网解决方案最为明显。零售商已经实施了如地理围栏等基于位置营销目的的技术。例如，时尚零售商丝芙兰（Sephora）利用其店内配套的使用地理围栏技术的应用，根据顾客的过往购买历史，在顾客进入商店时为其推送个性化的产品建议。[50]类似地，沃尔格林利用地理围栏技术，促使顾客在进入地理围栏区域时参与其奖励计划，并推送优惠券和折扣信息。[51]此外，汉堡王（Burger King）在其竞争对手周围建立了地理围栏以吸引顾客到其店铺。[52]其他行业使用物联网驱动数据的实例包括保险行业中使用车载设备收集车辆的移动数据（即远程信息处理数据），[53]以及房地产行业使用传感器来更好地管理能源使用、环境舒适度和安全性等。[54]这些地理围栏活动的一个统一主题是企业注重为客户提供他们偏好的个性化内容和产品。

重新审视企业整合物联网的能力

要成功整合物联网，企业必须评估或重新评估其能力，以便确定在营销方面采用物联网的程度。[55]物联网的实施使企业能够感知、分析并响应外部环境的变化。这为企业提供了理解客户使用模式的机会，并利用企业的智力资本进行内部创新或外部合作。因此，物联网帮助企业发展动态能力，这对实施企业的商业模式具有重要影响，并帮助它们在建立竞争优势的道路上前进。在这方面，[56]强大的动态能力能够推动高效的商业模式的创建和实施。基于此视角，Dunaway等人[57]将物联网能力定义为"一种依赖于物理对象网络来感知新的机会和威胁、调动资源以应对新机遇并重新配置信息技术资产的独特的信息技术能力"。

此外，Day[58]认为，由于动态能力受企业由内至外导向（即从企业内部开始，向市场外部延伸的视角）的影响，从营销的角度来看，这限制了企业检测和响应即时市场变化的能力。在这方面，适应性营销能力被概念化为使组织能够敏感地察觉环境中的新兴趋势，迅速在活动中进行必要调整，并通过实验进行学习的能力。

尽管学术观点有所不同，但各企业仍在继续发展能够帮助它们实施物联网的能力。这些能力的发展包括但不限于以下几个方面：①制定一个能够整合信息并说明数据如何为推动物联网驱动的项目提供动力的企业级数据战略；②识别物联网以进一步完善现有的和新的业务功能；③开发/改进必要的人才库以领导物联网项目；④不断监测客户需求和偏好，从而制订适当的物联网解决方案。发展这些能力的好处可以在DHL、通用电气（GE）、SAP、谷歌和甲骨文等企业中得到体现，这些企业在不断努力发展自身能力以支持物联网解决方案的部署。[59]

利用物联网制定营销组合战略

正如前面提到的，物联网在功能领域发挥作用，它通过应用传感器为用户提供使用的便捷性。[60]这意味着，通过各种设备检测和捕捉实时数据，并随后进行分析、解读和将其应用于营销活动，成为物联网的基本操作原则。因此，在考虑营销组合变量时，反映物联网设备所提供的见解变得显而易见。成功的企业已经在四个关键的营销组合变量——产品、价格、地点和促销——中取得了显著的胜利。

产品：传统的产品开发方法涉及大量的市场研究、客户反馈和技术研究等。在新时代技术环境中，企业现在可以在产品开发阶段整合物联网，使其技术能够继续成为产品增长和使用的关键驱动力。例如，全球酒类生产商帝亚吉欧（Diageo）开发了"智能瓶子"，通过使用印刷传感器标签来提升消费者体验。[61]这些标签可以检测每个瓶子的密封状态。传感器标签优于传统的静态二维码（QR），因为后者在打开和读取内容时可能会面临挑战。用户使用NFC智能手机轻触一下瓶中的传感器标签，就可以动态检测到瓶子是处于密封状态还是开启状态。此外，这些标签和传感器还可以让帝亚吉欧向使用智能手机读取标签的用户发送个性化的通信信息，同时发送适时的相关营销消息、促销优惠和独家内容。

价格：在价格敏感的市场中，价格是确保收入增长和客户获取的一个重要营销工具。在这方面，具有竞争力的定价策略可以吸引注重价格的购物者，使他们继续选择某企业。定价策略的重要性在零售和快餐等以消费者为导向的行业中尤为明显。例如，2018年，汉堡王在美国的麦当劳门店周围设立了地理围栏，并利用这一点来推广它们的皇堡（Whoppers），价格仅为1美分。在有限的时间内，使用汉堡王应用程序的顾客在距离麦当劳600英尺（1英尺=0.3048米）范围内时，可以获得这1美分的优惠。通过这种将物联网应用（即地理围栏）与移动功能相结合的创新方法，汉堡王成功地利用低价促销策略吸引了竞争对手的顾客。[62]

地点：基于位置的营销行为通常在其预期目的得到良好构思时效果显著。这在零售和媒体服务等行业中尤其如此，因为这些行业中的高度本地化服务可以极大地吸引客户。在这种情况下，物联网具有持续收集数据的能力，还能实时提供智能、情境化、高度个性化的体验。例如，信标技术（即通过蓝牙传输数据的小型无线电发射器）被许多企业用于向用户直接提供高度精准、基于位置的内容。像沃尔格林药房、美国职业棒球大联盟、Kenneth Cole 和伦敦希思罗机场等组织都使用信标技术来提供本地化的促销信息和个性化体验等，旨在与其用户群产生共鸣。[63]

促销：在地方层面和适当情境下妥善执行的促销，也能为企业带来巨大的好处。这样的举措有利于品牌（在建立与用户的相关性方面）和用户（在从优惠中获取价值方面）。这种促销的力量在那些面向消费者的企业行动中表现得尤为明显，这些行动对消费者产生了持久的影响。例如，妮维雅针对巴西市场推出了一项促销活动，旨在增加妮维雅儿童防晒系列产品的客户获取量。这项活动以保护为主题，面向父母。妮维雅在杂志上刊登了一则广告，其中包含一个可撕下的手环，可以戴在孩子的手腕上。这个手环可以与妮维雅防护应用程序配对，用于防止孩子在海滩上走失。陪同的成年人可以在应用程序中识别孩子，并选择孩子在海滩上可以走多远的距离，超过该距离时应用程序将发出警报。此外，雷达功能可以让成年人知道他们与孩子之间的距离是变近还是变远了。[64]除了物联网的创新应用，妮维雅的这一活动还在该地区的产品市场中创造了显著的销售额，并且其应用程序的下载率也非常高。

通过物联网推动客户参与

客户参与度在全球范围内越来越受到企业的关注，因为它对企业的最终收益有着积极的影响。在这里，愉快的客户体验为高客户参与度和更好的品牌效果铺平了道路。[65]这样的行业影响持续激励企业推出创新产品，同时学术界对改善客户参与度的兴趣也在提高。

学术研究已将客户参与度确定为企业成功的关键因素。[66]在这方面，客户对企业的价值贡献不仅仅限于购买交易，还包括与购买无关的客户行为。[67,68]A. 潘萨里（Pansari）和V.库马尔[69]指出，客户参与度包括直接的客户贡献和间接的客户贡献，而客户参与度的前因则是满意度和情感。此外，V.库马尔等人[70]提出了一个特别适用于服务环境的概念框架，该框架可识别互动导向方法和全渠道模型，这两者共同创造了积极的服务体验。他们认为，积极的服务体验最终会通过确保客户满意和与企业建立情感纽带来影响客户参与度。他们还指出，客户对服务体验的感知差异会调节服务体验对满意度和情感依附的影响，这最终影响客户参与度。

在新时代技术环境中，物联网为企业提供了多种确保客户参与度的机会，通过互动来减少服务体验中的差异，从而潜在地增强客户参与度。在这方面，物联网被应用于工业和消费领域，从而确保客户参与度。在工业应用中，物联网被用于多种功能领域，如预防性维护（例如，ABB和日立公司使用物联网解决方案监控传感器的健康状况并优化生产）、资产管理（例如，凯捷咨询公司和伊斯坦布尔机场安装传感器以监控建筑性能并营造高效的内部环境）、智能能源系统建立（例如，霍尼韦尔公司和威瑞森公司通过开发一个平台来提升其物联网能力，该平台可以在电网中托管智能传感器、控制器和其他连接的硬件，实现节能和减少停电时间）、车队运营[例如，Bransys等车队管理公司使用传感器帮助车队经理监控其车辆资产（包括温控配送系统）的性能，而特斯拉通过空中物联网连接功能对几乎所有车辆远程操作软件更新，从而节省了前往服务中心的时间]等。

在消费应用中，物联网被用于多种功能领域，如家庭安全（例如，Ring和ADT通过集成学习型恒温器、智能插头、家庭访问控制和监控系统等功能提供物联网驱动的家庭安全服务）、医疗保健（例如，制药企业葛兰素史克和勃林格殷格翰开发了用于连接吸入器的传感器，以便提供更好的医疗护理和洞察）、可穿戴设备（例如，Apple Watch和Fitbit通过设备提供健康监测功能；Ambiotex和Under Armour等企业提供内置传感器芯片的运动装备，用于健身跟踪和监测）、老年护理（例如，防水的Kanega手表满足老年人的需求，提供药物提醒、GPS定位器、紧急呼叫等功能；Luna Lights提供适合老年人夜间使用的照明解决方案，如照亮路径和紧急呼叫按钮）等。总的来说，物联网被广泛应用于各种消费和工业环境中，其结果应该是改善了客户参与度（见图7-3）。

第 7 章　利用物联网实现变革性营销

图 7-3　智能恒温器。像 Nest 这样的智能家居能源管理系统可以根据学习时间内的能源使用模式自动调节室内温度

注：本图为 Dan LeFebvre 在 Unsplash 上发布的照片。

利用物联网制定数字战略

虽然许多企业已经在不同程度上引入了传感器、物联网、3D 打印等技术组件，但创建具有共生互依关系的统一网络系统仍然是企业成功的关键因素。少数企业在制定指导有效应用新时代技术的数字战略方面取得了成功。例如，通过配备传感器的产品，耐克能够非常精确地了解个别客户如何使用他们的鞋子。这种增强的意识可以让耐克更准确地调整自身以适应客户的需求。此外，通过战略性地利用传感器数据，耐克还可以拥抱其自身新兴的数字生态系统。例如，它可以利用其他连接产品（如 Fitbit 或 Apple Watch），以及像 Facebook 或 Twitter 这样的社交网络，或者庞大的应用开发者社区来生成新的大规模定制服务。[71] 这种综合性战略的发展有望为耐克创造竞争优势。[72]

在这方面，Kopalle 等人[73]提出，特别是传统企业，可以创建数字生态系统并通过建立数字客户导向来创造价值，这意味着通过拥抱数字生态系统来提供定制化和丰富的客户体验。他们进一步提出，数字客户导向基于三个关键概念，即在用信息、数字平台和数字体验。在上述耐克的例子中，在用信息显而易见，因为传感器持续收集当前用户正在使用产品的相关信息，而这些信息可用于生成未来的见解。数字平台则指企业主要通过智能手机应用或互联网展示其产品。然而，许多企业仍然通过传统渠道和数字渠道同时提供其产品。例如，一个耐克消费者可能使用配备传感器的鞋子慢跑，而使用另一双没有传感器的鞋子步行。最后，数字体验指的是分享和放大从数字客户那里获得的在用信息的价值。耐克可以分享其从配备传感器的鞋子中收集的在用信息给其他与其相连接的产品和应用开发者，从而放大其数据价值，以便开发为用户创造更多价值的第三方应用。

物联网在营销领域的未来

物联网正在改变企业与终端用户互动的方式，成为一股重要的变革力量。促进企业与客户互动的平台的兴起，促使了介于客户与供应商之间的代理人的出现。在新时代技术，尤其是物联网被广泛应用的背景下，新兴的商业模式有助于简化流程，自动生成见解，并提高组织跟踪和响应不断变化的用户需求的能力。物联网作为一种能够在后台悄然运行，同时可实时提供功能性价值的技术，正在迅速获得关注。[74]物联网的这种能力使组织必须将其纳入技术组合。在这一背景下，物联网在营销领域的前景显得非常有希望且多样化。尽管我们可以期待物联网在许多领域取得进展，但有三个领域尤为突出，下面将对此进行讨论。

物联网与运输行业

运输行业在世界经济中占据着重要地位，带来了显著的社会经济效益。然而，该行业也对包括空气、水和土壤资源在内的环境系统产生了负面影响。[75]鉴于这些显著的负面影响，各国政府和企业正在开发应对这些负面影响的解决方案。在这方面，物联网为开发智能交通解决方案带来了宝贵契机。

运输行业采用的传统方法通常是孤立的，互联性有限。新进展，特别是物联网的应用，正在催生智能交通系统，并且这类系统以全球视角看待交通运输系统的所有组成部分。智能交通系统的使用使乘客能够选择距离更短且速度更快的省钱的出行方案，从而节省了大量时间和精力。这类智能交通技术的具体例子包括用于防碰撞、抗滑、高效跟踪、预测性维护等的车辆传感器。[76]

此外，由物联网驱动的智能手机应用程序越来越多地用于获取细致入微的见解，并提供实时解决方案。最近，一款基于移动设备的物联网应用使用户能够确定他们的到达时间，并在各种交通方式中更高效地管理他们的行程安排。例如，在美国菲尼克斯，Valley Metro正在推出其智能手机应用程序的新版本，用户可以通过该应用程序接收实时的旅行信息、购买公共和私人交通方式的票，并利用集成了出租车、共享乘车和共享单车服务的优化行程规划服务。[77]此类创新产品有可能缩短旅行时间，从而为用户节省时间和精力，并可能为地方政府延长资源利用时间。此外，这还可以显著减少运输过程中的二氧化碳排放和其他空气污染气体排放。

类似地，研究建议使用用户移动设备中的数据来预测和治理交通拥堵。[78]作为这一概念的实际应用，法国穆尔豪斯市能够利用移动数据测量市中心的行人流动情况，并了解游客的人口统计信息。这意味着该市可以通过评估举办活动的影响、规划市中心商店的营业时间以及提供及时和相关的市民服务来振兴城市的商业环境，此外还可以解决行人流动和城市拥堵问题。[79]此外，研究还建议在道路的指定位置安装传感器单元以用于数据收集和通信，而这些传感器单元可应用于监控车辆交通、城市公用车辆调度、发布天气预警等。[80]随着这一领域研究的持续进行，我们期待更多的物联网解决方案推动更智能的交通方式的发展。

智慧城市

全球各地的城市正面临着管理自身发展和部署资源以满足需求的压力。智慧城市的概念在21世纪初出现，最早的智慧城市指的是"……监控并整合其所有关键基础设施状况的城市……"。[81]虽然智慧城市的概念有多种表述，但大多数概念中的一个显著特点是对计算和数据技术的关注。[82]

在这里，物联网可以为创建智慧城市提供宝贵的机会，使各种设备和软件能够通过互联网进行通信。这种连接可以创建一个智能互动的网络，为城市发展提供创新的解决方案，如公共交通解决方案、公用设施和服务、交通监控与管理、能源消耗、基础设施维护和市民服务等（见图7-4）。此外，全球各地的建筑管理者和房地产开发商也在寻求将物联网设备和解决方案整合到他们的基础设施中，从而降低成本并提高建筑的质量。在这方面，全球一些城市（如西班牙的巴塞罗那、美国的拉斯维加斯、意大利的帕多瓦和日本的柏之叶）都已着手计划通过物联网来发展智慧城市。

图 7-4　物联网应用。物联网在智慧城市中的应用，例如此处展示的 LOCUS 能够以可视化的形式为市民和城市信息系统之间提供直接连接

注：本图为 Balázs Kétyi 在 Unsplash 上发布的照片。

- 巴塞罗那建立了一个全市范围的光纤网络，提供支持物联网的免费高速 Wi-Fi。此外，通过整合智能水务、照明和停车管理，巴塞罗那节省了 7500 万欧元的市政资金，并在智能技术领域创造了 47000 个新工作岗位。[83]
- 拉斯维加斯安装了物联网传感器来解决交通拥堵和环境问题。例如，这些传感器可以检测二氧化碳水平和附近的交通状况，从而根据等待时间和废气排放情况确定最佳的交通信号灯时长。[84]此外，该智慧城市项目预计将使用太阳能、风能和水能等可再生能源，实现离网运行，打造零能耗建筑，并在建筑外立面采用光伏玻璃，使其能够发挥太阳能电池板的作用。[85]这些提议通过物联网设备及其提供的互联性得以实现。

- 意大利帕多瓦市实施了一个城市物联网系统，这是一种通信基础设施，为大量可能产生协同作用并提高市民知情度的公共服务提供了统一、简单且经济的途径。[86]该物联网系统可以收集有价值的城市数据，如温度、湿度、光线模式和苯水平（来自交通）。这些信息可以帮助城市更好地规划能源生产和消费，从而实现高效利用。
- 日本柏之叶市采用了一个以节能为导向的智慧城市项目，从而提高城市的韧性。通过物联网，该市创建了一个智能能源管理系统，通过优化电力分配，使该地区的能源使用量减少了26%。在此背景下，日本还发起了一项名为"社会5.0"的国家倡议，旨在创建一个以数据驱动、以人为本的使用物联网等新时代技术的下一代社会。该倡议适用于日本的所有公民，无论其所在地，包括农村地区的老年人口，并强调在协调可持续发展与经济增长的同时解决社会问题。[87]

实时购买流程与采购

采用物联网等新时代技术使企业能够开发基于平台且技术驱动的新商业模式。尽管采用物联网在面向客户的业务方面的好处显而易见，但其针对企业内部的好处却未必总是那么明显。零售商正在测试用于面向客户和非面向客户的购买场景的物联网解决方案。[88]

在面向客户的购买场景中，亚马逊的Amazon Go商店结合了机器视觉、物联网传感器和在商店入口处刷卡的移动应用程序，创建了所谓的"即走技术"（见图7-5）。该企业创建了一个无收银员的零售环境，顾客可以购买所需的商品，将其费用计入他们的亚马逊账户，并在购物完成后直接走出商店，而无须与商店员工进行任何互动。这种设置不仅创造了一种创新的业务流程，还为企业提供了多个数据收集和见解生成的渠道。在非面向客户的场景中，信标和智能仓库使零售商能够提高商品管理和库存管理的效率。例如，Kontakt是一家物联网供应商，它制造的信标可以用来跟踪商业环境中人员和物品的移动情况，此外还可以监控光线、温度、湿度等环境条件。

图7-5 Amazon Go商店。Amazon Go商店使用了机器视觉、物联网传感器和移动应用的组合来实现无接触零售客户交易

注：本图为Simon Bak在Unsplash上发布的照片。

物联网正在产生积极影响的另一个领域是可回收运输包装或可回收运输物品（RTP/RTI）的管理，这些物品包括可重复使用的托盘、架子、容器、盘子、气缸、板条箱等。鉴于环保意识强的消费者对可持续供应链实践的期望，以及各企业采用的经济运营管理，这种可替代一次性包装的方案变得尤为重要。在这方面，人们已探讨出了一个可回收运输物品的闭环供应链，即货物的接收方会将可回收运输物品返还给发货方，以便在后续的运输中重复使用。[89,90]

虽然射频识别技术曾被用来跟踪和监控可回收运输物品，[91]但由于射频识别技术的缺点（如大量投资、制造商与渠道合作伙伴之间严格的协调要求，以及射频识别标签的范围限制等），该解决方案并不理想。物联网则绕过了这些挑战，因为它使用无线低能耗网络，例如0G网络，该网络专门用于在长距离上传输和接收由少量数据组成的消息。这样的解决方案使组织能够以显著较少的时间和资金投资来跟踪和管理可回收运输物品。[92]物流行业对此技术反应积极，例如爱尔兰物流供应商An Post正在使用智能跟踪设备，使它们能够利用0G网络连接监控其资产的位置。[93]随着物联网继续推动开发高效连接设备的研究和实践，我们可以期待企业和用户会获得更多的价值创新。

关键术语和相关概念

适应性营销能力	使组织能够敏感地察觉环境中出现的新兴趋势，迅速在活动中进行必要的调整，并通过实验进行学习的能力。
环境辅助生活	支持老年人和有特殊需求的人在日常生活中使用的技术系统。这一系统通常包含相互关联、能感知情境、个性化、自适应且具有预判性的服务、产品和概念。
消费者幸福感	描述了利益相关者在身体、情感、财务、社会和环境维度上的健康和幸福状态的多维概念。
数字客户导向	通过拥抱数字生态系统来提供定制化和丰富的客户体验。
工业物联网	一个通过关注用户需求来增强收入增长潜力的连接设备网络。
工业4.0	一场新时代的工业革命，其中互联网技术被用于智能产品的创造、智能生产和智能服务。
物联网	通过互联网连接的设备网络。
物联网能力	一种依赖于物理对象网络来感知新的机会和威胁、调动资源以应对新机遇并重新配置信息技术资产的独特的信息技术能力。
智慧城市	一个监控并整合其所有关键基础设施状况的城市。
智能家居	在普通住宅的基础上增加了各种类型的传感器和执行器。
可穿戴设备	可以穿戴的设备（如健身追踪器、健康监测器、医疗监测器），这些设备收集并处理与健康和健身相关的各个方面的数据。用户和医疗从业人员可以利用这些数据来制订医疗保健方案。

第 8 章 利用机器人技术实现变革性营销

> 未来营销
> AI 时代的营销技术、方法和模式

概述

机器人自从20世纪50年代首次出现以来,一直激发着人们的想象力。尽管学术研究和技术的商业发展持续塑造着机器人领域,流行文化也显著增强了机器人在现实世界中的普及。电影如《终结者》(*The Terminator*)、《机器人总动员》(*WALL-E*)、《黑客帝国》(*The Matrix*)、《机械战警》(*Robo Cop*)和《变形金刚》(*The Transformers*)将机器人深深刻在观众的脑海中。尽管这些电影大多设定在未来时代,但我们已经看到了一些机器人帮助人类生活的实例。

机器人帮助我们完成一些专业化任务,使我们能够将注意力重新集中在我们关注的事物和问题上。[1] 专业化机器人帮助我们完成日常任务,如清洁(如 Roomba 扫地机器人)、智能家居视频监控系统(如 Lighthouse)、虚拟助手(如 Alexa)、为老年人和残疾人士提供用餐协助(如 Bestic)、个人交通工具(如 Loomo)等。机器人还参与执行常规任务和高级任务,如协助银行进行业务交易(如 Nao)、担任咖啡师(如 Café X)、在家中提供帮助(如 Zenbo)、分发药物(如 Pillo)、帮助有特殊需求的儿童(如 Leka)等。

值得注意的是,这些机器人并不是以单一的方式执行任务,而是在工作过程中学习和思考。最终,它们通过与我们的互动,了解我们和我们的需求,并更好地完成任务。换句话说,它们提供的个性化服务能够独特地满足每个人的需求。这些专业化机器人是近期技术进步,尤其是人工智能等新时代技术的代表。它们几乎在日常生活的各个方面积极塑造着人类的生活方式,并通过个性化的方式实现这一点。[2]

机器人技术的普及和前景可以从其全球市场规模的增长中看出。[3]特别是针对美国的自动化研究显示,到2030年,美国企业在自动化技术上的投资将接近8万亿美元,而且美国服务业的快速自动化可能导致就业岗位的流失速度比以往转型快2~3倍。[4]因此,机器人技术为企业和客户提供了宝贵的机会,这可能会显著重塑全球各行业的价值创造和转移方式。

本章的结构如下:首先,简要介绍了机器人技术的起源历史,然后给出了机器人技术的定义(从营销角度)。接下来,讨论了机器人的各种分类。随后,探讨了机器人技术在营销5.0世界中的作用。接着,讨论了机器人的营销应用。最后,展望了机器人技术在营销行业的未来。

机器人技术的起源、定义和分类

起源

尽管现代机器人技术提供了新颖且有趣的应用,但其根源可以追溯到几个世纪前的各种古代机械装置,这些装置帮助完成了体力劳动。几个世纪以来,许多文化都对自操作设备或自动装置充满好奇。这些设备中值得注意的包括建造于公元前1世纪左右的希腊水力装置。随后的发明包括阿拉伯水钟和人偶、达·芬奇的机械发明(如机械骑士和旋翼动力飞行器)、笛卡尔的生物机器和日本的机械玩具,这些发明不断激发着人类的好奇心和创造独立运行机械装置与仿生人偶的愿望。

20世纪初期的文学作品为机械装置和类人机器等概念的形成做出了贡献,其中包括L.弗兰克·鲍姆(L. Frank Baum)的"绿野仙踪"系列(1900年)和艾萨克·阿西莫夫(Isaac Asimov)的"基地"系列(1951—1953年)等。最引人注目的是,"机器人"和"机器人学"这两个术语首次出现在文学作品中。具体来说,"机器人"一词最早出现在1921年捷克剧作《R.U.R.》(*Rossum's Universal Robots*,《罗素姆的万能机器人》)中,该剧展示了机械生物;而"机器人学"一词则首次出现在阿西莫夫20世纪40年代的短篇小说集中。[5]由于人类想象力的驱动，20世纪上半叶人们还见证了仿人机器人的发展，如1927年日本的"Gakutensoku"和1939年西屋电气企业的"Elektro"。这些发展成果为未来生物机械研究的增长以及辅助人类执行各种个人和工业任务奠定了先驱性基础。

20世纪下半叶，人们看到了更多针对特定应用的机器人发展，这些发展专注于执行特定任务。这一阶段的推动力是计算、编程和机械领域的研究与进步，以及政府对机器人能力建设的投资。在这方面，第一台工业机器人于1959年由Unimation公司开发，并于1961年在通用汽车公司中使用，主要用于搬运物体。随后，机器人手臂出现，如"Rancho机械臂"（1963年）、"Orm"（1965年）、"Tentacle机械臂"（1968年）和"斯坦福机械臂"（1969年），这些机械臂具有类似于人类手臂的灵活性。此外，使用人工智能技术并配备了音频和视频功能的首个能够自主在周围环境中导航的移动机器人"Shakey"于1970年被开发出来。20世纪70年代和80年代，机器人领域出现了许多"首次"，如第一台由微型计算机控制的工业机器人（1974年）、第一台全电动微处理器控制的工业机器人（1974年）、第一台电机驱动的机器人（1979年）、第一台具备机器视觉功能的机器人（1981年）和第一条柔性自动化装配线（1983年）等。[6]接下来的几十年里，机器人技术渗透到多个领域，如医疗服务、水下航行器、太空探索、人机协作和家庭清洁系统等。

定义

机器人技术确立了一个正式的研究领域，即机器人学。机器人学被定义为研究"感知与行动之间智能关联的科学"。[7]最早在1942年艾萨克·阿西莫夫的科幻短篇小说《跑者》（*Runaround*）中，他提出了机器人学三定律，为机器人制定了一套规则。虽然机器人学三定律可能是作为科幻小说创作中的情节设计手段被提出的，但公众的兴趣和对机器人的学术探讨从那时起便激发了许多人的想象力。机器人学领域的学术研究继续受到多个既定研究领域的影响，如机械工程、数学、控制系统、电气工程和计算机科学等。[8]然而，人们对于机器人学的单一定义并未达成共识，许多学者和组织提出了各种不同的机器人学定义（见表8-1）。

表8-1 机器人学的不同定义

来源	定义
国际标准化组织	设计、制造和应用机器人的科学和实践
Lynch 和 Park[9]	创建能够像人类一样行动和思考的机器
Siciliano 和 Khatib[10]	有关机器人的科学和技术
Mentzer 和 Gandhi[11]	一种自动化的制造过程

分类

学术研究从多个角度对机器人进行了概念化（见表8-2）。此外，国际标准化组织将机器人定义为"能够在两个或更多轴上编程的致动机构，具备一定程度的自主性，可以在其环境中移动以执行预定任务"。表8-3 提供了由国际标准化组织识别出的七种不同类型的机器人。[12]

表8-2 机器人概念化

研究	概念化
Breazeal[13]	能够感知世界，做出独立决策，并协调行动以完成任务
Kaplan[14]	一个物理实体（即在物理环境中感知并行动），以自主（即可编程、可训练且大多可控）和情境化（即通过不断操纵信息和事物来不断对环境做出反应）的方式运行
Kurfess[15]	自动或通过远程控制操作的机器或设备
Wilson[16]	高级智能系统，可以"……执行基于规则的任务，并且通常可以配置基础功能，如认证、安全性、审计、日志记录和异常处理"

表8-3 机器人的分类

机器人类型	作用	一些典型例子
工业机器人	一种可自动控制、可编程的多用途操纵器，可在三个或更多轴上进行编程，可固定在一个位置或移动，适用于工业自动化应用	食品包装机器人、材料处理机器人、生物医学应用、模拟器、锻造/焊接和涂层应用的机器人
服务机器人	一种为人类或设备执行有用任务的机器人，不包括工业自动化应用	家庭任务机器人、娱乐机器人、老年人辅助机器人、家庭监控和安保机器人、个人交通机器人

（续）

机器人类型	作用	一些典型例子
个人服务机器人	一种用于非商业任务的服务机器人，通常由非专业人员操作	家务辅助机器人、自动轮椅、个人移动辅助机器人、宠物锻炼机器人
专业服务机器人	一种用于商业任务的服务机器人，通常由受过专业训练的操作员操作	公共场所清洁机器人、医院或办公室的送货机器人、消防机器人、康复机器人、医院中的手术机器人
移动机器人	一种可以自主移动的机器人	用于陆地、水域和太空旅行的无人驾驶交通工具，石油钻探和采矿机器人，监控和监视用的机器人
协作机器人	一种为与人类直接互动而设计的机器人	拣选和包装机器人、质量检查机器人、执行手术的机器人
智能机器人	一种能够通过感知环境和/或与外部资源交互并调整其行为来执行任务的机器人	用于太空和深海等偏远地区探索的机器人；用于手势和动作识别的机器人；用于物体检测的机器人；用于环境变化检测的机器人

注：本表来自 ISO (2012), "ISO 8373:2012—Robots and robotic devices—Vocabulary," *International Organization for Standardization*, March, [accessed from https://www.iso.org/obp/ui/#iso:std:iso:8373:ed-2:v1:en:term:2.6]。

在应用方面，上述类型的机器人可以广泛应用于工业和服务领域。几十年来，工业机器人在制造和工业运营中发挥着至关重要的作用，展现了其显著的价值，而服务机器人则相对较新。到目前为止，受欢迎的服务机器人包括：零售行业的机器人（例如 Lowe's 的"LoweBot"），用于回答顾客的问题并协助顾客在店内导航；[17] 医疗保健中的机器人，例如手术机器人、医疗运输和远程医疗机器人；[18] 媒体和出版行业中的机器人；[19] 餐饮行业中的机器人；[20] 等等。服务机器人的出现消除了机器人定义中对机械组件的需求。信息革命已极大地改变了工作的范围。如今的许多工作是基于知识的，可以在很少或不需要体力劳动的情况下完成。因此，机器人以多种方式为我们服务，其功能在未来只会增加。

总体而言，由于机器人在现实世界中各种应用的可能性，学术界和实践者对机器人的兴趣正迅速增加。在这方面，机器人主要用于执行管理者所确定的任务和活动。任何机器人内部的智能也由其他新时代技术（如人工智能和物联网）提供支持。[21]因此，机器人被认为是一种功能导向的技术，旨在通过执行所需的最后一个环节的任务或活动与其他现有技术集成。V.库马尔和D.拉马钱德兰[22]指出，功能导向的技术可以使企业在无法安全接近的区域和情况下获得更高的可访问性。此外，在需要精确和注意细节的任务中，企业可以实现更高的效率和准确性。特别是在执行重复性任务的情况下，功能导向的技术可以快速且不知疲倦地持续提供良好的结果。[23]为了总结对机器人的概述，以下三个短文展示了机器人在提供有价值的产品方面的可能性。

工业和商业应用

自1959年瑞典一家金属加工厂首次采用机器人以来，机器人行业经历了快速增长。[24]机器人流程自动化（RPA）市场也呈现出类似的趋势。[25]这种趋势表明机器人在工业环境中的主导地位及其在产品开发中的重要性。

如前文提到的定义所述，工业机器人在生产和运营环境中具有某些关键的、备受重视的特征（见图8-1）。首先，工业机器人是自主的，它们能够根据来自传感器的信息执行预定任务，而无须人为干预。与此相关的是，机器人可以被操作员或可编程控制器/设备操控（即被控制）。例如，Nguyen等人[26]开发了一种接近传感器，该传感器可以检测到附近有人存在，并利用这些数据来告知机器人与该人的距离和接近角度。这类开发为人机协作的无缝衔接奠定

图8-1 制造业中的机器人。汽车制造厂中的机器人
注：本图为Lenny Kuhne在Unsplash上发布的照片。

了基础。其次，工业机器人可以在不改变其物理结构的情况下重新设计，以便适应操作的变化。例如，工业机器人正在被开发成可以通过触摸屏界面在一分钟内重新编程，从而执行其他功能。[27]最后，工业机器人还可以被物理改造以适应不同的应用需求。例如，生产线的改变或制造中的定制创作可以通过工业机器人轻松处理，因为它们可以通过改变自身的物理结构来胜任不同的任务。

除了在工厂中的重要地位，机器人在日常商业应用中也占据了关键位置。专业服务机器人主要用于工厂外辅助人类而不是取代他们。在营销文献中，服务机器人被定义为"……基于系统的具备自主性和适应性的接口，可与组织机构的客户进行互动、沟通并提供服务"。[28]专业服务机器人通常配备了一定的移动能力（完全移动或部分移动），并可在许多商业环境中被找到，如零售业、酒店行业、医疗行业、运输业和仓储业、建筑行业、农业、太空探索领域等。商业机器人已在多个商业场景中得到应用，为企业和用户带来了价值。以下是机器人在各种商业应用中的一些示例：

- **教育中的机器人**。个性化是提供优质教育的关键因素。通过考虑学生的需求和偏好，机器人可以为学生的学习需求提供个性化的照顾和关注。在这方面，机器人被应用于许多教育环境中，如 STEM 课程（例如，Root 和 Cubelets）、STEAM 课程（例如，Nao 和 Pepper）、PreK-5 教育（例如，Dash & Dot 和 LEGO WeDo），以及特殊需求教育（例如，QTrobot 和 Leka）。

- **通用卫生中的机器人**。医院和公共机构经常使用机器人来满足其卫生需求，如公共场所消毒、消毒剂分发、垃圾清除、公共场所清洁等。例如，丹麦企业 UVD Robotics 开发了一种基于紫外线系统的机器人，该机器人可以通过破坏环境中有害有机微生物的 DNA 结构来杀死病毒、细菌和其他类型的有害有机微生物，从而防止和减少有害病毒和细菌等微生物的传播。在医院应用中，这款机器人可以自主地在各个房间之间移动、乘坐电梯和自动开门，从而对公共场所进行清洁和消毒。此外，这款机器人特别关注容易感染的区域，如洗手盆、病床、门把手等。[29]

- **医疗中的机器人**。近年来，医疗领域的机器人变得更加先进，为医疗工作者和患者带来了好处。结合近期的技术进步，医疗中的机器人可以分为五大类：①手术机器人（与外科医生合作进行微创手术）；②服务机器人（执行非面对患者的任务，使医院的工作更加顺畅）；③外骨骼机器人（可附在人体上，协助患者做特定动作）；④康复机器人（协助患者运动或为患者执行动作）；⑤社交机器人（与患者互动并能够进行复杂的涉及情感反应的沟通）。[30]总体而言，机器人提高了患者护理的质量，提升了临床过程的效率，同时也为相关实体创造了安全的环境。

- **农业中的机器人**。农业对国家的经济活力起着关键作用。因此，农业生产力是吸引农业社区所有成员（如农民、农业营销企业、研究人员和政策制定者）关注的领域。在这方面，研究已经确立了机器人在提高农业生产力和产量方面的重要作用。[31]机器人已经被应用于农业的关键领域，包括播种、施肥/农药应用、除草、收割、自主农用车、田间测绘、环境监测等。

- **客户服务中的机器人**。机器人应用最为显著的一个领域是客户服务，其中零售业和酒店行业引领潮流。Chui等人[32]观察到，服务行业是美国经济中最容易自动化的行业，几乎一半的现有服务相关任务可以轻松地被机器人替代。例如，在餐饮业中，机器人越来越多地用于：食品准备、烹饪和上菜；清洁食品准备区域；准备冷饮和热饮；收集脏盘子（见图8-2）。其他机器人应用包括：Aloft酒店的用于送牙刷、剃须刀和提供客房服务的机器人管家；[33]Lowe's零售服务机器人；[34]沃尔玛的被当作地板清洁工、卡车卸货工及店内取货塔和货架扫描仪的Bossa Nova机器人；[35]等等。

- **物理治疗中的机器人**。机器人已成功应用于脊髓损伤、神经系统疾病和中风患者的物理治疗和康复中。[36]正如前文提到的，穿戴式机器人（也被称为外骨骼），可以支持、复制或增强人体的运动，从而为人体运动提供必要的支持。[37]此类别中的热门产品包括ReWalk的Exo-Suit、Ekso Bionic的Ekso NR和Cybderyne的Hybrid Assisted Limbs等。

图 8-2　服务机器人。在酒吧提供饮料服务的机器人

注：本图为 David Levêque 在 Unsplash 上发布的照片。

面向家庭的技术

家用机器人是用于处理日常家务并在日常生活中给予人们帮助的机器人。[38] 这些机器人执行的任务包括吸尘（例如，Roomba 和 Eufy）、清洁地面（例如，iLife 和 iRobot）、洗衣和熨烫（例如，Effie 和 FoldiMate）、辅助烹饪（例如，Moley 和 Julia）、家庭安防系统（例如，Xrana 和 Jamor）、泳池清洁（例如，Dolphin 和 Aquabot）、窗户清洁（例如，Hobot 和 Gladwell Gecko）、草坪护理（例如，Husqvarna 和 Robomow）、管家服务（例如，Ugo 和 Moro）、社交陪伴（例如，Pepper 和 Buddy）等。此外，机器人技术的进步正在逐渐使家用机器人不再是昂贵的小工具。

家用机器人领域的快速扩张可归因于运行速度、数据存储和处理能力的提高。[39] 像 Google Home、Amazon Echo 和 Apple 的 Siri 这样的机器人助手，可以辅助完成信息搜索、设置日历、及时提醒、连接和控制其他家用电子设备、在线购物、预约车辆、订餐等许多任务。在此背景下，社交机器人这一类别应运而生。

社交机器人主要是为了创造与人类相似的互动而开发的。[40] 尽管这一目的看似简单，但人们对社交机器人的定义却有不同。表 8-4 展示了社交机器人的不同定义。此外，研究发现，仅仅在同一个房间里有社交机器人的存在就能产生激励效果，并带来社会助长效应。[41] 基本上，除了典型的功能性用途，最近的家用机器人设计还关注机器人的情感方面。例如，Kiki 是一款家庭陪伴机器人，它会根据主人与它的互动发展出一套独特的性格特征。此外，这款机器人可以理解情绪和感受，随着时间的推移不断学习，可以表达感情，还能从其他 Kiki 机器人身上学习，并作为伴侣创造有意义的体验。[42] 因此，随着对人际关系、机器人能力和社会互动性质的理解加深，家用机器人应用有望得到进一步发展。

表 8-4 社交机器人的不同定义

研究	定义
Bartneck 和 Forlizzi[43]	一种自主或半自主的机器人，通过遵循与其互动的人所期望的行为规范，与人类进行互动和交流
Breazeal[44]	那些人们通过社交模型进行互动并期望能够理解其行为和意图的机器人
Fong 等人[45]	相互识别并参与社交互动，拥有历史记录，并且明确地进行沟通和相互学习的机器人
Hegel 等人[46]	那些具有社交界面的机器人，其中社交界面包含了所有设计特征，用户通过这些特征判断机器人是否具备社交属性

仿人机器人

正如前文所述，机器人正在替代人类执行乏味、重复或危险的任务。一个近期备受瞩目的仿人机器人案例是特斯拉的 Optimus（擎天柱）。在 2021 年的特斯拉人工智能日上，首席执行官埃隆·马斯克（Elon Musk）展示了特斯拉机器人（Tesla Bot）的构想，这是一款友好型机器人，并能够在人类世界中自由穿梭。虽然发布会现场出现的是一个穿着机器人套装的人类模型，但马斯克表示，他们将在次年推出原型机。在2022年的特斯拉人工智能日上，马斯克及其团队的工程师们介绍了仿人机器人Optimus。[47]特斯拉对Optimus的愿景是创造一款多用途的、双足的、可自主运行的仿人机器人，它能够执行不安全的、重复的和乏味的任务。为了实现这一终极目标，特斯拉需要构建能够实现平衡、导航、感知和与物理世界交互的软件栈。截至本文撰写时，特斯拉正致力于推出高产量、低成本和高可靠性的Optimus。

Optimus被设计得类似于人类的身体，具有手臂、手、腿和头。机器人还拥有一个位于躯干的中央计算机，这就是它的大脑。中央计算机从多个传感器获取视觉数据，因此可以感知周围环境。它还配备了由神经网络管理的视觉导航系统。大脑中还加载了大量的自然运动参照信息。为此，工程师们记录了人类从货架上拿起箱子等动作，并将这些运动数据优化并映射到Optimus上，使其适应现实世界中的运动。

Optimus还配备了电机转矩控制（即执行如拿起易碎物体、沿特定轨迹移动或施加精确的力的任务的能力），以及发现和记录新环境等技能。特斯拉长期以来一直认为自己处于开发仿人机器人的有利位置，因为它可以利用制造电动汽车所用的硬件和软件，而这些汽车具备一定程度的自动化功能。埃隆·马斯克表示："随着全自动驾驶越来越接近于通用的现实世界人工智能，相同的软件也可以转移到仿人机器人上。我的预测是，特斯拉长期价值的主要部分将是Optimus。而且我对这一预测非常有信心。"特斯拉预测，由于Optimus能够促进文明的根本性转变，其需求最终可能很快达到200亿台。[48]

特斯拉通过Optimus进军仿人机器人领域的雄心壮志，是先进技术与人工智能融合的一个例子。随着Optimus逐步迈向世界舞台，我们正见证人工智能驱动的机器人在执行日常任务和危险任务方面的潜力，同时也开启了关于机器人在各个行业中变革力量的讨论。在营销行业中，自动化、个性化和人工智能驱动的洞察已经在重塑企业与受众的连接方式，并且简化了企业的运营方式。将机器人整合到营销策略中，可以增强客户参与度、优化产品布局，并提供创新的品牌体验。展望未来，人工智能驱动的机器人与营销之间的协同效应将为企业与客户互动的方式以及产品和服务的推广和交付方式带来令人兴奋的可能性。

营销5.0世界中的机器人技术

现代世界的发展速度超出了所有预期。这种发展在很大程度上得益于人工智能、机器学习等新时代技术的融合。其中，一个在商业决策中日益受到关注的技术组合是智能自动化，也被称为认知自动化。[49]通过利用如人工智能、业务流程管理和机器人流程自动化等自动化技术，智能自动化简化了运营，更有效地分配了资源，并提高了整体效率。在第2章讨论的营销5.0概念基础上，本节将展示机器人技术和智能自动化在营销5.0世界中的运作方式。具体来说，本节讨论了五个通过营销5.0视角应用机器人技术的例子，并阐明了这些应用如何对人类产生积极的影响。

使用机器人技术的数据驱动营销

将机器人技术整合到数据驱动的营销中为企业带来了许多好处。首先，它可以更高效、更准确地进行数据分析，消除人为错误和偏见出现的可能性。其次，它使营销人员能够根据客户的偏好和行为向其推送有针对性的信息和优惠活动，从而实现营销工作的个性化。最后，数据驱动的营销机器人可以帮助企业优化其营销预算，通过识别最有效的渠道和策略来接触目标受众。

例如，总部位于美国的AMP Robotics公司利用人工智能和机器人技术为全球供应链创建回收基础设施。通过数据驱动的方法，AMP Cortex高速机器人系统自动化了从混合物料流中对可回收物进行分类和识别的过程。[50]这种独特的技术采用计算机视觉和深度学习来引导高速机器人系统，根据颜色、大小、形状、不透明度等属性识别、区分和回收可回收物。该系统还存储每个检测到的物品的数据，提供有价值的见解。根据AMP Robotics公司的说法，AMP Cortex高速机器人每分钟可以拾取超过80件物品，速度是人工分类的2倍。该公司的双机组机器人甚至可以达到每分钟150次拾取的速度。

除了分类系统，AMP Robotics 还提供名为 AMP Clarity 的解决方案。该解决方案提供数据和物料特征分析，使企业和生产者能够通过识别哪些可回收物被回收或遗漏来优化他们的回收流程。通过在全球范围内部署 AMP Robotics 的技术，AMP Robotics 从多个来源（包括市政收集、电子废料、建筑和拆除废料以及有机物料）中回收可回收物，从而促进了宝贵资源的高效利用。

使用机器人技术的预测营销

使用机器人技术的预测营销将预测分析的强大功能与机器人自动化的高效性相结合。这项技术可以帮助企业识别最有潜力的潜在客户并向其推送个性化营销信息，以及优化营销预算以获得最大的投资回报率。利用机器人技术进行预测营销，企业还可以为客户提供个性化体验，提升客户满意度，推动收入增长。特别是，使用机器人技术的预测分析涉及使用复杂的算法和人工智能来分析大量数据，并对客户需求做出准确的预测。

例如，总部位于美国密尔沃基的 Advocate Aurora 研究所正在利用预测分析来提升其手术护理操作的效果。[51] 通过与预测分析公司 KelaHealth 的合作，该研究所将临床数据和机器人中的数据输入到一个智能平台，该平台利用人工智能根据历史数据预测患者的风险。这些风险评分会定期更新，并将与电子健康记录整合，使医生能够评估患者进行特定手术的风险以及术后恢复情况。此外，该研究所还利用从机器人手术系统获得的数据生成有价值的见解，帮助外科医生优化手术技术，取得更好的手术效果，并促进财务责任的履行。

使用机器人技术的场景营销

使用机器人技术进行场景营销使企业能够自动化某些营销流程，从而节省时间和资源。机器人可以快速且准确地分析大量数据，使营销人员能够基于数据做出决策，并实时优化他们的营销活动。这种自动化还使企业能够大规模地提供个性化信息，确保每个客户收到的内容与他们的具体需求和兴趣相关。使用机器人技术进行场景营销彻底改变了企业与客户互动的方式，提供了一个更加个性化和高效的营销方法。

机器人技术正变得越来越先进，能够感知周围环境并做出相应反应。最近的研究开发了一种基于人工智能的人机协作系统，适合工厂使用。[52]该系统为机器人提供工作环境和周围人员的相关信息，使其能够预测人类行为，并比以往更有效地在人类旁边进行流水线作业。

与传统的人机系统只能测量机器人与其人类同事之间的距离不同，新系统可以识别特定工人，甚至可以识别他们的骨骼结构。这使机器人能够识别每位工人的姿势，并预测他们的下一个动作。通过利用人工智能，该系统所需的计算能力和数据集比传统机器学习方法更少。在实验中，新系统展示了机器人在了解周围环境的能力下，可以在不降低生产速度的情况下，更安全且高效地运行。因此，具备场景感知的机器人系统有望提高工作场所的安全性和工作效率。

使用机器人技术的增强营销

使用机器人技术进行增强营销为互动式和沉浸式营销体验开辟了新的可能性。机器人技术正越来越多地与虚拟现实或增强现实技术相结合，创造虚拟购物体验或以更具吸引力和互动性的方式展示产品。此外，考虑到物理空间的限制、实时性能的要求和个性化辅助的必要性，机器人还可被精心设计以满足客户的需求和偏好。这种方式创造了一种独特而难忘的品牌体验，在客户心中留下深刻印象。

位于芝加哥的比萨连锁店Slice Factory引入了一套革命性的厨房设备——Pizzaiola。[53]这款由Nala Robotics开发的机器人厨师能够准备和供应各种风味的比萨、意大利面、沙拉、汉堡和鸡翅等美食。Pizzaiola实际上是一个自成体系的厨房，配备了食品储存和准备区域、烤箱以及能够在烹饪空间内无缝移动的7轴机械臂。

在制作比萨方面，Pizzaiola提供了多种选择。它可以从4种面团、4种酱料、35种奶酪和其他配料中进行选择。随后，机器人会压制面团、添加酱料和配料，最后进行烘烤、切片并装盒。Pizzaiola每小时能够制作多达50个比萨，尺寸从8英寸（1英寸=0.0254米）到18英寸不等，对于Slice Factory来说，这是一项变革性的创新。得益于机器学习技术，这位机器人厨师可以精确地复制各种菜系的无限数量的食谱，使其成为厨房中高效的多功能助手。

此外，Slice Factory 还在其点餐流程中采用了技术，允许顾客通过多模态自助服务终端、虚拟店面或在线平台下单。[54] 随着计划在全国范围内扩展业务（目前在芝加哥有12家门店），Slice Factory 相信，Nala Robotics 提供的技术将在促进其业务增长和服务范围扩大方面发挥至关重要的作用。

使用机器人技术的敏捷营销

敏捷营销是一种现代化的营销方法，强调灵活性、适应性和快速应对不断变化的市场动态。当与机器人技术结合时，它开辟了全新的可能性。机器人技术可以自动化各种营销任务，帮助企业简化流程、提高效率并提升客户体验。此外，使用机器人技术进行敏捷营销还能提高个性化程度和客户参与度。为了成功实施与机器人技术结合的敏捷营销，企业应首先制定明确的战略和绘制路线图。企业需要识别可以自动化的营销任务并优先安排其实施。选择与企业目标一致且能与现有营销系统无缝集成的正确的机器人技术也至关重要。

例如，大众汽车正在通过专注于智能驾驶技术，战略性地应对中国市场的竞争压力。与欧洲较慢的转型步伐不同，中国市场要求持续创新，这推动了汽车企业及其供应商不断进步。由于未能满足消费者的期望，大众汽车最近在中国的市场份额大幅下降。为了解决这一问题，大众集团承诺投入24亿美元以加速创新、推动技术本地化并加强中国市场的客户关注度。[55]

为了实现这些目标，大众汽车已促成其软件企业CARIAD与中国领先的智能汽车计算解决方案提供商地平线机器人技术公司（Horizon Robotics）建立了新的合作伙伴关系。此次合作旨在推动为中国市场量身定制的先进的驾驶辅助系统和自动驾驶系统的开发。此外，大众汽车还加大了对电动汽车的研发、设计和生产的投资力度，从而迎合中国消费者的偏好。

大众汽车在中国的一个重点领域是生产新能源汽车（NEV），即电池驱动的电动车辆。2009年，中国启动了新能源汽车计划以促进新能源汽车的发展和引进。[56] 大众汽车计划在未来几年内推出更多的新能源汽车型号，同时加强与中国合作伙伴在研发、生产和供应链方面的合作。通过这些举措，大众汽车希望更好地响应消费者需求，并有效实施其"在中国，为中国"的战略。[57]

当前营销中的机器人技术应用

机器人技术在营销中的应用正以迅猛的速度增长。学术研究[58]已经确认机器人技术是一项具有前景的技术,不仅为营销提供了创造价值的机会,而且对营销战略的发展具有重要意义,因此机器人技术在营销应用中的增长是显而易见的。本节介绍了机器人技术在帮助企业开展营销活动的五个具体应用领域。

了解客户需求以部署机器人技术

部署机器人技术是企业需要做出的重大决策。部署机器人技术往往使企业处于业务转型的关键时刻,生产力、市场份额、技术专长和稳定的客户群等多种商业要素都受到影响。在机器人技术部署决策中,一个关键的变量是企业对客户需求的理解程度。这适用于企业对企业(B2B)和企业对客户(B2C)的关系。由于技术有可能针对企业的期望为企业提供答案和解决方案,因此对客户需求的良好理解可以为企业在机器人技术部署方面做好准备。

营销人员会经常应对客户期望的不断变化和新兴趋势。这主要源于多种因素,包括人口变化、新时代技术的崛起、可支配收入的变化、对真实性的需求、环境意识的变化、社交联系的变化、对体验而非产品的偏好、对技术的熟悉程度、个性化内容需求以及对变革的开放态度等。这些因素与传统的营销方法有很大的不同。这些变化具体体现在消费者实际使用过程中向营销人员所展现出的需求变动上。例如,考虑与履约和交付相关的客户需求。随着企业投入更多资源以更快地推动产品通过系统,履约和交付系统现在更加先进,旨在节省时间和成本。在B2B环境中,像DHL这样的企业使用可以在半结构化仓库空间和交付流程中导航的自主移动机器人。[59]类似地,在B2C环境中,亚马逊使用了超过10万个名为"drives"的轮式平顶机器人,这些机器人可以将整架商品运送到工人所在地方进行订单处理。[60]无论是B2B还是B2C业务环境,部署机器人技术都是为了提高速度和效率。这些目标反映了消费者对产品即时交付和使用便利性的需求。在此,评估客户对机器人技术部署的准备情况至关重要,学术研究也在不断探讨这一领域。[61]

重新审视企业整合机器人技术的能力

从资源管理的角度来看，Barney[62]认为，企业的竞争优势源于其独特的资源组合，而这些资源很难被竞争对手复制。企业资源基础观（RBV）将资源分为：① 管理资源；② 基于投入的资源；③ 转换资源；④ 产出资源。[63]企业资源基础观进一步扩展，形成了动态能力理论。动态能力指的是企业寻找新资源和/或利用现有资源，以在知识经济中构建、整合和重新配置内部和外部能力，从而获得竞争优势。因此，动态能力反映了企业在考量自身资源、路径依赖性和市场定位的基础上，实现创新竞争优势的过程。[64]此外，Eisenhardt和Martin[65]强调了动态能力在信息密集型环境中为关键任务应用提供快速响应的重要性。在这方面，机器人技术作为信息资源发挥着重要作用，涉及企业关于个别客户、竞争对手和其他利益相关者所掌握的信息的性质和数量。通过获取和分析客户和竞争对手的信息，机器人技术在现实世界中获取关于关键利益相关群体的重要洞见，然后可以利用这些洞见提供定制化解决方案并获得竞争优势。

此外，企业的战略灵活性依赖于资源识别、获取和部署的能力。[66]当需求可预测时，基于投入的资源可以减少成本支出，而灵活的资源配置则为企业应对需求波动提供了缓冲。[67]因此，企业资源配置的灵活性达到最优时，可能会对企业的成本和绩效产生影响。[68]亚马逊、沃尔玛、谷歌和特斯拉等成功企业通过其卓越的技术能力和营销与后台支持系统的整合，获得了丰厚的回报。在这里，机器人技术可以强化这些技术能力以优化企业资源配置。这可以通过精准评估供需波动、产品定制以及营销组合变化，从而更有效地监控资源使用情况来实现。最终，V.库马尔和D.拉马钱德兰[69]提出，将机器人技术整合到企业运营中可能会赋予企业新的能力：① 提升重复任务的自动化水平，并且不会担心感到疲劳；② 提高需要极高精度或一致性服务质量的任务的效率和准确性；③ 减少在不安全、不舒适或难以接近的情况下对人类存在或干预的需求。

利用机器人技术制定营销组合战略

如前所述，机器人技术作为一种功能导向的技术，在应用环境中为用户提供了易用性、价值和便利性。[70]此外，人工智能和5G网络能力的结合可以为机器人技术提供持续学习并更有效地处理信息的能力，从而在适时且相关的情况下为用户带来更多价值。因此，通过营销组合变量展示机器人技术的能力对于企业来说变得显而易见且至关重要。成功的企业已经在产品、价格、地点和促销这四个关键营销组合变量中取得了令人瞩目的成果，以下是一些例子。

产品。企业通过三种形式集成机器人技术：① 在设计实体产品时；② 在为个人或商业用途设计服务产品时；③用于公共服务。在实体产品中，重点在于通过机器人的物理形态、动作和能力来实现预期价值。机器人产品的例子包括Ugo管家、Google Home、Amazon的Echo、iRobot扫地机器人、Roomba扫地机器人和Aibo机器狗等。在为个人或商业用途设计服务产品时，价值是通过机器人的物理形态和无形功能的结合来实现的。形式优先于功能（或相反）的程度通常由使用场景决定。可以用于个人或商业用途的机器人服务的例子包括老年人护理辅助机器人ElliQ和厨师机器人等。用于商业环境的机器人服务的例子包括NPR的体育记者机器人、自主医疗机器人Tug、沃尔玛的自动购物车Dash和Wendy的聊天机器人等。最后，机器人还用于提供公共服务，如公用事业服务、建设和信息亭服务。此类机器人的例子包括沃尔沃的机器人垃圾收集车ROAR、沃尔沃的自动运输车HX2和信息亭机器人FURO。

价格。机器人已被用于帮助购物者进行价格比较。购物机器人（或简称"shopbots"）可降低用户的搜索成本。[71]此外，Chen和Sudhir[72]以及Diehl等人[73]研究了购物机器人是如何在电子商务环境中影响价格竞争和价格敏感度的。这些机器人是基于互联网的自动化工具，让购物者可以比较不同企业之间的价格、产品、优惠/促销和库存情况。早期的购物机器人包括BizRate、NexTag等。最近，Nao人形机器人被开发为社交伴侣机器人，也可以用于购物。具体来说，该机器人可以比较每件商品的价格并为顾客提供最佳建议。[74]

研究表明，虽然购物机器人通常会推动价格下跌，但如果合理应用，机器人可以为根据消费者的支付意愿、维护客户关系的意愿和利用品牌影响力的意愿来细分市场提供许多机会。[75] Smith[76]认为，机器人可以帮助零售商在保持价格差异的同时，通过细分消费者群体来改善目标客户的选择。因此，零售商通过更好地了解目标市场的偏好，有更大的机会区分其产品。通知和推荐代理的使用也帮助零售商进行追加销售和交叉销售，从而提高销售额和市场份额，并使客户更满意。此外,机器人等智能代理通过细致的竞品分析和防御策略来保护市场份额。它们可以通过支持比人类销售人员或技术代表更多的客户来降低营销成本,从而提高投资回报率。[77]

地点。机器人技术可以显著影响企业产品交付给消费者的最终形式,特别是当它们满足基于位置的偏好时。在这方面,机器人通过其移动能力(对于移动机器人而言)和无论其安装/使用位置如何都能以相同的方式和功能、相同的性能水平执行任务的能力,提供了很高的价值。此外,机器人高度适应使用环境和需求,几乎在所有情况下都能完美融入。这些特点表明,机器人超越了地域/地理限制,并能够以开发人员设计的全部潜力提供服务。这意味着一款为老年人设计的伴侣机器人,无论在亚洲还是美国使用,在定制元素正确的情况下都能发挥其全部潜力。因此,机器人在满足用户/使用条件需求方面发挥了切实的作用,并实现了快速增长以及几乎在全球各个行业中的同步使用。

促销。除了执行繁重和重复性的任务,机器人还被用于创意促销活动,如销售团队支持、广告支持和在线购物。在零售环境中,机器人通过执行。诸如店铺实地检查、产品摆放位置检查、货架缺货检查、特殊促销标签检查、清洁和维护、安全/监控等常规和单调的任务来释放销售人员的时间。美国的杂货零售商如 Giant Eagle、Schnucks Markets、Broad Branch Market 和沃尔玛已经部署了机器人并看到了积极的成效。[78]企业还在自动广告/营销传播工作中使用机器人。目前,一些机器人应用包括能够在无人干预的情况下与其他机器进行沟通/谈判、评估各种类型的受众、生成和分发创意内容等。[79]最后,机器人还帮助消费者从在线购物中获得最大收益。例如,Honey 是一款存在于网页插件中的优惠券机器人。当用户在网上购物并到达结账阶段时,Honey 在后台工作,寻找最便宜的价格,并告知用户更便宜的店铺,从而为用户节省开支。其他此类机器人包括 eBay 的 ShopBot、Kelkoo 和英国的 Pricerunner 等。

机器人即服务(RaaS)。我们还目睹了 RaaS 的兴起,这是一种按需付费或基于订阅的服务模式,允许用户通过租赁机器人设备和访问云端订阅来受益于机器人流程自动化。此类模式的额外好处包括减少购买昂贵设备的麻烦以及随之而来的维护。[80]近年来,RaaS 由于其灵活性、可扩展性和比传统机器人程序更低的进入成本而逐渐流行。许多企业，从仓库运营方、安全服务提供商到医疗机构，正在将RaaS集成到其运营中。

通常情况下，机器人被视为用于取代企业低薪工作的工具，这些工作成本高昂，并且需要时间才能获得回报。但是，RaaS允许企业根据市场条件和客户需求进行规模的调整，同时还提供了可预测的成本和较少的启动资金。因此，由于这一点以及对SaaS的熟悉，许多企业正在逐渐接受实施RaaS的想法——无论企业规模大小。像亚马逊、谷歌和微软等大型科技企业已经开发了大规模启用RaaS的工具，并且这些工具被应用于多个方面。RaaS应用的一些显著例子包括：

- AWS Robomaker可以运行大规模并行模拟，并以经济高效的方式扩展和自动化模拟工作负载。它允许用户轻松创建精细化、随机化的3D虚拟环境。
- 谷歌正在开发Google Cloud Robotics平台，该平台结合了人工智能、云和机器人技术，形成了一个使用云连接协作机器人自动化解决方案的开放生态系统。
- 总部位于以色列的科技企业SavorEat，开发了一个机器人系统，该系统可以根据客户的偏好，在客户按下按钮的瞬间烹制可定制的植物汉堡。这些无肉产品由机器人厨师根据客户的喜好创建和烹制。

尽管所有这些看起来非常鼓舞人心，但要加快RaaS的采用，还有许多需要解决的问题。为了使机器人满足个别组织的特定需求，硬件定制过程的时间较长。一旦企业找到减少定制时间的方法，RaaS的普及程度和适应性预计将大幅提高。

通过机器人技术推动客户参与

机器人技术在提供令人难忘的客户体验方面起着关键作用，这反过来有助于增强客户参与度。[81]例如，芬兰电信企业Elisa部署了Pepper，这是世界上首个能够识别主要情绪的个人机器人，用来以个性化的方式与客户互动并进行接触。个性化行为包括迎接顾客、引导他们找到合适的服务人员，并协助顾客完成在线购买并在店内取货的流程,所有环节都无缝衔接,确保每次互动都充满意义。[82] 此外,机器人配备了人工智能和5G功能,这意味着对机器人编程和机器人的动作执行都变得即时化,从而提升了客户参与度。例如,通过整合人工智能和5G功能,企业可以开发出自主或可远程实时控制的机器人,这些机器人能够即时做出决定并随时间更新。此类机器人在零售业、酒店行业、医疗保健行业和航空等面向客户的领域中,能够显著提升客户参与度。

在这方面,人们提出了触觉互联网的概念。触觉互联网指的是结合低延迟、极短传输时间、高可用性、高可靠性和高安全性的通信基础设施。[83] 触觉互联网将通过减少数据传输启动与数据传输开始之间的时间(即延迟)来增强人机交互,从而开发出即时且有影响力的实时交互系统。[84] 这些发展对教育、远程手术、建筑等领域具有重要意义,从而进一步提升客户参与度。

研究还调查了机器人技术在减少企业服务体验差异方面的作用。具体来说,V. 库马尔等人[85] 提出,感知到的服务体验差异调节了服务体验对满意度和情感依附的影响,最终影响客户参与度。由于机器人由计算机程序控制,它们能够以较高的精确度和准确度提供标准化服务,而这是人类难以实现的。[86] 鉴于相同的输入,机器人的输出在不同时间和场景下总是保持不变,从而进一步提升客户参与度。

利用机器人技术制定数字战略

机器人技术增强了组织的技术能力。技术能力指的是企业构建和运用内部技术资源的能力,这些资源需与企业内部的其他资源同步,以便改进现有产品或开发新产品,从而应对不断变化的市场条件和消费者偏好。[87] 新时代技术(如机器人技术)的出现和消费者数字化偏好的增强,迫使企业审查和发展其技术能力,包括更新的技术基础设施,如硬件、软件和服务集成。这种对企业的迫使预计将有助于其竞争优势的发展,因为企业能够更迅速地响应变化的消费者需求(Gupta等,待发表)。[88] 在这方面,Saboo等人[89] 建议,一家企业吸收新知识的能力主要取决于其现有的流程和知识库。为了对新想法更加开放,鼓励消费者反馈,并让消费者参与产品的共同开发,企业需要通过使用适当的技术来加强消费者与企业的互动。一个强大的技术基础设施将使企业能够实时获取全面且宏观的消费者数据，而机器人技术将在帮助企业生成更高的企业和消费者价值方面发挥关键作用。

企业在制定数字战略时，主要关注消费者重视的个性化元素。机器人技术能够实现高度的个性化，使企业在与消费者的互动中具有吸引力。这些机器人解决方案可以无缝集成到各种任务中，通常用户甚至没有意识到他们在与技术进行互动。这类互动的例子包括机器人流程自动化软件、用于老年人护理和辅助生活的机器人，以及用于物理康复和治疗的机器人。当技术能够在个人层面与用户建立联系时，这会促使形成一种牢固的关系。营销人员可以利用这种关系来创造显著的客户价值。然而，个性化计划的成功取决于客户信息的可用性和质量、从这些数据中提炼见解的能力以及这些见解的有效实施。[90] 为了突破这些局限并优化个性化服务体验，企业正在转向数字形式的机器人解决方案。机器人解决方案具备出色的可扩展性，可以在相对较短的时间内实现——无论是否有人为干预，因此成为企业的优选方案。

机器人技术在营销领域的未来

一个机器人将在人类生活几乎所有方面发挥作用的时代正在迅速到来，已有迹象表明这一点。快速发展的机器人技术变得更加智能且成本更低，这将改变所有服务行业，并带来广泛的工业和服务创新机会，这些创新有可能在显著提升客户体验、服务质量和生产效率的同时实现多方面的改进。[91] 企业应避免对这一趋势感到担忧，应该充分利用这场技术革命带来的机遇。尽管企业应在面对即将到来的机器人革命时予以高度重视，但如果在未充分考虑其影响的情况下仓促采用机器人技术，可能会导致重大损失。企业应对新时代技术，特别是机器人技术，在推动和促进技术进步及其商业应用方面的作用进行细致的考量，因为它们能够自动化关键的业务流程，提高洞察力和实时决策能力，并增强企业与客户互动的能力。[92] 对此，Xiao和V.库马尔[93]提供了一个全面的视角，阐述了何时以及如何在客户服务运营中采用和整合机器人技术、哪些因素会影响机器人技术的采用程度，以及这种技术采用可能带来的后果。

此外，每天商业运营中涉及客户、业务和市场的信息量不断增加，以及动态的在线商业环境，都给市场从中提取价值带来了巨大挑战。在这种转型的市场中，机器人技术占据着重要地位。在这方面，机器人技术将在两个关键领域提供重要的机会，这需要营销人员关注。[94]首先，机器人技术将为企业提供更多的学习和洞察的机会。随着机器人技术的进一步发展，机器人将通过协作来执行越来越复杂的任务，从而使营销变得更加高效和有效。同时，由于搜索成本降低，机器人技术也可能加剧竞争和增强消费者的购买力。此外，消费者对机器人的接受可能会给无差异化产品带来价格下行的压力，但强大的价格/质量认知和品牌变体可以确保市场中的价格差异。其次，机器人技术的实施可能会提高企业的决策能力。随着商业和个人用途的机器人数量的增加，机器人的能力和性能有望进一步提高。这将提高信息处理和检索、库存管理以及客户互动的效率，并通过提供更大的便利性、更好的信息和更好的选择为消费者创造价值。因此，机器人在营销领域的未来前景广阔且多样化。虽然我们可以预见到机器人能力在许多组织领域的进步，但有三个领域尤为突出，具体详见下文。

机器人技术与互动服务行业

采用机器人技术是企业无法忽视的趋势。对于客户服务企业来说，这一点尤为重要，因为人工成本上升、机器人技术能力增强而机器人成本在下降。[95]就技术而言，机器人有潜力取代许多服务行业中的人类员工，但涉及与客户密切互动的客户服务不仅仅是一个纯技术问题。[96]此时，机器人将作为服务团队的有力补充，客户可以预期在未来几年内，在大多数服务场景中，由机器人和人类员工共同组成的团队为他们提供服务。[97]目前，机器人在简单、常规、重复和基于算法的任务上具有优势，这些任务不需要太多创造力、专业知识和社交技能，但不适合需要高级人类思维过程、超出算法表达范围的创新和创造性任务。[98]例如，Chui等人[99]发现，无论是制造业还是客户服务行业，能够完全由机器人完成的工作不到5%。

关于服务行业，Xiao和V.库马尔[100]提出，员工对机器人的接受程度、客户对机器人的接受程度以及人机互动的水平决定了企业采用机器人技术的程度。

此外，他们认为，除了这些因素，企业还应考虑技术可行性、机器人部署的成本效益以及相关法律/伦理，以确定机器人应在何时、何地以及在多大程度上被纳入其客户服务战略。

在行业应用方面，交互式机器人在教育、医疗、远程呈现、建筑、国防和交通等行业中得到了越来越多的应用。诸如自主导航、用于检测附近障碍物的环境传感器、5G网络连接和人工智能等技术的进步，使机器人更具交互性、更便于用户使用，并具备了更多操作功能（见图8-3）。目前，大部分机器人的互动性体现在为特定应用场景开发的礼宾服务中，如机场（见图8-4。例如，希思罗机场的机器人可以用多种语言与乘客沟通）、零售店（如Lowebots）、在线教育（如K-12教育中用于课堂教学的教育机器人）和远程呈现（如配备音频/视频功能的机器人可以通过虚拟呈现将观众置于远程位置）。展望未来，科技企业正在开发更多非任务特定的机器人，这些机器人并非为特定用例设计，而是具有一组可以在各种实际应用中使用的特定功能。[101]如果这一趋势继续下去，我们可能会看到机器人部署的激增，届时日常生活的许多方面都可能出现机器人的身影。

图8-3　交互式机器人。机器人可以在社交场所的互动环境中使用

注：本图为Andy Kelly在Unsplash上发布的照片。

图8-4 机场中的机器人。一台机器人在韩国仁川机场为乘客提供帮助

注：本图为本书作者拍摄。

互动营销

正如前面讨论的，机器人在社交场合（例如，个人使用、家庭等）以交互式服务的形式得到成功应用。[102,103]虽然服务任务通常难以自动化，但理论上，随着人工智能在更高层次智能任务（即从机械、分析、直觉到共情）方面的进一步发展，机器人可能会获得执行通常由人类承担的多种服务任务的能力。[104]有趣的是，某些类型的聊天机器人和实体机器人已经表现出了共情——这是最高层次的智能类型。

机器人的协作特性在那些被设计用于在特定工作空间中与人类协同工作的交互式机器人身上体现得最为明显。这些机器人可以整合到营销的各个方面，不仅可以推动需要整合的关键流程，还可以使营销职能与企业系统和目标保持一致。这些机器人可以同步和更新不同管理和营销职能之间的信息，并且跨多家企业进行操作。在营销应用方面，这些机器人可以在客户关系和销售举措中提供透明度，并将奖励系统整合到流程中。此外，它们还可以收集和综合信息，用于主动营销和未来规划。这些信息可以用于设计未来的策略并优化现有模型以改进决策。目前，协作机器人被用于拣放操作、包装流程、质量检查和工业清洁（见图8-5）。然而，协作机器人在农业、医疗、航空和餐饮等领域也有潜在的新应用。未来，协作机器人有望在创新和改进方面带来更多可能，使它们与人类和谐共处，为商业和个人用途带来价值、效率和便利。

图8-5　制造业中的协作机器人。协作机器人在工业环境中与人类一起工作
注：本图为Amin Khorsand在Unsplash上发布的照片。

创意内容策划

策划作为一种策略，已被概念化为面向未来的活动，更确切地说，是通过一系列实践来选择、留存和管理信息，从而促进未来对该信息的使用。[105]在当今数字时代，顾客面临着信息爆炸的情况，针对个人的产品、价格、渠道和促销方面的策划管理[106]对企业而言具有更重要的意义。[107]

在机器人技术中，策划过程仍然涉及信息的选择、留存和管理。然而，此类工作可能需要人工干预，也可能无须人工干预。在这方面，我们开始看到机器人用于策划和提供个性化内容的早期应用。以下是三个机器人帮助策划内容的案例：

- Ria 2.0是由印度健康与健身应用Healthifyme开发的机器人，能够跟踪和管理每日热量需求和锻炼计划，并提供健康生活习惯方面的建议。[108]该机器人可以分析用户上传的食物照片和菜单以识别健康的食物和不健康的食物，还可以根据医疗状况提供个性化的饮食建议、饮食计划和健康生活方式的一般信息。该机器人处理了大量的信息（约占20%），展示了机器人在几乎无须人工干预的情况下高效处理大量数据并向用户提供个性化内容的潜力。
- 位于特拉维夫的服装店Mystore-E将其店铺设计成了能在店内模拟网站的模式。[109]通过广泛使用数字显示器和增强现实技术，该服装店使顾客能够虚拟试穿产品。此外，人工智能功能的加入使员工能够根据顾客的选择接收通知，提供高度个性化且经过精心策划的产品或服务。
- McCormick Foods正在利用IBM Watson帮助其研发团队开发基于顾客消费洞察和社会倾听（即通过分析社交媒体等渠道了解公众意见和需求）的新香料组合。[110]

这些企业的策划行为减轻了消费者的认知负担，将为消费者提供最佳选项的责任交给搜索平台或品牌。[111]这些只是机器人应用的早期案例。我们可以期待未来这一领域的发展将创造更多有价值的产品和服务。

关键术语和相关概念

协作机器人	一种为与人类直接互动而设计的机器人。
策划策略	通过一系列实践来选择、留存和管理信息，从而促进未来对该信息的使用。
家用机器人	用于处理日常家务并在日常生活中给予人们帮助的机器人。
动态能力	企业通过其资源、路径依赖性和市场地位来实现创新竞争优势的过程。
工业机器人	一种可自动控制、可编程的多用途操纵器，可在三个或更多轴上进行编程，可固定在一个位置或移动，适用于工业自动化应用。
智能机器人	一种能够通过感知环境和/或与外部资源交互并调整其行为来执行任务的机器人。

（续）

移动机器人	一种可以自主移动的机器人。
个人服务机器人	一种用于非商业任务的服务机器人，通常由非专业人员操作。
专业服务机器人	一种用于商业任务的服务机器人，通常由受过专业训练的操作员操作。
机器人学	研究感知与行动之间智能关联的科学。
机器人即服务（RaaS）	一种按需付费或基于订阅的服务模型，允许用户通过租赁机器人设备和访问云端订阅来受益于机器人流程自动化。
机器人	具备一定程度的自主性、可编程的多轴致动机构，可以在其环境中移动以执行预定任务。
服务机器人	一种为人类或设备执行有用任务的机器人，不包括工业自动化应用。
触觉互联网（TI）	结合低延迟、极短传输时间、高可用性、高可靠性和高安全性的通信基础设施。
技术能力	企业构建和运用内部技术资源的能力，这些资源需要与企业内部的其他资源同步，以便改进现有产品或开发新产品，从而应对不断变化的市场条件和消费者偏好。

未来营销
AI时代的营销技术、方法和模式

第 9 章 | 利用无人机实现变革性营销

概述

无人机因其在现实中的多种应用，正日益受到企业关注。无人机的正式名称为无人驾驶飞行器（UAVs）。企业无人机（即商业企业在日常运营中使用的无人机）因其多用途的民用功能而吸引了企业和用户的广泛关注。然而，无人机最初是为专门的军事行动开发的。自无人机的最初开发以来，其商业应用一直不温不火，直到最近这种情况才有所改变。[1]

从商业角度来看，开发者社区继续作为无人机领域发展的主要推动力量，通过开发各种商业用途和应用来推动无人机的广泛使用。目前，无人机的常见用途包括资产追踪和管理、预防性维护、环境管理、安全监控、媒体和摄影等。此外，无人机在农业、建筑、运输和仓储、矿业、保险以及公共服务（如法律和秩序维护、应急响应和灾害管理）等多个行业中，已经成为一种有价值的新时代技术，并且也成为一个广受欢迎的爱好。[2]

此外，许多企业对未来几年无人机的发展和应用表示乐观。就消费者而言，近65%的美国人预计，在未来20年内，大城市中的大多数快递配送将由机器人或无人机完成。[3]正如其他新时代技术的案例一样，随着无人机开发出更先进的功能，并获得监管基础设施的支持，其应用领域预计还会进一步扩大。[4]在这方面，随着企业致力于展示并提供能增加价值的产品或服务，无人机的营销应用似乎格外具有吸引力。

本章的结构如下：首先简要介绍了无人机的起源，然后从市场营销的角度定义无人机。接着讨论了无人机的各种分类，涵盖军事、消费和商业应用，并特别关注灾害应急响应应用。然后，重点讨论了无人机在市场营销中的应用，包括了解客户需求、重新审视企业整合无人机的能力、制定以无人机为中心的营销组合战略、通过无人机推动客户参与，以及制定与无人机相关的数字战略。最后，通过探讨企业增强客户参与能力的具体业务和客户导向任务，以及推进客户联络解决方案的方式，讨论无人机在市场营销行业的未来。

无人机的起源、定义和分类

起源

无人驾驶飞行器起源于军事行动，最早的实例是在1849年，当时奥地利袭击威尼斯时使用了装满炸药的无人气球。这些气球不涉及复杂的技术，而第一款通过技术制造的无人机出现在1916年的第一次世界大战期间。美国开发的Kettering Bug是一种能够打击地面目标的空中鱼雷。然而，战争结束时，这种武器还未能投入使用。Kettering Bug的后续改进促进了1941年第一架遥控飞机Radioplane OQ-2的诞生。[5]

无人机最初是作为战舰武器靶标练习的遥控飞机被公众了解的。例如，第一次世界大战期间引入的Fairy Queen和德·哈维兰公司的Queen Bee水上飞机就是这样的无人机。[6]在接下来的几十年里，无人机被开发用于各种军事目的，如战场行动、监视和侦察、通信、运输和救援等。近年来，无人机在飞行高度、燃油效率、飞行距离、太阳能型号等方面的性能也得到了显著提升。如今，无人机不再仅限于军事用途，还在环境评估、货物运输、安全监控、媒体和摄影、农业、救援行动等商业领域得到了成功的应用。

定义

尽管无人机的概念似乎很简单，但对无人机的定义却并非如此。根据使用的术语、应用领域/服务市场以及物理/技术特性，无人机的定义各不相同。因此，我们可以根据这三个方面来"定义"无人机。以下讨论简要概述了这三个方面，这有助于说明为何难以确定一个广受认可的无人机定义。

关于使用的术语，文献中出现了无人驾驶飞行器（UAV）、无人驾驶航空器系统（UAS）、遥控飞行器（RPV）、遥控飞机（RPA）、遥控航空器系统（RPAS）和无人机等多个术语。表9-1解释了这些术语。尽管所有这些术语都指的是基本的无人驾驶飞行概念，但这些术语之间的重叠程度表明了无人机的复杂性质。在本章中，我们将使用"无人机"这一术语来指代根据人为辅助指令飞行且能够自主飞行的无人驾驶航空器。

表9-1 与无人机相关的类似术语

术语	概述	参考文献
无人驾驶飞行器	无须搭载飞行员，通常通过远程传输数据来提供无线连接的航空器	Zeng 等人[7]
无人驾驶航空器系统	由多个子系统组成的航空系统，包括飞行器、有效载荷和控制站。实际上，这是由计算机系统和无线链路取代了机组人员的航空器	Austin[8]；Watts 等人[9]
遥控飞行器	一类在一定程度上可与人类控制器通过数据链进行互动的无人机，但可能具备自主飞行控制能力	Larm[10]
遥控飞机	无人机的一个子类别，飞行员不在飞机上操控	ICAO[11]
遥控航空器系统	由遥控飞机及与其相关的远程驾驶员站、所需的指挥和控制链路以及任何其他可能在飞行操作期间需要的系统元素组成的可配置元素集	ICAO[12]
无人机	能够自主飞行的无人驾驶飞行器	Villasenor[13]

关于应用领域/服务市场，无人机在多种环境中被广泛使用。国际无人系统协会（AUVSI）确定了以下五个无人机市场：学术市场（即用于科学研究目的）、民用市场（即用于政府非军事目的，如紧急救援人员）、商业市场（即由营利性企业开发的应用）、消费市场（即用于个人消费者和业余爱好者）和军事市场（即用于军事目的）。[14,15]

分类

无人机也可以根据其物理/技术特性来分类。无人机的诸多特性，如机翼系统、自主性、尺寸、能源、有效载荷和传感器，在理解和区分无人机时尤为重要。[16]以下简要讨论这些无人机特性。

机翼系统。无人机的机翼系统已确定了三种主要类型。

- **固定翼系统**。固定翼系统指的是结合向前飞行速度产生升力的固定静态翼。因此,这类无人机适合覆盖长距离。此类无人机常用于军事行动和救援措施(见图9-1)。

图9-1 固定翼无人机

注:本图为 Leslie Pratt 中校提供的美国空军照片。

- **多旋翼系统**。此类无人机配备了多个小型旋翼,至少有四个。由于其悬停能力、静音性和轻便性,这类无人机非常适合航拍和携带小型负载。然而,它们只能在空中停留很短的时间(见图9-2)。

图9-2 多旋翼无人机

注:本图由 Inmortal Producciones 提供,来自 StockSnap。

- **混合系统**。混合系统兼具固定翼系统和多旋翼系统的特征。关于这类无人机，人们已经开发出可以长时间停留在空中、由电池和电动机提供动力、无须加油就能飞行更长时间的模型。这类无人机在危险环境中进行研究和执行搜索救援任务时尤为有用。

自主性。由于无人机飞行时不需要飞行员，它们具有一定程度的自主性。在这里，美国国防部（US DoD）提供的自动系统和自主系统之间的区别至关重要。[17]

- **自动系统**。自动系统是指可被反复操作且独立于外部影响或控制的完全预编程系统。虽然自动系统可以自我导航或自我调节，并且在外部干扰导致小偏差出现的情况下可以遵循外部给定的路径，但它无法根据某个给定目标定义路径，也无法选择决定其路径的目标。
- **自主系统**。自主系统是指可以自我引导的系统，其行为受法律和策略的约束，不需要外部控制。在这个意义上，自主系统通过选择遵循的行为来实现人类设定的目标，从而实现自导向。最值得注意的是，它们不能行使"选择自由"。
- 美国国防部定义了以下四个自主级别：①人为操作（人类操作员做出所有决策）；②人类委托（当委托执行时，飞行器可以独立于人类控制执行许多功能）；③人类监督（在获得高级权限或人类指示时，系统可以执行广泛的任务）；④完全自主（系统从人类那里接收目标并将其转化为无须人类干预的任务）。

尺寸。无人机的尺寸是理解和将无人机分类的关键特征。Clarke[18]认为尺寸是识别不同类别无人机的最重要的因素，并将无人机分为：①大型无人机（100~150千克）；②迷你无人机（20~30千克）；③微型无人机（0.1~7千克）；④纳米无人机（"智能尘埃"或"智能颗粒"）。由于尺寸不同，这些无人机可能会服务于不同的市场和应用领域。例如，大型无人机可以用于商业应用，如运输和救援；而微型无人机则可以用于侦察和环境监测等应用领域。

能源。无人机通常由以下能源驱动，如：①传统的飞机燃料（如煤油），主要用于固定翼无人机；②电池（如可充电电池），用于多旋翼无人机；③燃料电池，主要用于固定翼无人机；④太阳能电池，主要用于固定翼无人机。

有效载荷。有效载荷指的是无人机能够携带的质量。有效载荷不包括无人机本身的质量，但包括任何放置或安装在无人机上的设备[如传感器、与任务相关的设备（如摄像机、武器等）]的质量，以及运输物品的质量。因此，通常用于业余爱好的小型无人机的有效载荷较低（低于2千克），而用于军事或专业用途的无人机的有效载荷较高（甚至可达200千克）。此外，无人机的有效载荷能由无人机的飞行时间和飞行范围共同决定。因此，用于业余爱好的无人机通常在设计时力求最大化飞行时间和飞行范围，有效载荷往往不高。同样，对于参与救援和救济任务的无人机，有效载荷可能优先于飞行时间和飞行范围。

传感器。传感器是无人机搭载的有效载荷中的一个重要类别。传感器包括摄像机、麦克风和用于各种测试、测量、安全等目的的设备。现在开发的无人机通常包括摄像机和麦克风。最常用的音视频传感器的用途包括安全监控、监视、访问控制、情报收集、制图、地理测绘、土地调查、考古调查、野生动物摄影以及新闻报道和娱乐等。用于科学研究的传感器的流行类型包括用于各种测量和测试目的的生物/化学/气象传感器、用于测试环境排放的传感器、监测垃圾填埋场的传感器、评估环境退化和污染的传感器，以及涉及数据收集的科学研究、农作物喷洒和监测、应对自然灾害、评估自然灾害的影响、估算种群数量、进行大气研究及野生动物保护和管理等方面的传感器。

从以上讨论和表9-1可以看出，涉及无人机的相关概念之间的密切关系表明这项技术在不断发展，因此缺乏精确的定义。总体而言，无人机被广泛定义为任何类型的载具，包括飞机，其特点是飞行器上没有驾驶员，并且可以自主飞行或由地面操作员操作。[19]需要重点指出的是，许多军队不喜欢使用"无人机"这个术语，而更喜欢使用像无人驾驶飞行器（如美国和澳大利亚）和遥控飞机（如欧洲和澳大利亚）这样的术语。[20]然而，现在"无人机"一词的流行用法指的是任何无人驾驶的航空器，这类航空器由地面操作员控制飞行或能完全自主飞行而无须人类干预。[21]

总体而言，虽然无人机对世界各国政府和军队具有重要的战略意义，但它代表了一个快速发展的领域，企业和应用开发者对此表现出了浓厚的兴趣。无人机日益扩展的能力为企业提供了更多接触客户的机会、更多的客户互动触点、更多提升运营效率的途径和更丰富的信息来源等。在这方面，V.库马尔和D.拉马钱德兰[22]提出，无人机是一种功能导向的技术，可以让企业获得安全进入人类无法进入的区域和场景的能力。此外，无人机还可以为企业在需要精度和关注细节的任务中提高效率和准确性，始终获得积极的成果。[23]为总结无人机的概述，以下小案例展示了无人机带来的可能性，以及企业和用户如何从无人机产品中获得价值。

军事导向技术

无人机应用在军事行动中或许是最为显著的。[24]除了催生这项技术，军事领域仍然是这一技术的最高端的用户，其应用基于重要的目标和成果。具体而言，无人机能够在远离危险的情况下对敌方进行攻击，这为使用者提供了关键的战略优势。此外，无人机的作战效率不仅避免了人员伤亡，还在关键的军事救援任务中继续发挥作用，从而显著地影响了国家的外交政策。[25]无人机在军事领域的重要性体现在无人机电子设备（即传感器）的发展上。[26]鉴于此，世界各国的军事组织（如英国国防部）都认识到民用无人机的普及和商业专业知识对推动无人机技术发展的重要性，这可以帮助军事领域显著推动无人机的使用。[27]

尽管无人机在军事领域的有效性因其在全球范围内的持续使用而越来越多地得到验证，但从战术和战略的角度来看，无人机的关键优势和劣势值得关注。具体而言，无人机从以下各个方面加强了军队的能力：①承担那些被视为枯燥、肮脏且危险的原本应由人类从事的工作；②在无法部署人类部队的情况下确保必要的存在；③经济实惠，易于使用和操作；④保障军事人员的人身安全；⑤便于在危险区域进行有限的实地部署；⑥获取更多情报，尤其是在敌对地区，从而更好地了解当地情况；⑦可以秘密使用；⑧有效应对时效性强的目标；⑨通过持续的技术改进（如卫星功能、高级传感器等）增强军事实力。

相对而言，无人机在军事领域也存在一些值得关注的劣势：①存在信息和通信遭黑客攻击的风险；②性能易受恶劣天气（如降雪、刮风等）影响，在低端无人机中尤其如此；③较低的无人机飞行速度可能会增加暴露风险；④研发成本高昂，尤其是在采用先进的无人机电子设备进行升级更新时；⑤无法区分友方和敌方人员；⑥有效载荷不理想，特别是在携带武器时；⑦容易被敌方获取；⑧在确保无线电频谱安全方面面临挑战；⑨有人驾驶无人机与无人驾驶无人机在操作比例和适用性方面缺乏明确界定。

除了与战斗相关的功能，无人机还在非战斗军事项目中提供了关键支持。[28]这些项目通常涉及国家建设、维和任务、基础设施支持和针对平民的敏感项目。世界各地的军事组织使用无人机执行重要任务，如绘图、识别地质灾害、建设和维护关键的国家基础设施（如高速公路、桥梁、军事基地等），以及协助民用工程项目（如水坝、炼油厂、能源项目等）的开展。[29]此外，通过研究和开发计划，军事部门经常开发利用新时代技术的应用程序，这些应用程序随后也可供民用。[30]历史上著名的例子包括胶带、微波炉、全球定位系统（GPS）、互联网和虚拟现实等，这些技术最初都是由美国军方为其内部操作而开发的。[31]因此，无人机作为一种快速兴起的技术，继续在军事战争和非战争项目中提供动力。

消费者应用

由于无人机引入了令人兴奋的功能，消费者对无人机的使用有所增加。[32]军用无人机配备了在战略和战术操作中高度实用且必不可少的功能，消费级无人机则主要面向那些期望获得趣味性和娱乐功能的爱好者。在美国，联邦航空管理局（FAA）将用于娱乐或业余爱好的无人驾驶航空系统或无人机视为用于消遣的设备，而非用于工作、商业目的或是获取报酬、受雇使用的设备。FAA将此类航空器视为"模型飞机"，并将其定义为"能够在大气层中持续飞行的无人机；在飞机操作人员的视线范围内飞行；出于爱好或娱乐目的的飞行"。[33]在此背景下，流行的消费级无人机应用主要集中在娱乐方面，如摄影和体育活动等。

或许无人机在个人使用中的最大吸引力在于摄影功能。虽然使用无人机进行商业摄影可能被归类为商业应用，但个人和摄影爱好者越来越多地使用无人机拍摄出视觉上令人惊叹的照片。随着高质量的摄像头和录音设备成为新型无人机型号的标准配置，航拍摄影已成为一项有趣且富有创意的消遣（见

图9-3）。此外，野生动物爱好者也使用无人机捕捉戏剧性的影像。如果操作得当，无人机摄影可以在诸如观鸟、植物/动物识别和独立科学研究探索等教育性消遣中发挥作用。[34]然而，专家提醒说，使用无人机拍摄鸟类照片时，如果操作不当，可能会对鸟类造成干扰，[35]尤其是对于初学者或业余无人机摄影师而言。个人用途的航拍中另一个有趣的领域包括活动摄影（如婚礼、社交聚会、毕业典礼）和社交媒体参与（如网红拍摄的照片、用于分享的高质量图片）。

图9-3 无人机可进行航拍摄影

注：本图为Bobby Stevenson在Unsplash上发布的图片。

无人机竞速是个人无人机使用的另一个快速发展的领域。这项运动要求无人机操作者佩戴与无人机上安装的摄像头相连的第一人称视角（FPV）头戴设备。这样只有参赛者可以看到无人机的路径，比赛的目标是尽快走完设定的赛道（见图9-4）。此类无人机通常具备敏捷性（用以进行急转弯）、轻量化设计和进行空中特技的能力。这项运动最早于2014年在澳大利亚开始，如今已吸引了全球多个专业机构的参与，并获得了全球范围的关注。[36]

图9-4　无人机竞速。第一人称视角的无人机竞速
注：本图为 Siggy Nowak 在 Pixabay 上发布的照片。

商业应用

无人机在商业应用中的广泛使用和影响正以极快的速度扩展。各类商业运营上的进步正在不断推进，旨在为企业和客户创造更多价值。[37]据波士顿咨询公司（Boston Consulting Group）的研究结果显示，预计到2050年，欧洲和美国的工业无人机编队将包含超过100万台的无人机，每年将产生500亿美元的产品和服务收入。[38]此外，巴克莱（Barclays）银行的分析师认为，使用无人机将节省约1000亿美元的成本。[39]总体而言，企业正在寻求机会，通过注入更多价值到其产品和服务中以期望从客户那里获得更多回报。以下是无人机在商业应用中的一些具体案例：

农业中的无人机。许多发展中国家高度依赖农业生产以维持生计和出口。尽管农业至关重要，但这一领域易受恶劣天气状况和害虫等影响而出现农作物歉收的情况。在印度，农民依赖季风降雨进行灌溉，并采用古老的耕作方法。尽管农民付出了努力，但农产品的质量和数量仍然受到影响。通过在农业实践中融入技术进步，农业部门可以减少失败和灾难的发生。基于无人机的农业实践在印度逐渐受到关注，主要在精准农业、提高作物产量和蝗虫控制方面发挥重要作用。例如，印度农民使用无人机喷洒除草剂和杀虫剂，显著节省了时间和劳动力。无人机仅需10~12分钟即可完成1英亩（4046.86平方米）土地的喷洒，而传统方式则需要3~4小时。这大大降低了农场雇佣劳动力的成本。[40]

无人机技术的使用有助于减少时间并提高农民的效率。通过红外线测绘，无人机可以收集土壤和作物健康的信息，从而确保作物的健康。它们可以检测到虫害攻击的微小迹象，并提供有关攻击程度和范围的准确数据。由于农业容易受到极端天气的影响，无人机可以帮助检测即将发生的天气状况，并提前为农民做好应对准备。农业无人机坚固、成本低、维护要求低。然而，这些无人机在很大程度上依赖于互联网连接，受天气影响较大，并且需要正确的操作技能和知识。

2019年，加利福尼亚州农业局联合会（CFBF）的一项调查发现，56%的受访农民在过去五年中的某个时候无法雇到他们所需的全部员工。[41]美国其他地区也存在类似的情况。例如，2002—2014年间，美国从事田间和农作物种植的劳动力的数量减少了14.6万，而在此期间这些劳动力的工资却上涨了12%。[42]上述两个事实表明，工资的上涨和农场工人人数的减少加剧了农业面临的挑战。

在这种情况下，无人机被视为一种节省劳动力的技术，许多农民正在积极使用无人机开展一系列与农业相关的活动。[43]无人机被用于如作物估算、产量评估、灌溉泄漏检测和管理、虫害控制、播种、喷洒肥料/杀虫剂、作物/牲畜健康评估、土壤和田地分析等农业活动中（见图9-5）。然而，由于操作上的挑战，如无人机的安全性、隐私问题和保险覆盖率，这项技术的普及尚未达到预期。[44]

图9-5 农田喷洒中使用的无人机

注：本图为Pixabay平台上的大疆农用无人机（DJI-Agras）图片。

建筑中的无人机。无人机在建筑行业展示了巨大的价值，主要体现在其在施工现场的多种应用中。其中关键的应用包括：①工作现场的航空调查；②进度跟踪；③施工计划和管理（尤其是在施工前）；④质量控制；⑤工作现场安全；⑥风险缓解和管理；⑦工作现场的安保和监控；⑧库存管理；⑨房地产的营销宣传；⑩设备存储和安装；等等。[45] 无人机的进一步发展，如热传感器、GPS单元和高质量的摄像机应用，加上人工智能和机器学习的增强，[46] 预计将使无人机成为建筑行业的重要工具（见图9-6）。

运输中的无人机。无人机预计将在企业和消费者中提供关键的"第一英里"（1英里=1609.34米）和"最后一英里"配送解决方案。DHL、UPS、亚马逊和谷歌等企业已经开始开发和测试无人机配送，并取得了令人印象深刻的成果。例如，UPS的专门无人机配送单位"UPS Flight Forward"是首个获得美国联邦航空管理局认证，允许其作为无人机航空企业运营的组织。[47] 此外，Flight Forward正在与北卡罗来纳州的WakeMed医院系统合作，运输医疗样本以加快诊断速度，并正在为CVS探索用于处方药和零售产品的无人机配送的可能。[48] 与其他行业一样，无人机高效的数据采集能力在客户管理方面表现出色。此外，当与实时通信和信息共享能力相结合时，无人机可以提高操作效率并增强价值创造。

图9-6 建筑施工中使用的无人机

注：本图为 Shane McLendon 在 Unsplash 上发布的图片。

灾难响应

重大灾难事件总是吸引广泛的公众关注，并需要应急人员和灾难管理团队的立即响应。虽然及时开展救援和救灾工作至关重要，但执行方法和操作细节对于确保任务成功同样重要。在这方面，由灾害流行病学研究中心（CRED）建立的全球重大灾难紧急事件数据库（EM-DAT）可以用于改进灾害准备的决策过程。[49] 虽然超级灾难并不常见，但它确实突显了及时协调恢复/救援工作的重要性，这些工作可能会减少人员伤亡和经济损失。在这一过程中，无人机等技术的进步在协助灾难管理工作中显示出了极大的益处。

研究表明，在重大灾难发生时，无人机可以帮助救援人员获取更好的现场信息，定位和救援幸存者，检查和分析关键基础设施，并运送重要物资。[50] 此外，无人机还可以用于安装临时通信基础设施、生成受灾区域地图，并确定救援团队必须优先关注的具体地点。[51,52]

企业和救援组织也积极地使用无人机协调救灾工作，并开发能够提供最大效果的无人机系统。这些系统已被用于处理化学品泄漏、评估基础设施（如桥梁、隧道）损坏情况、扑灭野火和分发救援物资。例如，在抗击新冠疫情的行动中，美国的 UPS Flight Forward、DroneUp 和 Workhorse Group 等企业探究如

何通过加快检测速度和加大社交距离等方式，让无人机在疫情防控方面发挥作用。[53,54]

营销 5.0 世界中的无人机

在营销 5.0 时代，无人机已经成为改变游戏规则的技术，彻底改变了企业制定促销策略的方式。这些尖端的空中设备为以前难以想象的创新营销技术铺平了道路。通过利用无人机的力量，营销人员可以捕捉数据（通过图像和视频）并向目标受众传递个性化的信息。无人机的多功能性使营销人员能够以视觉上具有吸引力且富有互动性的方式展示他们的产品和服务，从而在消费者心中留下持久的印象。

使用无人机的数据驱动营销

利用无人机进行数据驱动营销涉及使用无人机收集和分析用于营销目的的数据。无人机可以捕捉各种类型的数据，包括图像、视频和基于传感器的信息，从而为营销人员提供有价值的见解。无人机收集可用于营销活动的数据的方式包括：①在人口密集的区域（如海滩、公园）向个体传递定向广告；②显示实时数据、产品演示或互动内容，以动态且个性化的方式吸引观众；③收集用户响应信息（如人流模式、拥挤程度，甚至是个体对广告的反应）；④收集竞争对手活动的视觉数据（如商店布局、促销活动、产品展示）。

马来西亚的无人机解决方案企业 Aerodyne 与亚马逊网络服务（AWS）合作，利用其 DronOS 软件帮助全球无人机操作员。[55]DronOS 是一个尖端平台，提供多种无人机服务，允许用户快速管理和分析无人机数据，从而改善操作、提高生产力，并在保护地面工作人员安全的同时进行空中检查。

Aerodyne 的专长在农业领域得到了显著应用。它通过使用无人机进行精准农业操作，助力解决全球粮食安全问题。该企业成功开发了 Agrimor 平台，该平台由 DronOS 驱动，帮助农民和农业服务提供商使用无人机执行包括种植、喷洒、植物分析和地图绘制等任务。这个平台是与 AWS 合作开发的，它使农作物的产量显著增加，有些案例报告产量增加了67%。马来西亚和印度尼西亚的独立农民和大型棕榈油种植企业已采用Agrimor平台，利用该平台迅速识别诸如灌溉不足或农作物患病等问题，然后更有效地施肥或喷洒农药。这不仅优化了资源配置，还为农田的整体粮食安全和盈利能力做出了贡献。

使用无人机的预测营销

使用无人机进行预测营销涉及利用无人机收集的数据对消费者行为、市场趋势及其他可能影响营销策略的因素做出有依据的预测。这是一个令人兴奋的新领域，为企业提供了前所未有的机会，在正确的时间向正确的受众传递正确的信息。配备传感器和摄像头的无人机可以收集大量信息，包括人口统计、位置、行为和环境等数据，这些数据可用于预测个体行为和兴趣，并提出相应的营销行动建议。

例如，美国一家无人机航空广告企业Sustainable Skylines已获得美国联邦航空管理局的正式批准，可以在迈阿密海滩运营。[56]这一成就标志着一个重要的里程碑，因为这是首次无人机拖拽横幅操作获得美国联邦航空管理局的商业用途批准。与传统的载人飞机不同，这些无人机具有垂直起降的优势，无须跑道或机场，并且减少了燃料消耗。无人机升空后，该企业计划利用无人机摄像头拍摄的画面以及第三方移动数据来评估其广告活动的效果。通过使用预测分析，Sustainable Skylines旨在提供动态定价，根据空中广告预期的可见度来调整价格。这一定价策略类似于Facebook和谷歌有关广告的做法，即依赖实际数据来支持其定价决策。

使用无人机的场景营销

使用无人机进行场景营销涉及基于用户所在的特定场景或环境进行决策、组织活动和传递内容。除了多种业务和营销用途，无人机还可以用于协调紧急响应和公共安全信息发布。在紧急情况或需要发布公共安全公告的情况下，无人机可将重要信息传递到特定区域，确保相关信息及时被送达正确的受众。

例如，总部位于比利时的Citymesh通过其最新创新产品SENSE系统正在革新紧急响应方式。[57]这个突破性系统由70架安全无人机组成，这些无人机被战略性部署以支持警方和消防部门。SENSE的独特之处在于其使用了无人机停机箱（Drone-in-a-Box，DiaB）解决方案，这些停机箱是无人机的自动化停泊站。在接到紧急电话后的短短15分钟内，这些DiaB站点便会被部署，为紧急中心提供关键支持。它们不仅作为无人机部署、充电和数据传输的枢纽，还在无人机未使用时存放无人机。这些专门为灭火而设计的无人机能够拍摄高清4K影像及热成像图像，并且借助人工智能技术得到了增强。这类无人机提供的有价值的信息极大地提高了紧急干预的速度和效果。

为了确保全面覆盖，SENSE将在比利时的35个紧急区域部署。每个区域将有两个DiaB单元，总计70架安全无人机。这一广泛的无人机网络旨在使紧急服务能够以更具针对性和更高效的方式做出响应。远程操作中心在该系统中发挥了关键作用，配备了全天候值班的熟练飞行员，负责进行飞行并协调无人机的活动。此外，无人机交通管理（UTM）系统确保了飞行的安全并记录了无人机的所有活动。但请注意，此处的UTM并非指"Urchin Tracking Module"（用于生成数字营销活动Google Analytics数据的代码），而是指"Unmanned Traffic Management"。在SENSE的背景下，无人机交通管理系统有助于跟踪无人机在各种在线平台上的活动进展，进一步提高其有效性。

这些安全无人机的能力确实令人印象深刻。它们捕捉的实时高清视频流和高分辨率图像会实时传输到远程操作中心、警方、消防队和其他紧急服务部门。这些实时信息使这些机构能够预见风险并选择最合适的设备成功地执行救援任务。此外，无人机的远程操作员还可以根据调度和当地一线响应团队的具体请求执行任务。他们通过将无人机的摄像头对准特定的关注区域，为一线响应团队提供了宝贵的见解和支持。为了确保飞行安全并与其他飞机协调，无人机操作员与空中交通管制部门密切合作。这种协作方式确保了安全无人机在紧急情况下的安全高效运行。

使用无人机的增强营销

使用无人机的增强营销涉及将无人机技术与现有技术和实践相结合以增强营销体验。此外，将无人机与相关的新时代技术融合，能够创造出互动性和沉浸式的活动，从而以新颖的方式吸引消费者。无人机可以捕捉产品或环境的

360度视图，这些视图可以用于增强现有的功能，通过提供更多信息、功能或互动元素进一步提升体验。这在展示房地产、旅游目的地或复杂产品时特别有用。越来越多的无人机也被用于设备维护和国防等特殊工作环境中。

例如，波音公司目前正在评估如何通过无人机来加速和改进飞机的日常维护。该公司推出了自主飞机检查项目，利用无人机辅助飞机维护任务，并已向美国空军展示了其潜在的好处。[58]通过自主飞机检查项目，飞行员可以选择需要检查的飞机特定区域，无人机会拍摄照片，并将其传给地面的飞行员。这些由空军自有无人机获取的图像被存储在云端并被分析，从而实现数据的远程访问。这在发现缺陷时尤为有利，因为不同地点的技术人员可以协作并制订解决问题的计划。

虽然波音公司承认自主飞机检查项目并不完美，但它表示该系统相比仅依赖人工操作具有更高的精确度，预计精确度约为78%。此外，利用无人机显著减少了检查所需的时间，将飞行前检查的时间从4小时减少到30分钟。该公司强调，最终由技术人员决定哪些数据存储在云端，表明该系统并非旨在完全取代人工操作。波音公司希望通过这一系统增强人工检查员的专业知识，确保他们在执行维护任务时拥有必要的信息，而不是依赖猜测。通过实施该系统，预计维护人员将加快飞机出库的速度，使其迅速回到机组人员手中，并尽快投入运营。

使用无人机的敏捷营销

使用无人机的敏捷营销涉及将敏捷方法论应用于利用无人机技术的现有企业实践。敏捷方法强调适应性、协作性和快速应对变化的能力。此外，无人机能够快速提供数据和见解，使营销人员能够迅速应对市场变化。敏捷营销原则支持调整策略的灵活性，以便应对新兴趋势或消费者行为的变化。

以以色列初创企业Tevel为例，该企业开发了专门用于采摘水果的突破性机器人（见图9-7）。这些自主飞行的无人机利用先进的人工智能和计算机算法，高效地采摘水果，并优化整个采摘过程。[59]虽然使用无人机进行苹果采摘的想法并非全新，但越来越多的企业认识到农业无人机的潜在好处，并探索自动化如何为高效的采摘解决方案做出贡献。例如，这些无人机可以持续运行，为农民提供具有成本效益的解决方案，并实时监控果园的采摘进度。无人机收集的信息为种植者提供了将每个果篮运往包装厂之前了解其特性和内容的宝贵见解。通过这种数据，种植者可以消除与市场价值、质量和产量相关的不确定性，同时提高现场的效率。

图9-7　用于采摘苹果的无人机

注：本图来自Tevel科技。

农民可以从无人机的使用中受益，因为无人机能够提供有关采摘水果的大量信息，如数量、重量、颜色分级、成熟度、直径、采摘时间、地理位置和其他重要数据。这些无人机配备了传感器和3D摄像头，能够准确识别出成熟的水果、测量糖分含量并检测疾病。这些无人机具备自主性和决策能力，其中一些甚至采用静电技术，模拟蜜蜂的授粉动作。科技公司积极设计水果采摘无人机和授粉"桨叶"，在应对劳动力短缺和气候变化挑战的同时，提高农场的效率和敏捷性。

当前营销中的无人机应用

无人机在市场营销职能中的重要性迅速提升，通过其多样化的角色帮助企业将可扩展计算资源的强大功能与持久且经济的传感器相结合，这些传感器能够在大多数工作环境中发挥作用。[60]当与虚拟现实、人工智能和机器学习等其他技术进步结合时，无人机还能够创建一个使企业基于来自源头的丰富信息做出快速且准确决策的环境。由于无人机可以替代传统的燃油动力车辆，它们不仅在运输方面提供了有价值的帮助，还能减轻道路拥堵并减少有害排放。因此，无人机正在成为许多行业组织中不可或缺的一部分，不仅为营销创造了价值和机会，还对营销策略的制定具有重要影响。本节介绍了无人机在帮助企业制定营销举措的五个具体应用领域。

了解客户需求以部署无人机

企业通常会寻求自动化来提升运营效率、建立竞争优势，并为客户提供卓越的服务。消费者需要创新的、技术驱动的设备和解决方案来满足他们的需求。随着新时代技术的出现，技术与消费者级数据变得密不可分。企业现在可以从与客户的互动中收集丰富且多样的信息，并利用这些信息在交换过程中创造更多价值。在这方面，无人机可以根据其设计任务捕捉广泛的信息。

尽管大部分的无人机数据可能以地理空间信息的图像形式存在，但这些图像为企业提供了更多潜力。例如，这些图像可以：①处理成按顺序或逻辑组织的数据集，以便传达视觉信息；②附加其他形式的数据（如热成像、化学、物理等）以了解特定地点的更多信息；③说明当地状况；④随时间进行追踪以更好地理解特定事件；⑤与相似或不同形式的数据进行比较，以便揭示更多见解；⑥通过智能手机应用轻松传递和消费。这些生动的信息可以反映客户的需求和期望，企业可以将其作为关注点。因此，无人机数据可以帮助企业开发和实施营销策略。[61]

在无人机的消费者应用中，无人机在配送解决方案中的部署或许最具影响力。尤其是在电子商务领域，配送选项的多样性和消费者对配送服务质量的感知都对消费者在线购物至关重要。[62]在欧洲航空安全局进行的一项调查中，受访者被问及在假设无人机配送费用大约是当前标准配送费的2倍，并且能够在下单后2小时内保证送达的情况下，他们有多大可能愿意尝试无人机配送。调查结果显示，米兰有72%的受访者愿意尝试无人机配送，其次是巴塞罗那的68%和布达佩斯的67%。德国汉堡的居民（59%）和北欧的厄勒松德地区

（57%）对此略显保守。[63]

尽管消费者更愿意尝试无人机配送，但他们在遇到任何服务不佳的情况下也表现出了更多的挫败感。具体来说，一项调查发现，84%的消费者更有可能花更多的钱在提供优质服务的品牌上。相比之下，51%的消费者表示，在经历1~2次不良的客户体验后会转向竞争对手。[64]这些调查结果表明，企业可能没有第二次机会来弥补糟糕的服务体验带来的后果，因此它们必须在所有服务体验中保持警惕。在当前的新时代技术环境下，这种影响对于无人机配送及其对服务体验的影响尤为重要。

这些调查结果也与学术研究一致，后者强调了在建立客户满意度和情感依赖时，最小化服务体验差异的重要性。具体来说，V.库马尔等人[65]提出了：①当服务体验的感知差异较小时，服务体验与满意度之间的正向关系会得到增强；②当服务体验的感知差异较小时，服务体验与情感依赖之间的正向关系也会得到增强。此外，研究还表明：①技术在与实时信息相关的全球吸引力和适用性方面具有广泛的应用；[66]②技术可以使产品和服务的交付不受时间和地点的限制（例如，电子商务、网上银行）；[67]③技术可以加强品牌推广，从而为企业带来竞争优势。[68]因此，理解客户在无人机使用中的需求将使品牌能够改善客户互动并提供卓越的服务体验。

重新审视企业整合无人机的能力

尽管无人机能够执行广泛的任务，但只有当企业的能力与无人机的潜力相匹配时，企业才能充分发挥无人机的潜力。[69]由于无人机刚刚进入技术领域，其对企业的效用尚未完全显现。因此，当下投资于无人机的企业只能在未来看到成果。这意味着企业必须遵守承诺、有能力并愿意重新评估其商业模式和运营，以便纳入任何新的技术进步，从而获得有价值的收益。这是所有新时代技术的一个关键方面，尤其是无人机。这是因为，无人机技术具有显著的商业利益，具体表现为：①其有利于实现设备小型化；②电子元件成本更低；③作为整合其他新时代技术（如人工智能、机器学习和虚拟现实）的良好测试平台。[70]研究发现，注重未来的企业更倾向于采用能够增强其应对未来需求能力的技术。[71]对于无人机来说，企业必须发展或更新技术能力，以便从无人机的实施中获得最佳结果。在这方面，学术研究已经广泛探讨了无人机技术能力的发展。[72]

随着无人机技术的兴起，技术能力的发展可能涉及企业在以下方面的表现：①对新技术、变化的动态和商业实践持开放态度；②能够敏锐地管理风险；③由强有力和果断的高级管理层领导；④灵活敏捷并积极预见市场的相关变化；⑤在新技术方面具有创新性。[73]这要求企业对其短期和长期需求、目标和挑战有深入的理解，从而对利润产生实际影响。此外，企业还必须评估使用无人机的影响。在这方面，V.库马尔和Banda[74]提出，企业的技术能力会影响其使用无人机的倾向，此外还有其他因素，如管理者和客户的准备情况、无人机对业务的适用性和监管框架。

利用无人机制定营销组合战略

与机器人技术类似，无人机作为一种功能导向的技术，在应用环境中为用户提供了便利和价值。[75]由于无人机技术在商业领域相对较新，将无人机融入营销战略的努力明显不足。目前企业中无人机的应用似乎是临时的，仅用于特定的营销任务，并未将其作为更广泛的营销组合战略的一部分。然而，随着无人机对客户体验、运营成本和最终利润的影响日益显现，这种情况在未来可能会发生变化。

在以技术为重点的环境中，客户偏好和需求的变化变得更加明显。随着客户和企业的密切互动，学习过程是持续进行的。具体来说，客户对企业和产品的访问权限增加，使他们能够评估所提议的产品是否符合他们的价值观。同样，客户在使用产品和服务的过程中会与企业分享他们的数据，从而为企业提供了了解和观察客户的机会。此外，通过汇总客户数据，企业可以为客户提供个性化的体验和产品，从而验证或更新对客户的了解。在企业和客户之间不断互相评估和交流的循环中，信息和知识得以交换。这种交换推动了企业和客户之间价值的创造。此外，随着时间的推移，这种交换还允许企业不断发展和完善其旨在为企业和客户创造价值的营销策略。

新时代技术环境的一个显著特点是存在一个注重个性化、提供积极体验、提高生产力和增加价值（对于企业和客户）的商业氛围。这意味着企业会将注意力集中在了解每个客户的偏好上，以便确定营销组合变量。此外，这还要求企业确定营销组合变量的各种产品组合，从而提供预期的个性化水平，而这种个性化通常是通过新技术来实现的。

随着企业越来越重视使用无人机等新时代技术来提供积极的体验，企业还专注于监控和维护它们的设备/平台，从而提高生产力、提高效率并降低运营成本。例如，无人机被越来越多地用于调查飓风、野火和地震等自然灾害造成的损失。在这样的时刻，消费者通常依赖保险来帮助他们重启生活。通过使用无人机进行损害调查，消费者可以期待更快的保险理赔处理，从而对消费者产生重要的积极影响。另一个无人机可以带来积极服务体验的领域是物流配送，这一点从亚马逊、谷歌、DHL 和 UPS 等大企业的发展中可见一斑。

同样，店内导航辅助也是一个能够带来积极体验的关键领域，沃尔玛提出的店内无人机客户辅助[76]和包裹取件服务便是很好的例子。[77]鉴于无人机在生成数据驱动的见解和提供积极客户体验方面的帮助，企业不仅可以改变其与消费者实时沟通的方式，还可以准确衡量其营销效果，从而增加企业和客户价值增长的机会。

通过无人机推动客户参与

客户参与的主题已经引起了大量实践者和学术界的关注。[78]全球的实践者们继续专注于开发有价值的产品，同时与客户进行互动。在营销职能中，客户参与在多个领域表现得尤为明显，包括营销传播、客户共创、忠诚度计划和社交媒体营销等。与其他新时代技术一样，无人机技术在许多商业环境中（包括工业和消费者领域）不断展示其实用性和价值，从而逐步成为客户参与工作中重要的工具。在这一过程中，两个关键的无人机功能正日益显现出来，为更多的无人机相关的客户参与活动做好了充分准备。

互动性。无人机最初是为了执行那些对人类来说困难、危险或肮脏的自动化任务而开发的。这意味着互动性并不是无人机的预期功能。虽然这种自动化可能非常适合许多工业场景，但在消费者应用中，无人机可能需要具备互动性。这是因为以客户为中心的市场结构要求企业与客户建立长期的价值驱动关系，以便确保持续的支持和财务稳健。随着无人机的日益普及以及消费者应用的广泛性，互动性现在成为无人机开发者关注的一个功能。无人机互动性的一个例子可以在印度海得拉巴的 Biryani By Kilo 餐厅中看到。这家专注于销售印度比尔亚尼菜（Biryani）的快餐店决定启动一项通过无人机递送印度比尔亚尼菜的计划。该餐厅将这一举措与社交媒体活动结合，通过与海得拉巴的社交媒体影响者合作进行宣传。该举措和社交媒体活动取得了成功，收获了近81.5万次观看、约8.5万次互动，并在活动后实现了44%的销售额增长。[79]这表明，当无人机被整合到企业的营销活动中时，它们可以变得具有互动性。

随着语音识别技术的进步，无人机可能会具备音频响应能力（如 Alexa），使其在交流环境中与客户进行互动。[80]这种功能在诸如客户递送、店内协助和导航、公共场所的客户协助（如购物中心、博物馆和游乐园）以及活动管理场所（如排队管理）等情况下最为有用。这些应用有望增强客户参与度，因为无人机将能够即时响应客户的询问。

配送。无人机有望颠覆配送业务，特别是在人口稠密地区履行订单的过程中。许多国家的企业已经启动了使用无人机配送的项目。一些知名的例子包括：DoorDash 在澳大利亚东南昆士兰地区启动的无人机试点项目，沃尔玛与四家无人机配送企业合作在美国七个州建立无人机配送中心，Tesco 在爱尔兰戈尔韦启动的无人机配送服务，以及中国食品配送平台美团在2021年启动的无人机配送业务。[81]以亚马逊为例，其销售的大多数产品重量为5磅（1磅=0.454千克）或更少，[82]许多无人机能够搭载这一重量的物体。因此，这是在线零售商非常感兴趣的一个领域，能够以显著的方式增强客户参与度。

然而，鉴于有限的空域，企业在无人机配送中可能会面临挑战，可能会出现多次碰撞和财产损失的情况。在这种情况下，交通管理系统将有助于企业和用户有效利用空域，并作为增强客户参与度的一种方式。例如，美国航空航天局正在创建一个名为无人机交通管理系统的平台，旨在创建一个能够安全高效地将无人机整合到低空飞行的空中交通系统中。[83]这一系统预计将监控和管控包裹配送无人机和业务爱好者使用的无人机，从而防止其侵入常规空中交通（如飞机和直升机）和应急响应无人机的空域。

利用无人机制定数字战略

在迅速发展的新时代技术环境中，媒体和消费者正日益走向数字化。对于营销人员来说，这一变化在两个关键领域带来了重要影响——以解决方案为中心的产品和用户人口统计的变化。

以解决方案为中心的产品是指那些直接与消费者的需求相关的产品，它们通过引导消费者找到所需的解决方案，避免了冗长的搜索过程。当面对选择时，消费者通常会寻找更多的信息来帮助自己做出决策。他们可以通过传统和/或数字渠道获取新信息（例如，竞争产品、替代解决方案），而这些信息也有助于避免决策后悔，[84]从而帮助消费者对自己的选择充满信心。此外，当消费者面临非日常（或不常见）的决策时，他们可能会寻求更多的信息来缓解顾虑。获取和处理大量信息可能导致"信息疲劳"，并可能导致不满意的决策过程。在这方面，数字化战略可以通过缩短消费者的购买路径，使购买流程更加高效和便捷，从而推动更快的决策过程。

当企业在其营销计划中使用无人机时，传达的信息的层次和深度非常丰富，对观众来说信息量很大。例如，在广告中使用无人机拍摄的画面/图片可以提供引人注目的空中视角，比传统的地面拍摄画面/图片传达更多的信息。无人机图像往往具有吸引力，为营销内容增加了维度和动感，从而推动消费者做出决策。

用户人口统计的变化也向数字化渠道转变。虽然年轻用户与老年用户相比通常是技术的早期采用者，但近年来，年龄最大的群体对新技术的采用率显著提高。特别是最近的一项调查发现，最年长的成年人和最年轻的成年人之间的差距已经缩小。调查结果见表9-2。

表9-2 美国用户人口统计变化

用户年龄组	成人比例（拥有以下设备）(%)								
	拥有智能手机的年份			使用社交媒体的年份			拥有平板电脑的年份		
	2012	2018	2021	2012	2018	2021	2012	2018	2021
18~29岁	66	94	96	81	88	84	20	63	61
30~49岁	59	89	95	64	78	81	12	56	53

（续）

用户年龄组	成人比例（拥有以下设备）（%）								
	拥有智能手机的年份			使用社交媒体的年份			拥有平板电脑的年份		
	2012	2018	2021	2012	2018	2021	2012	2018	2021
50~64岁	34	73	83	39	64	73	10	50	46
65岁及以上	13	46	61	16	37	45	6	38	44

注：本表来自 Faverio, M. (2022), "Share of those 65 and older who are tech users has grown in the past decade," *Pew Research Center*, January 13, accessed from https://www.pewresearch.org/short-reads/2022/01/13/share-of-those-65-and-older-who-are-tech-users-has-grown-in-the-past-decade/.

正如表9-2所示，2012—2021年，美国65岁及以上的成年人中，智能手机的拥有率增加了近五倍，社交媒体的使用率增加了近三倍，平板电脑的拥有率增加了近七倍。虽然其他年龄组也显示出增长，但不如65岁及以上年龄组的增长显著。[85]这种代际变化的意义在于，能够利用无人机的功能、无人机电子设备和传感器的持续发展，创造性地使用无人机提供的数据和洞察力，精确计划无人机部署，并以适当的方式实施涉及无人机的数字战略的企业，可以在为消费者提供最大价值的同时，获得显著的回报。

无人机在营销领域的未来

随着技术创新的快速进步，未来世界将充满各种小工具、算法和平台。与所有新时代技术一样，无人机也将成为我们日常生活中的常见工具。随着我们朝着数据丰富和创新驱动的环境迈进，企业对消费者数据的使用程度、生成的见解的质量以及利用技术基于这些见解实施解决方案的方式，将决定营销策略的有效性和相关性。[86]虽然以技术为中心的未来是不可避免的，但企业在设计创造价值的营销策略时，必须采取以客户为中心的方法，从而满足企业和客户的需求。无人机无疑将继续影响营销策略和营销实践。在这一过程中，从无人机实施中吸取的经验教训以及市场的变化将继续推动未来无人机的应用。虽然我们可以期待无人机在许多组织领域的能力会有进展，但以下三个领域尤为突出。

无人机的"好""坏"与"丑"

显而易见,个性化程度已大幅提升,数据的生成方式也超出了人们的预期。人们对这些技术的作用存在一些担忧,但无人机需要特别关注。在这里,我们从三个角度来讨论无人机的使用:"好"(为什么我们应该接受无人机的使用)、"坏"(需要解决的问题)和"丑"(需要重新评估的方面),以便为客户和组织提供决策支持。

"**好**"。正如前面讨论的那样,无人机在许多方面为社会带来了好处,比如在执法、建筑安全、灾难管理等方面的应用。无人机还被用于生态系统管理,如在肯尼亚用于打击偷猎的行动中,通过识别偷猎或非法砍伐森林来保护生态。无人机摄影和摄像也对人类产生了革命性的影响。在商业环境中,无人机被企业用于提供更好的客户体验。2016年,达美乐比萨在新西兰的鲸鱼湾(Whangaparaoa),使用无人机将辣味烤鸡比萨、鸡肉比萨和蔓越莓比萨送到了一对夫妇的家中,这是世界上首例通过无人机送达比萨的案例。[87] 同一时期,亚马逊也开始根据Amazon Prime Air业务模式,使用无人机进行商品配送。

"**坏**"。无人机轻松渗透进我们的日常生活,但这种行为的长期后果相对未被充分探讨。无人机存在安全隐患。当由缺乏经验的飞行员操作、无人机质量不佳或在不利条件下飞行时,它们可能会意外坠落(容易发生发动机故障)。此外,人们对无人机侵犯隐私的担忧日益增加。想象一架无人机在住宅上空飞行并拍摄图像存储数据,许多人对此感到非常不安。无人机制造商和开发人员正在努力解决这些问题,他们正在开发新技术,如能够自动模糊或像素化面部的相机。用户也在使用隐私屏蔽装置来阻挡无人机对家庭的拍摄,还有一些应用程序可以检测无人机在设定的区域周围的存在。

"**丑**"。现在无人机在人群上空飞行越来越常见,这很危险,因为无人机可能与人群或物体相撞。它们还非常嘈杂,产生噪声污染。无人机也被武器化,并被用于犯罪。无人机在受限空域飞行的情况也越来越多。例如,2014年,一架直升机式无人机几乎与从伦敦希思罗机场起飞的一架空客320相撞。这些行为对人类构成了严重威胁,只有通过法规和增强意识才能减少这些可能性。

提升客户体验

无人机在提升客户体验方面的价值日益显现。正如前面的讨论所表明的那样，尽管无人机技术在提升面向终端用户的交互体验方面起到了颠覆性的作用，无人机同样也能在"幕后"发挥作用，提供卓越的客户体验。未来，随着越来越多的企业看到这种价值，无人机的这种能力预计会进一步增强。以下是几个无人机应用的例子。

以保险行业为例。该行业是最早开始使用无人机进行理赔检查的行业之一。好事达保险、旅行者保险、USAA 和利宝互助保险等公司正在使用无人机进行损害检查和理赔处理，并且有更多企业计划采用无人机。[88]尽管理赔检查只是保险公司的一项职能，但无人机的部署正在被评估或应用于更多职能中。具体而言，无人机被考虑用于评估负面事件发生前后的损失评估。在负面事件发生前的损失预测方面，无人机的数据和收集到的信息被用于计算保费，包括被保险财产中的风险缓解条款，以及与自然灾害潜在威胁相关的信息。一旦发生造成损失的事件，无人机可以用于协助多项任务，如检查财产和生命的损失情况、评估风险以避免未来的损失、处理理赔以及验证损害以防止保险欺诈等。尽管所有这些行动可能并不直接涉及与客户的交流，但它们在后台的参与最终会影响保险公司如何管理客户期望并提供卓越的客户体验。

再看公共设施行业。无人机在协助进行维护目的的空中调查方面发挥了重要作用。例如，电力线路、通信塔、道路、河流、桥梁等关键基础设施需要定期维护和监控，从而避免服务故障。虽然卡车、直升机和船只通常用于这些维护工作，但这些方式通常成本高昂，并且可能使维护团队成员置身于危险环境中。以下是公共设施企业使用无人机的三个例子。

- 作为无人机的早期使用者，美国弗吉尼亚州的道明尼能源（Dominion Energy）公司自 2014 年以来一直使用无人机进行例行电力线路检查。[89]最近，该企业还获得了美国联邦航空管理局批准进行无人机超视距飞行（BVLOS）。该企业预计，无人机使用的这种进步将通过提供更优质的服务体验，更好地服务客户。
- 2017 年，纽约电力管理局试验使用无人机对尼亚加拉防冰栅进行损伤检测和预防性维护。使用直升机可能花费3500美元，或者派遣四人团队乘船进行全天检查可能花费3300美元，而使用无人机每次仅需300美元，从而节省了大量成本。[90]

- 2017年，俄克拉何马州天然气和电力公司（OG&E）部署了检查无人机以加快冬季风暴Jupiter期间的风暴评估和缩短恢复时间。通过继续使用无人机对电力线路、风电场涡轮机和设备进行提前检查，该企业估计停电时间减少了50%。[91]

本质上，通过减少故障次数和/或提供更准确的服务恢复信息，这种方案的实施预计最终会为公共设施企业的用户提供更好的服务体验。

客户联络解决方案

无人机在产品开发与优化、流程优化以及为决策提供深入见解方面具有显著的提升潜力，尤其是在与营销策略良好结合时。此外，无人机还能帮助企业掌握消费者偏好，通过相关渠道提供个性化的产品、定价和广告内容。许多企业已经在使用无人机进行广告展示，这种方式不仅引人注目，而且经济实惠。例如，莫斯科的Wokker Noodles曾使用无人机携带小型宣传单飞过莫斯科办公楼的窗户，在人们准备午餐时告知当日午餐特价。这场创新活动立即见效，活动区域的午餐配送量增加了40%。[92]其他一些主要品牌如红牛、可口可乐、通用电气和英特尔也曾使用无人机开展广告和促销活动。[93]这类举措显著帮助品牌更贴近消费者。

无人机可以有效作为客户接触工具的领域是活动营销。活动的参观者通常是具有极高参与度的观众，企业可以向其推销产品。由于观众的注意力较高，创新的营销信息传递方式往往会产生较大的影响。例如，当活动通过无人机进行直播报道，除了常规报道方式，消费者能够获得更加沉浸式的活动体验。此类体验的例子包括休闲冒险运动（如悬挂滑翔、滑翔伞、拖曳伞等）、室内体育赛事（如无人机摄像机捕捉特写镜头和重播）、无人机竞速、活动幕后花絮等。当品牌在这些活动中展现存在感时，消费者可能会将这些品牌与积极的体验联系在一起，从而提升品牌形象和回忆度。英特尔在百事超级碗LIII中场秀上的无人机表演就是一个例子，展示了品牌如何在增强活动纪念性的同时提升其存在感。[94]此外，该企业已经在超过20个国家进行过600多场灯光秀，这表明了无人机作为一项创新活动管理工具的巨大价值，可以为品牌和消费者带来益处。

无人机还可以通过提升购买活动中的客户互动质量，对客户满意度产生积极影响。无人机配送就是一个很好的例子。随着亚马逊、谷歌、DHL、Flirtey和UPS等许多企业迅速提升无人机的技术能力，监管机构现在正促进并简化有关无人机在商业中使用的监管政策。[95]这类行动预计将进一步降低其他无人机采用者、无人机开发者和无人机服务提供商的进入壁垒，从而创造一个充满活力的无人机生态系统。

关键术语和相关概念

无人机	可以自主飞行的无人驾驶飞行器。
无人机竞速	一项需要操作者佩戴与无人机上安装的摄像头相连的第一人称视角头戴设备的运动。
固定翼系统	在无人机上安装的固定静态翼，通过结合向前飞行速度产生升力。
混合系统	兼具固定翼系统和多旋翼系统的特征。
多旋翼系统	配备了多个小型旋翼的无人机，至少有四个旋翼，可以在空中悬停，噪声小且重量轻。
有效载荷	无人机能够携带的质量。
遥控飞机	无人机的一个子类别，飞行员不在飞机上操控。
遥控航空器系统	由遥控飞机及与其相关的远程驾驶员站、所需的指挥和控制链路以及任何其他可能在飞行操作期间需要的系统元素组成的可配置元素集。
遥控飞行器	一类在一定程度上可与人类控制器通过数据链进行互动的无人机，但可能具备自主飞行控制能力。
无人驾驶飞行器	无须搭载飞行员，通常通过远程传输数据来提供无线连接的航空器。
无人驾驶航空器系统	由多个子系统组成的航空系统，包括飞行器、有效载荷和控制站。实际上，这是由计算机系统和无线链路取代了机组人员的航空器的飞机。

第 10 章 利用区块链实现变革性营销

概述

在新时代技术环境中，区块链技术正迅速引起企业和用户的关注。区块链基于点对点（P2P）网络运行，并被称为分布式账本技术，它可以将数据存储在全球各地的服务器上。这样的系统允许创建永久的操作记录，同时为系统的参与者提供验证每一项操作的能力。基本上，这项技术通过在数字网络世界中创建分布式共识来运作，从而在网络世界中确保操作的可信度。

这种技术的潜力体现在其全球的增长趋势中。根据互联网数据中心（IDC）的数据，到2024年，区块链解决方案的市场规模预计将达到66亿美元，2019年至2024年的年均复合增长率（CAGR）将达到48%。[1] 此外，互联网数据中心的研究还为区块链到2028年的未来发展做出了三个大胆预测。首先，随着越来越多的人使用加密贷款作为借贷双方的标准平台，到2026年，数字加密贷款的市场规模将增长至5万亿美元。其次，作为私人和公共股票、债务及衍生品的技术通道，到2027年，全球50%的新发行证券将是非同质化代币（NFT）或基于区块链的代币。最后，假设贸易生态系统实现互操作、标准化、技术中立并广泛向客户开放，到2028年，数字贸易融资交易将占所有贸易融资交易的30%。网络安全与风险、数字业务、经济不稳定、生态系统创新、拥抱元宇宙、全球供应冲击和破坏风暴等关键因素推动了这些预测。

得益于经济实惠、对互联网的熟练掌握和增强的隐私设置等几个显著优势，这项技术在各种商业和工业环境中获得了广泛的认可和应用。例如，德勤的一项全球调查显示，约80%的受访者认为，在未来24个月内，数字资产对他们的业务将是"非常/相当重要的"。[2]

本章内容安排如下：首先，简要介绍了区块链的起源历史，接着从营销的角度定义区块链。然后，讨论了区块链的各种分类，涵盖个人到商业用途，如安全应用、作为其他新时代技术的接口技术，以及终端用户应用。接下来，讨论了区块链在营销中的一些应用，重点是了解客户需求，重新审视企业整合区块链的能力，制定以区块链为重点的营销组合战略，通过区块链推动客户体验，以及制定基于区块链的数字战略。最后，探讨了区块链在营销行业的未来，包括区块链在塑造数据和交易安全、确保广告的透明度、推动在线营销活动等方面的具体商业和客户任务。

区块链的起源、定义和分类

起源

在本书探讨的新时代技术中，区块链技术是一项新出现的技术。它的起源可以追溯到2008年，当时中本聪首次提出了加密货币——比特币，这是一种基于区块链的数字货币应用。[3]比特币应用基于加密证明，而非传统的第三方中介，这使双方可以通过互联网进行在线交易。[4]例如，当双方（A和B）希望通过区块链在互联网上进行交易时，交易的一般操作流程如下：当A希望向B汇款时，在线创建一个表示交易的"区块"。然后，网络参与者会被通知交易的意图和启动情况。接着，网络参与者会批准交易的合法性。之后，该区块被附加到链上，表示其真实性和永久性。接下来，资金就会被转移到B的账户中。记录交易之前需要验证的两个关键方面是：①A拥有他们要发送的加密货币；②通过与网络其他成员核对交易详情，确认A账户中有足够的加密货币余额进行该交易。整个交易过程由公钥和私钥保护（见图10-1）。Crosby等人[5]、de Kruijff和Weigand[6]、Lin和Liao[7]、Zheng等人[8]，以及Zīle和Strazdiņa[9]的研究对区块链的工作原理和结构进行了详细阐述。

第 10 章 利用区块链实现变革性营销

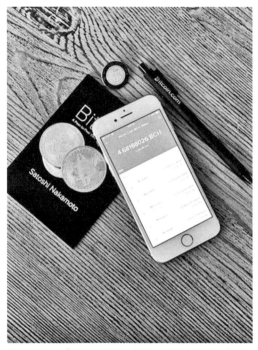

图 10-1 比特币。比特币作为一种数字货币被使用

注：本图为 David Shares 在 Unsplash 上发布的照片。

由于区块链的起源始于比特币，两者经常被混淆，甚至在某些情况下被互换使用。[10] 然而，比特币是首个成功的加密货币，旨在解决对安全在线数字货币的需求，而之前创建加密货币的尝试面临了诸多挑战。这些尝试包括创建 eCash、HashCash 和 DigiCash 等。[11] 比特币成功后，人们陆续开发了多种加密货币，如以太坊（Ethereum）、瑞波币（Ripple）、莱特币（Litecoin）、卡尔达诺（Cardano）和索拉纳币（Solana）等。虽然比特币开启了一种安全、可靠的在线交易新方式，但其背后的区块链技术随后在多个现实世界的应用中得到了应用，如分销、金融、医疗保健和供应链等领域。

定义

区块链指的是一种分布式账本和不可更改的数据库，用于安全地传输数据。这个名称是由两个词组合而成的："区块"（block），包含了成批的交易；"链"（chain），表示通过加密方式链接的区块。[12,13,14] 需要注意的是，全球尚未达成关于区块链的公认定义，并且对区块链的概念存在多种不同的解释。[15] 表 10-1 提供了各种区块链概念的概要。

表 10-1 区块链的几种概念化定义

研究	区块链的不同定义
Hileman 和 Rauchs[16]	一种由链组成的分布式账本，该链由加密链接的"区块"组成，区块包含批处理交易；通常会向网络中的所有参与者广播所有数据
Tama 等人[17]	分布式软件系统的实现层的一部分
Zheng 等人[18]	分布式的，并且可以避免单点故障的出现
Yli-Huumo 等人[19]	创建一个去中心化的环境，其中没有第三方控制交易和数据

要深入理解区块链技术，关键在于认识其背后的驱动元素。以下是对这些主要元素的简要讨论：

去中心化。传统的在线交易系统需要一个中央机构（如中央银行）的参与来监督和调控系统的正常运行。这种设置往往不可避免地在交易的操作层面增加程序和协议，从而给交易双方带来货币和非货币成本。在区块链网络中，没有任何中央权威来监督、审查或批准交易。相反，许多验证网络的参与者（称为节点）确认交易的真实性。对此，中本聪[20]提出了一种工作量证明共识机制，作为替代中央机构的方式，并提供激励以持续保证网络参与者诚信。

安全且不可更改。区块链是一种可复制的账本格式，其中的记录无法被篡改或被删除。这样的设置创造了独特的交易历史记录，除非大多数节点决定这样做，否则它不可更改。此功能建立了系统内的信任，并在用户之间树立了信心。

即时性。由于区块链交易不涉及中介，并且具有最终性和不可逆转性，因此交易能够达成的速度极快。此外，交易的即时性也使交易成本更低，因为不需要任何中间程序或监管措施。

透明性。区块链中的每个节点都可以访问所有数据，所有记录都可以被公开审核和检查。区块链的这一特点使其更加安全和可靠。此外，区块链允许创建第三方应用程序，因为其架构是开源的。这为用户提供了多种价值，并为开发者创造了许多商业机会。

哈希函数。一种称为加密哈希函数的数学过程接收输入（或称为"消息"），并输出一个固定长度的字符串，通常是一系列的数字和字母。这个结果也被称为哈希值或摘要，应该是每个输入的唯一结果，或者至少极不可能重复。这意味着即使输入发生最微小的变化，也会导致哈希值发生显著变化。[21]

代币和代币化。在许多区块链上，尤其是支持智能合约的区块链，代币代表资源或效用。它们可以作为区块链生态系统内的交易机制，或者代表由资产支持的所有权或价值。代币可以分为同质化代币和非同质化代币。与传统货币可互换且价值相同不同，非同质化代币的价值是独立的，通常用于代表如艺术品或收藏品等数字资产。功能型代币为用户提供访问平台服务或功能的权限。证券型代币代表所有权，与实物资产挂钩，类似于企业股票。资产支持代币与有形或无形资产（如黄金）挂钩。治理代币允许代币持有者就主区块链的决策进行投票。代币是区块链中的灵活工具，能够实现从简单交易到复杂平台交互的各种操作。[22]

自治性。区块链确保世界各地的各方可以在不需要任何人工干预的情况下自动进行在线活动。通过私钥/公钥算法，信任的保证、交易的验证或对账可以通过软件自动执行。本质上，软件确保相互冲突或重复的记录无法被永久地写入分类账。因此，算法能够对交易进行自动执行、自动实施、自动验证和自动约束。[23]

分类

研究表明，区块链可以根据访问权限和开放性分为公有区块链、私有区块链和混合区块链（见表10-2）。

如前所述，区块链最初是为了开发一种安全的在线交易方式而出现的，但后续的区块链应用却通过加速与保障交互和交易背后的流程与数据记录，为企业带来了流程经济效益。这样的区块链应用已经在全球的众多行业中得到了体现。[24]区块链的商业应用包括数据管理（例如，管理合同、规划网络基础设施和管理组织数据）、数据认证（如文档验证、质量检查和公证服务）、金融服务（如在线支付、保险服务和货币兑换）和业务流程管理（如供应链管理、内容管理和媒体管理）。

表10-2 区块链的分类

区块链的类型	含义	主要特点/优势	例子
公有区块链	• 也被称为无许可区块链，网络中的所有参与者有权访问所有账本 • 没有中央机构或组织管理网络，包括批准或禁止交易	• 通过经济激励和加密验证的组合来保障安全，使用如工作量证明或权益证明等机制 • 遵循一个通用原则，即某人对共识过程的影响力与其带来的经济资源的数量成正比[25]	比特币、以太坊
私有区块链	• 也被称为许可区块链，区块链中的读写操作权限由有限的成员掌控 • 受邀网络，由一个中央权威机构管理，决定读写参与者在区块链操作中的访问级别	• 在某些情况下，读写参与者可能是同时存在并互联的区块链的一部分[26] • 允许企业采用分布式账本技术，而不公开数据	Hyperledger、瑞波币
混合区块链	• 也被称为联盟区块链。哪些区块被添加到链上以及当前状态如何，是由一组选定的参与者控制的[27] • 这种区块链结合了公有区块链和单一高度信任的权威模型（即私有区块链）的特点	• 例如，10家法律服务企业可以运行一个区块链，至少有7个成员签署每个区块才能使其有效 • 数据读取权（公开与受限）可以由小组决定，并且可能因参与者而异	XinFin、Kadena

为了改善运营、促进透明度并提供新服务，许多行业的企业已经实施了区块链技术。以下是几个值得注意的实例：

- 宝马：使用区块链追踪并验证用于其汽车制造的矿物的来源，从而确保合规采购。[28]
- 摩根大通：推出了"JPM Coin"，一种用于在机构账户之间即时结算交易的数字代币。[29]
- MediLedger：一批制药企业正在使用区块链技术跟踪和验证处方药。其成员包括美国的主要批发商和顶级制造商,如基因泰克、辉瑞、拜耳、吉利德和安进。[30]

- 微软:通过其Azure云计算平台提供区块链即服务(BaaS)。
- Propy:一个全球房地产市场,使用区块链记录产权契约并进行国际交易。[31]
- Spotify:为了帮助追踪版权和版税支付,Spotify收购了区块链企业Mediachain。[32]
- 星巴克:专注于公平贸易原则,使用区块链追踪咖啡豆从农场到门店的路径。[33]
- 沃尔玛:使用区块链追踪农产品的来源,从而确保其食品供应的安全性。[34]

这些只是区块链应用的一部分实例。随着企业意识到区块链在效率、成本节约、透明度和安全性等方面带来的潜在优势,它们正迅速采用这项技术。[35] 为了总结区块链的概述,下文介绍了区块链的潜力,以及企业和用户如何从这些技术中获取价值。

以安全为导向的技术

与许多新时代技术类似,区块链是一种由实践者推动的技术。虽然区块链的支持者认为它是保障交易安全的最佳方式之一,但它也存在一些问题。学术研究已经确定了对区块链隐私和安全设置以及脚本语言设计等方面的担忧。[36]

近期的学术研究工作已经对区块链的安全特性及属性进行了整理归纳,这些特性和属性可用于评估、(重新)设计和改进新制订的解决方案。具体而言,以下六个安全概念已经获得了广泛共识:[37]

- 责任制。责任制也称不可否认性,这一概念指出将存在不可否认的证据来验证任何参与者的主张的真实性。在非营利行业,这可能意味着追踪捐款(以加密货币的形式)从一个钱包到另一个钱包的流动,从而使企业的审计和会计工作更加容易。
- 真实性。这一概念指的是网络中数据来源的识别或验证。在媒体行业,这可能意味着使用区块链验证新闻来源并追踪假新闻的传播。

- 可用性。这一概念确保网络服务是可用的，能够经受住可能发生的攻击或故障。这还包括对任何威胁网络可用性的事件的保护。在线上交易系统中，这意味着确保支付系统能够始终为授权用户创建的交易请求提供服务，并在服务处于活动状态时完成这些请求。
- 机密性。这一概念确保数据仅会向授权的个人或系统披露。在配有智能电表的智能家居中，这意味着除了客户和公用事业公司，没有任何实体可以访问设备及其使用模式。这样的机密性级别还包括客户对于公用事业公司可以访问哪些详细信息以及不能访问哪些详细信息的偏好。
- 公平性。尽管公平性的概念只有在具体使用场景中才能得以真正理解，因为其应用可能会有所不同，但一般来说，这一概念指的是不歧视诚实且正确参与的成员的协议。此外，透明性也可以与此概念相关，指的是网络中的公平和公正使用惯例。在食品行业，这可能意味着企业使用区块链让消费者获取有关食材来源、食品加工过程、食品检验报告、食品召回等详细信息。
- 完整性。这一概念指的是确保信息的准确性始终得以维持。这包括不允许未经授权的参与者篡改信息（即更改、修改或变更信息）。此外，这还包括检测到未经授权的修改并及时通知网络参与者。在制造业中，区块链的完整性可能意味着验证3D打印机交付的成品是否符合行业标准和规范。因此，为了维护数据的完整性，在数据的整个生命周期内保持数据的一致性、准确性和可信度至关重要。

在实践者的世界中，区块链的安全性问题持续受到关注。例如，治理机构［如国际信息系统审计协会（ISACA）］、非营利组织［如开放网络应用安全项目（OWASP）］和技术协会［如电气与电子工程师协会（IEEE）］密切关注并推动区块链的理想安全协议的发展。这些组织定期制定安全标准，进行行业讨论，并监控可能影响商业企业的安全风险领域。

与人工智能和机器学习的联系

正如本书前文所述，人工智能和机器学习为实施这些技术的企业和最终用户提供了显著的利益，从而为企业和客户带来了价值。尽管这两种新时代技术的实用性已经得到充分证明，但它们也存在一些问题和挑战。具体来说，人工智能在自动化和持续学习领域发挥作用，作为推动以数据为中心的分析和决策的智能力量。[38]相比之下，机器学习则专注于训练机器随时间不断学习，其核心成果是对感兴趣的关键变量的预测，而学习质量取决于数据的数量和质量。要达到最佳表现，人工智能和机器学习都依赖于关键条件。具体来说，人工智能依赖数据或信息进行学习、推理和做出最终决策，而机器学习在数据可靠、安全、可信和具有公信力的情况下表现更好。[39]

企业面临的挑战在于无法确保上述两种新时代技术的关键条件。同时，区块链专注于存储高度完整和可靠的数据，并且这些数据不可被篡改。简而言之，人工智能和机器学习良好运行所需的关键条件恰好是区块链的核心特性之一。这种情况自然会产生互补性，使人工智能/机器学习和区块链能够相互辅助且共同发展（例如，供应链行业使用区块链验证食品来源，并使用人工智能分析作物种植模式、生长周期和价格波动）。因此，人工智能/机器学习和区块链的整合可以创建安全、防篡改、去中心化的系统，有助于高质量的推理、决策和学习。在这一点上，人工智能/机器学习和区块链都可以提高彼此的效率和效能。

人工智能/移动互联网提高区块链的效率

确保区块链交易的去中心化、自主性、即时性、安全性和透明性涉及多层次的参数考虑和细致的编码，更不用说由此带来的决策步骤和决策调整。人工智能可以简化这些决策步骤，自动化并优化区块链，从而提高性能和改善治理。[40]

人工智能/机器学习在提高区块链效能的关键领域之一是安全性。尽管区块链本身非常安全，但基于区块链平台开发的应用程序并不总是如此。这使平台及其所有用户易受黑客攻击。[41]在这方面，人工智能/机器学习算法可以帮助人们检测对区块链的攻击，并采取适当的补救措施。此外，人工智能/机器学习算法能够检测并可能隔离受攻击的组件，从而确保区块链的其余部分安全。人工智能/机器学习在区块链效能中发挥作用的领域还包括预测分析、智能合约和隐私控制等。

区块链可以助力提升人工智能/机器学习效能的重要领域是知识管理。从企业的角度来看，知识被视为企业的一项资产，[42]而知识管理的一个关键问题在于如何组织、分配和精炼知识。[43]此外，知识管理与组织学习[44]、适应性组织[45]和竞争优势[46]等企业的其他战略成果之间存在着积极的关联。鉴于知识的重要性，知识管理成功与否取决于如何组织和管理知识。研究表明，运用知识的能力、动机和机会是重要元素。[47]

此外，针对知识的利用建立边界条件也是至关重要的。例如，反映不同知识水平的跨学科团队、知识使用者之间的紧密联系、知识应用任务的新颖性，均有助于发挥知识的力量。[48]此外，研究区分了信息与知识，以及信息转移与知识转移的过程。[49]选择、解释和整合知识被认为能为组织带来更大的价值，而不仅仅是添加新的技术工具。在这方面，区块链可以提供一个安全可靠的环境，企业可以利用区块链来收集数据，对其进行分类，并开放访问权限，从而开发人工智能/机器学习解决方案。此外，区块链由于其透明性和可问责性，可以鼓励数据共享，明确了数据何时、由谁访问。[50]区块链还可以在个性化服务的优化、数据安全、数据来源和完整性、集体决策、模型透明度和可追溯性、增强安全性、货币化和微支付、硬件网络管理、众包模型训练、确保道德标准、自动化和确保智能合约的透明性以及去中心化运营等方面提升人工智能/机器学习的有效性，从而提高企业的效率等。

营销 5.0 世界中的区块链

区块链在通过建立信任与透明度、提升客户参与度、保护知识产权、简化数据管理和推动新型营销形式等方面展示了变革性营销的巨大潜力。此外，区块链还显示出在打击欺诈和假冒方面的潜在作用，如通过创建防篡改的交易记录来防止欺诈、通过为供应链数据创建单一的共享事实来源来提高供应链的效率，以及支持包括加密货币在内的新型支付方式等。基于第 2 章讨论的营销 5.0 概念，本节介绍了区块链如何在营销 5.0 世界中发挥作用。特别是，本节讨论了五个通过营销 5.0 视角应用区块链的实例，并阐述了这些应用如何对人类产生积极的影响。

使用区块链的数据驱动营销

数据驱动营销与区块链技术的结合为企业增强其营销策略开辟了新的可能性。通过区块链，营销人员可以跟踪和验证客户从初次互动到最终购买的每个步骤。这种透明度不仅能够建立客户信任，还使营销人员能够通过识别最有效的渠道、信息和优惠来优化他们的运营。

以共享出行应用为例。尽管它们非常受欢迎，但共享出行企业的商业模式面临着严峻的挑战，如劳动法规（如工资水平、司机分类等）、竞争威胁（如自动驾驶汽车的出现、外卖服务的增长等）、定价结构（如高峰定价、免费促销活动等）和合规问题（如市政法令等）。目前共享出行服务商业模式的一个显著特征是需求和供给的集中化。这意味着乘车请求并不总是能够立即被满足，司机也经常缺乏稳定的订单来源。然而，理想的场景应该有所不同。具体来说，乘客的乘车需求应立即得到满足，几乎没有等待时间，而司机的供给也应保持稳定，这样他们就能有持续的订单流，减少空闲时间。这正是区块链能够发挥作用的地方。

基于区块链的应用程序如 Drife 和 Arcade City 正在通过去中心化运营改变共享出行的方式。[51] 例如，Drife 使用区块链提供无佣金的乘车服务，并通过年费的方式向司机收取应用程序的使用费用。类似地，Arcade City 允许乘客和司机直接联系，司机可以自行决定收费标准和工作时间，并建立自己的回头客群体。运营于韩国的共享出行服务公司 TADA，则致力于将乘客、司机和汽车零件制造商纳入一个生态系统。除了提供零佣金服务并为司机设立奖励机制，这一区块链服务还记录了整个车辆的历史信息，如维护、修理、之前的乘车记录和司机评分，以便提高客户服务质量。[52] 因此，区块链能够通过改变共享出行的运作方式为用户带来显著的好处。

使用区块链的预测营销

将区块链技术整合到预测营销中，为企业提供了获取其目标客户群宝贵信息的新机会。通过区块链，营销人员可以访问一个由多个参与者安全存储和验证的大型数据网络。这消除了对中介机构的需求，并确保了数据的真实性和完整性。通过分析这些数据，企业可以识别出模式、趋势和相关性，帮助他们做出有关营销活动的明智决策。

以沃尔沃为例。这家汽车企业通过利用实时数据并创建数字孪生，实施了一种创新方法来增强其供应链网络。此举使企业能够有效计算和分析其供应链运营中与二氧化碳排放相关的数据。[53] 通过仔细检查镍的采购程序（镍是电池中的重要成分），沃尔沃发现，价格根据地点和开采方法的不同有显著差异。显而易见，一吨镍的二氧化碳排放量根据其来源有相当大的差异。

为了解决这个问题，沃尔沃转向区块链技术，追踪电池中使用的材料，包括镍、钴和锂。作为战略举措之一，沃尔沃汽车公司于2020年对区块链技术提供商Circulor进行了未公开的投资。此合作使沃尔沃能够通过使用Circulor的区块链应用程序，实现对其电池供应链的透明化。此外，沃尔沃还扩展了区块链技术的应用范围，监控这些矿物的二氧化碳排放量，这涵盖了采矿和加工阶段，以及它们运输到电池生产现场的过程。通过实施这些措施，沃尔沃能够准确跟踪零部件和材料的运输情况，从而了解运输过程的环境足迹。

使用区块链的场景营销

将区块链技术整合到场景营销中，显著提升了品牌与目标受众的连接方式。通过区块链，营销人员现在可以追踪并验证用户数据的真实性，确保用于定向营销的信息可靠且最新。这不仅提高了场景营销的效果，还增进了品牌与消费者之间的信任，因为用户对交易有更多的控制权，并能够信赖与品牌的互动。

考虑到假冒行为，虽然品牌无法轻易阻止假冒者制造原产品的仿制品，但它们可以引入评估产品真实性的流程。2021年，为了解决假冒问题，全球主要奢侈品牌联合投资区块链及相关技术，成立了Aura区块链联盟。该联盟由LVMH、Prada集团和Cartier（隶属于历峰集团）创立。梅赛德斯–奔驰于2022年作为创始成员加入，该集团旨在开发区块链技术应用，并提升奢侈品行业的标准。因此，Aura区块链联盟成员的产品在离开仓库并进入商店时都会配备二维码。除了二维码，任何认证技术（如NFC芯片）都可以使用。消费者在购买产品时，可以扫描商品上的二维码，确认所有权，并通过访问产品信息验证其真实性。这将生成一个可数字化获取的认证证书。随着品牌在区块链上认证其产品的声誉提高，人们将逐渐熟悉使用二维码、NFC等人工智能解决方案，从而在主要和二级市场上对正品奢侈品的需求也会随之增加。[54]

除了认证奢侈品，区块链还开辟了新的互动渠道，建立了客户忠诚度，并为构建以品牌为中心的社区创造了途径。例如，意大利服装零售商Diesel正在通过其D:verse平台探索使用NFT的可能性，该平台提供可穿戴设备以及限量版实体收藏品。D:verse社区还为其客户提供独家福利（如现实世界的时装秀邀请和预售权等）。因此，Diesel能够识别出那些重视成为在线社区一员的忠实客户，并以创新的方式与这些客户进行互动。[55]

建立商品的溯源性（例如，在葡萄酒行业）曾是行业内的一大挑战，直到区块链的使用才得以解决。Crurated是一个基于会员制和区块链的葡萄酒社区，它利用区块链和NFT为每一瓶进入其仓库的葡萄酒提供保障。此外，该社区还允许会员参与部分酒桶的竞标，会员可以竞标他们想要的葡萄酒升数，并从顶级葡萄酒生产商中挑选。[56]会员还可以选择自己喜欢的瓶子尺寸并获得个性化标签。通过区块链技术，Crurated不仅解决了葡萄酒产地的问题，还使整个过程更加民主化。在这一过程中，由于区块链的可及性，该平台吸引了更年轻的客户。自2021年平台推出以来，70%的会员年龄在45岁以下，35%的会员年龄在35岁以下。[57]对于一种过去主要由60岁以上人群消费的产品，这为企业开辟了一个新的市场细分领域。

使用区块链的增强营销

使用区块链的增强营销旨在提升营销体验、增加透明度和提高用户参与度。这种表现形式的实例包括：使用区块链将内容代币化，使内容创作者在用户互动或观看其内容时可以获得代币奖励；将游戏融入营销活动，为用户带来卓越的营销体验；作为忠诚度计划的一部分，允许用户解锁特别体验或折扣；验证广告效果；等等。

虽然区块链在增强营销活动方面的应用已被广泛记录，但其在非商业应用中的使用也越来越多地被识别。以选民管理为例。无论地理位置如何，选民投票率一直是媒体和研究的重点，因为这对治理和政策制定有着深远影响。[58]此外，基于区块链的系统已被认为有助于打击选民欺诈。[59]初创企业，如Voatz、Follow My Vote和BitCongress已经创建了旨在提供安全投票选项的投票系统。这类投票系统可确保每张选票只记录一次且不可更改，确保选民可以选择他们心仪的候选人。此外，这类应用还具备其他功能，如分享对公民和市民事务的意见，从而增加了其应用的价值。[60]在2020年，美国西弗吉尼亚州由于业界专家对安全性的担忧，决定无限期停止使用Voatz平台。[61]虽然这些试点项目仍处于初级阶段，并面临一些困难，但它们展示了区块链技术将如何彻底改变我们对数字投票系统的看法和信任。

使用区块链的敏捷营销

敏捷营销是一种强调灵活性、迭代性和快速应对变化的营销方法。它注重短期冲刺、持续反馈以及适应变化的需求。这种使用区块链的方式使企业能够为终端用户提供价值。

以食品安全系统中的区块链应用为例。挪威的三文鱼产业目前在实施有效的追踪方法方面遇到困难。2019年进行的一项研究调查了欧洲超市（如Sainsbury's、Aldi和Tesco）销售的各种三文鱼产品的供应链和采购方式。研究发现，尽管许多产品获得了如"负责任供应"等环境认证，但这些产品可能是通过印度、越南和冈比亚等国家的高度不可持续的捕捞作业生产的鱼粉和鱼油制成的。[62]对此，挪威科技企业Atea与IBM的基于区块链的平台Food Trust以及挪威海产品协会合作，建立了挪威海产品信托基金（Norwegian Seafood Trust）。该网络基于区块链技术，与全球主要的养鱼企业合作。通过收集大量关于鱼类健康状况、水质、基因、饲料、加工和分销等数据，行业正实现前所未有的透明化，并能够获取有价值的信息。[63]

此外，通过允许企业公开、清晰地追踪食品来源，区块链在食品安全系统中带来了多种好处，例如：①通过减少浪费提高可持续性；②通过消除食品系统中的效率损失降低成本；③追踪食源性疫情；④打击假冒食品；⑤通过改进食品数据实现更高效的食品流动；等等。[64]如果整个生产和供应链系统都记录在区块链上，消费者可以轻松追踪食品从其来源到餐桌的全过程（见图10–2）。

这也使监管机构更容易识别和控制与任何食品相关的疾病的来源。阿里巴巴、家乐福、Greenfence和沃尔玛等企业都在使用区块链来提高食品链的效率，使消费者能够了解从农场到餐桌的食品旅程。[65]

图10-2　使用区块链追踪食品来源。雀巢允许消费者通过区块链记录的数据追踪其Zoégas咖啡品牌的咖啡来源

注：本图为Katya Austin在Unsplash上发布的照片。

当前营销中的区块链应用

除了为企业提供重要的数据管理功能，区块链还为企业带来了多个备受重视的营销应用。特别是，区块链吸引企业的原因在于其能够自动化地从各种来源提取和管理结构化数据和非结构化数据，并以可识别的方式即时提供访问，同时保持数据的完整性和权威性。[66]此外，区块链可以避免数据重复并统一数据条目，从而为客户提供准确而全面的视角。本节将介绍区块链在持续帮助企业开展营销活动方面的五个具体应用领域。

了解客户需求以部署区块链

消费者期望的最新发展动向是他们希望了解自己消费的企业产品（例如，食品、药品、捐赠品等）的来源。例如，在农业食品行业，研究发现，理性决策、效用最大化、信息的系统解读和最优选择都受阻，原因是信息往往是不完美的、不完整的、难以获取的、不对称分布的、非标准化的或收集成本高昂的。[67]此类情况导致消费者之间的信息不对称，使他们做出的选择与自身偏好不一致。[68]此外，当面对信息不确定时，研究发现消费者并不会表现得像是在最大化预期效用。[69]在这种情况下，研究表明，如果信息不对称是市场失灵和做出次优选择的核心原因，那么更准确的信息和更高的透明度就将成为解决方案的核心。[70]区块链提供了一种能够安全且透明地让消费者按需访问信息的解决方案。

通过使用区块链，消费者可以追踪产品及其组成部分的整个旅程，以便验证其真实性。此外，得益于区块链的透明性，消费者还可以评估企业的价值观与自身价值观的一致性。具体来说，他们可以通过供应链追踪企业的产品，验证智能合约和所有权转移等，从而更深入地了解企业产品。[71]以下列举了一些最近的区块链应用，这些应用专注于为消费者提供公开透明的信息。

- 阿里巴巴正在考虑使用区块链解决方案来协调跨境供应链活动。[72]
- Everledger利用物联网、人工智能和区块链等新时代技术来跟踪产品从原材料来源到销售的整个过程，以便为市场提供更清晰、更可靠的保障。[73]为了确保电动汽车电池的道德回收，Everledger和福特于2022年10月宣布启动全球首个电池护照试点项目。[74]
- 在欧洲，家乐福使用区块链技术确保包括鸡肉在内的24种产品的可追溯性。顾客可以使用移动设备扫描鸡肉包装上的二维码以获取有关鸡的出生、每日喂养、来源（农场/农民）、屠宰和加工类型以及产品到达商店的详细信息。[75]2022年4月，家乐福自有有机品牌"Carrefour Bio"宣布将开始在其产品中使用区块链技术，这是因为消费者对有机产品的来源和生产工艺透明度的需求增加。[76]
- 大众和雷诺开发了使用区块链捕捉车辆里程、维护和维修情况、发动机使用历史的车联网系统，制造商、买家、保险企业和经销商都可以通过区块链获取这些信息。[77]2021年7月，雷诺集团在欧洲的多家雷诺工厂使用了一个名为XCEED的区块链系统，用于认证车辆合规性，这是汽车行业的第一个工业级区块链项目。[78]

重新审视企业整合区块链的能力

尽管企业能力涉及多个功能领域，但在区块链方面，有四项特定的企业能力尤为突出：数据管理、交易处理、内部流程驱动的组织效能和管理供应链合作伙伴。实施区块链要求企业重新审视如何提升这四项能力，以便确保企业能够应对新的市场需求并为之做好充分准备。

许多企业已经在引入区块链解决方案时，在这些能力的提升方面取得了显著进展。[79]例如，在数据管理方面，保加利亚的LogSentinel和ReCheck已开发出区块链解决方案，能够让保加利亚的企业在确保通信和数据共享安全的同时，扩大其在海外的业务活动范围。此外，新区块链平台还可以提供数字化文档、认证文档和维护安全的数字身份等服务。[80]在交易性质方面，戴比尔斯（De Beers）和其他钻石制造商开发了名为Tracr的区块链平台，能够成功跟踪钻石在价值链中的流通过程，确保资产的可追溯性。[81, 82]

在管理供应链合作伙伴方面，沃达丰（Voda fone）计划将区块链整合到其内部流程中，通过数字身份平台推广并验证供应商的身份，从而推动其供应链发展。此外，这一平台在沃达丰邀请供应商合作时，可以影响采购决策，并与安全、价值、交付和技术等其他标准一起作为评价依据。[83]沃达丰的数字资产经纪部门（DAB）携手Aventus区块链网络，使用物联网追踪货运集装箱。通过嵌入特殊SIM卡的DAB物联网身份护照，DAB在货运集装箱运输过程中将数据记录在区块链上。为了解决货运集装箱丢失的问题，Aventus之前曾与伦敦希思罗机场合作，共同追踪行李、邮件和货物。[84]

因此，企业成功整合区块链将意味着：①提高资产、所有权和货币的可追溯性；②企业与客户直接进行交易，无须中间商介入；③提高数据安全性；④加快合同、交易和所有权转让的处理速度。[85]

利用区块链制定营销组合战略

正如前文提到的，区块链通过加快和保障交互和交易中涉及的流程和数据记录，实现了流程的经济性。[86]这意味着，区块链的安全性和自动交易的功能帮助加快了本来需要依赖中介机构或交易方批准的流程。通过明确交易可以执行的条件，区块链允许两方或多方在更高的数据和资产安全性下，更高效快捷地完成交易。数据、资产和流程上的这些重大变革，最终会对实施区块链的企业的市场营销组合要素产生影响。具体来说，成功实施区块链的企业在市场营销组合的四个核心变量（产品、价格、渠道和促销）上都实现了显著的进步，正如以下例子所展示的。

产品。区块链被有效用于保障企业产品的安全性。这在多个行业的应用中都得到了体现，如零售、制药、运输、汽车、医疗保健和房地产等。例如，印尼宣布计划实施区块链解决方案，以便提高全球贸易的效率和安全性，并支持供应链各方之间的信息共享和公开。[87]通过集装箱追踪、运输时间监控以及货物移动信息接收，区块链可以提高货物运输的可视性并增强交易方之间的信任。同样，印度的安得拉邦采用了区块链解决方案来促进土地登记。除了将土地买卖数字化，这一解决方案还能避免潜在的土地所有权纠纷，因为所有权信息是安全的、透明的且无争议的。[88]其他已开始采用区块链用于土地登记的国家包括美国、瑞典、瑞士、法国、日本和巴西。[89]De Beers使用区块链技术追踪钻石从开采到零售的整个路径，确保并证实钻石的获取是合法的，没有通过冲突地区。这提升了消费者对产品真实性和道德承诺的信任度。通过为企业资产提供足够的保护，区块链被有效地整合到众多行业的产品和服务管理中。

价格。尽管区块链可能不会直接用于企业产品的定价策略，但它通过成本节约对价格产生间接影响。例如，专为石油和天然气企业设计的Data Gumbo区块链技术，旨在自动化支付流程，预计每年将为实施该技术的企业节省约37亿美元。[90]这种成本节约可以通过捕捉流失的收入并生成新的收入来创造价值。在这个意义上，区块链对企业影响最大的领域是通过提升运营效率来实现成本节约。最近的一项研究发现，企业在短期内实施区块链所能带来的约70%的价值在于成本降低。[91]随着时间的推移，区块链不仅能够帮助企业实现成本节约，还能引导其创造价值，从而摆脱以价格为导向的运营模式。这可能会通过新的商业模式和侧重于流程效率的收入流表现出来。区块链技术还可以用于保证透明的定价。例如，像Ocean Protocol这样的区块链项目，旨在让数据的价值民主化，并为数据服务建立透明的定价机制。[92]

渠道。区块链在定位方面为企业提供了显著的优势。具体而言，企业已经开始使用如地理信息系统等智能定位技术，确保运营透明。这催生了地理空间区块链，或简单称为地理区块链，它利用加密空间坐标系统为常规区块链缺乏的空间背景信息添加了不可篡改的特性。[93]地理区块链的一个关键区别特征是包含了位置证明，允许精确定位物理世界中的事件。具体来说，地理区块链记录的是经所有协调方同意的交易，提供了位置证明和其他细节。因此，地理区块链不仅记录了商品易手的情况，还记录了交易发生的地点和条件（Chiappinelli，2019）。这种系统消除了企业需要协调各方记录的不同版本的物品行程细节的情况。许多行业（如零售业、医疗保健行业、制造业和物流业）的企业已经实施了地理区块链，主要用于跟踪商品的来源或行程，此外还记录交易细节。例如，沃尔玛、保时捷、戴比尔斯、雀巢和FOAM等企业已采用地理区块链技术来高效获取所有交易成员同意的数据（Bolger，2019）。[94]

促销。由于区块链技术围绕用户的安全需求运作[95]，其关键优势在于各方之间的交互。在营销促销方面，区块链可以有效应用于营销沟通和媒体管理。多家利用区块链开展促销活动的企业已经取得了早期收益。例如，国泰航空在管理其忠诚度计划中引入了区块链技术，客户、航空企业合作伙伴和航空企业本身可以实时管理会员奖励。[96]在媒体管理方面，联合利华通过区块链技术提高了在线广告的效率。通过该举措，联合利华提升了广告对账效率，确保广告商履行合同协议。[97]同样，丰田实施了一项区块链解决方案来管理其数字广告策略。该解决方案有效地引导了广告支出，随后减少了广告欺诈并将网站流量提高了21%。[98]

此外，区块链可能为更透明的广告提供解决方案。一个例子是Brave浏览器团队开发的BAT（Basic Attention Token），该代币用于改变面向消费者投放的广告的方式。用户通过观看广告获得BAT作为回报，从而确保了更公开和合作的广告模式。区块链还可用于认证网红营销的真实性，这也是区块链辅助促销的另一个实例。网红的粉丝和互动的真实性验证可以通过区块链来完成，这解决了网红营销中虚假粉丝和虚假互动的问题。像SocialBook这样的平台提供了借助区块链技术的工具，帮助企业确保与网红的合作是真实可信的。[99]最后，区块链还可以用于验证内容的真实性。在假新闻盛行的时代，区块链技术可以验证宣传信息的真实性。例如，《纽约时报》已经在试验使用区块链技术来验证新闻图片和其他信息的真实性。[100]

通过区块链推动客户参与

区块链在帮助企业与客户互动方面具有巨大的潜力，这种互动可以带来直接贡献（即购买）和间接贡献（即推荐、影响力和反馈）的大幅提升。[101]已经有企业通过实施区块链技术改善客户参与，并取得了早期的成功。例如，葡萄酒行业因假冒伪劣问题每年预计损失约700亿美元。[102]为了解决这一问题并增加收入，区块链被用于改善这种情况。

例如，Cellr是一个区块链解决方案，它在瓶盖中嵌入了射频识别（RFID）标签，允许葡萄酒购买者验证产品的来源，并确保有关葡萄酒的信息未被篡改。此外，通过手机应用程序，射频识别标签可提供产品信息、促销内容、使用技巧和产品折扣，从而提高客户参与度。如果标签中的信息被篡改，系统会向潜在买家或企业官员发送关于破坏行为的消息。因此，区块链不仅用于保护企业的产品，还用于提高客户参与度，确保客户与企业保持长期联系。另一个例子是Miller Lite使用区块链与其客户互动。该企业设计并推出了一款关于啤酒的手机游戏，利用地理定位技术在美国超过23万家酒吧和餐厅中向顾客进行信息的定向投放。消费者若回答正确所有问题，将赢得5美元的奖励，可用于购买Miller Lite的产品。这款游戏基于区块链构建，并使用NFT来提供问答挑战、社交徽章和奖励，确保5美元的奖品代币不会被伪造。[103]

研究表明，增强客户忠诚度有助于促进客户参与。[104]在这方面，除了推动一次性使用，区块链还通过建立或加强客户忠诚度来促进客户参与。例如，美状购物平台Cult Beauty通过区块链技术为消费者提供决策信息，确保产品信息透明，并直接且一致地向消费者传达其产品的可持续影响（如纯素、无残忍实验、可回收等）。该系统有望提高品牌和零售商的客户参与度和忠诚度。[105]同样，区块链也被用于管理奖励积分。例如，新加坡航空企业的数字钱包KrisPay允许会员将 KrisFlyer 积分实时转移给合作零售商，兑换的积分可用于多个零售商的多种产品类别。此外，奖励积分可用于全额支付或部分支付，并以与传统里程相同的方式累积。[106]NBA Top Shot是由Dapper Labs基于Flow区块链开发的平台，允许粉丝购买、出售和交换经过合法授权的NBA精彩瞬间收藏品。这些数字"时刻"引发了篮球迷和加密货币爱好者的高度参与。[107]因此，区块链正越来越多地被用于推动客户参与,越来越多的企业表达了对此的兴趣和承诺。

利用区块链制定数字战略

区块链有两个关键特征:它们是分布式的,并且是数字化的。[108]因此,区块链在帮助企业制定数字战略方面贡献很大。要了解区块链在制定数字战略中的贡献,企业需要确定两个关键要素:它们具备的能力,以及它们打算创造的价值。[109]

企业开发这些能力的经历在很大程度上是独特的。在这方面,研究调查了传统企业和数字原生企业在开发某些能力方面的差异。[110]成功的数字战略开发需要在技术、营销和人力资源三个关键领域进行大量的前期投资和持续投资。

企业现有的技术能力(即软件、应用程序、系统和技术专长)将使其了解自己在拥抱数字生态系统方面的准备情况,并确定为实现全面数字化所需弥补的差距。虽然预计数字原生企业在技术专长和技能上准备充分,但传统企业则需要采取更加审慎的方法来提高其技术能力。

成功利用区块链进行转型的传统企业之一是柯达。自智能手机和先进的数字摄影形式引入以来,柯达一直面临困境。2018年,柯达利用区块链技术推出了KodakOne,这是一个用于创建加密数字版权所有权账本的数字管理平台。摄影师可以将新图片和存档图片添加到系统中。区块链系统以公共账本形式存储图片,从而为图片的合法所有者提供保护,防止任何所有权纠纷。[111]此外,柯达还推出了名为KodakCoin的代币,该代币旨在在KodakOne平台上提供一种完全安全的数字版权管理方法。代币持有人可以在平台上上传新图片、存档旧作品,并管理其图片的版权。[112]

随着客户需求的不断变化,不断更新营销能力对于企业开发成功的数字战略至关重要。鉴于消费者最近的偏好是在购买产品之前了解产品的来源和流通过程,奢侈品牌制造商LVMH正在利用区块链技术来证明高价商品的真实性,并追踪从原材料到销售点乃至二手商品市场的来源。[113]

成功的数字战略开发依赖于熟练的人才和技术管理。除了相关人才的招聘和管理,技术能力还包括持续的学习管理,尤其是在新时代技术和将所有相关新时代技术融入所有创造价值的职能中的组织愿景方面。由于技术不断发展，员工还需要具备多角色能力，能够跨部门协作，并不断更新和提升与新时代技术相关的技能。一些传统行业中的新兴企业，如人力资源管理、法律服务和旅游业，正在改变常规业务职能的叙事。例如，Aworker是一个基于区块链的平台，求职者可以即时展示其资历，从而增加获得工作机会的可能性。此外，由于区块链的透明性和去中心化性质，这样的系统可以加快评估候选人并确定最具竞争力的薪酬方案的速度和效率。因此，企业可以用比传统方式更具影响力的方式减少招聘和入职费用。[114]

数字战略实施的成功还取决于数字战略试图解决的问题。具体而言，企业必须明确通过数字战略创造了什么价值，以及为谁创造了价值。[115]例如，通过区块链创造价值可能集中在以下几个方面：①进行交易（例如，Ripple通过各种金融机构实现全球支付）；②协商合同（例如，BitProperty允许除美国和日本外的全球其他地方的个人投资房地产）；③信息的聚合和/或传播（例如，RiskBlock向保险企业提供保险证明和损失通知）；④确认证明（例如，Provenance提供供应链的所有权链和认证细节）；⑤管理访问控制（例如，MedRec为患者和授权的医疗专业人员提供安全的患者记录访问权限）；⑥权利管理（例如，Monegraph使艺术家能够定义他们的许可条款并促进与出版商或数字艺术品买家的交易）；⑦保障所有权控制（例如，Ubiquity记录财产信息以确保所有权的清晰记录）；等等。此外，这些价值可以为一个或多个用户群体创造，如客户、企业、金融中介、政府、渠道合作伙伴和公民等。

区块链在营销领域的未来

到目前为止，讨论的重点是区块链可以为个人和组织提供什么。简要回顾一下，区块链是一种基础技术，由电子分布式账本组成，并创建了一个不可篡改的数据库，用于安全地传输数据。记录的去中心化确保不存在单一的薄弱点，从而降低了被黑客攻击和数据泄露的可能性。此外，账本的去中心化意味着没有任何单一实体可以在不遵循共识协议的情况下更改账本，而共识协议要求网络上的大多数用户通过数学算法认证后才能同意更改账本。此外，区块链的安全性和自动执行交易功能有助于加快那些原本依赖中介或交易方批准的流程。总的来说，区块链体现了以下三个显著特点：①由加密技术保障的去中心化电子记录，意味着更高的安全性；②记录的不可篡改性和基于共识的系统，确保记录的完整性；③通过自动执行合约，实现去中心化，使中间商变得不必要。[116]展望未来，区块链在营销方面的应用前景广阔。虽然我们可以预见区块链在多个组织领域中的能力会有所进展，但有三个领域尤为突出，下文将讨论。

数据和交易安全

几乎可以肯定的是，与传统技术相比，新的技术创新在数据和交易安全方面更加注重为所有用户提供安全的使用体验。这也在很大程度上反映了用户在采用新技术时的需求和偏好，源于他们对失去数据控制权的担忧。[117]然而，研究发现，当隐私保护以牺牲用户体验为代价时，用户更可能避开那些提供更有效保护的选择。[118]企业必须应对并在这个充满挑战的矛盾中寻求出路，这就要求它们在业务运营和安全设置偏好之间谨慎平衡。即使在企业内部，员工对区块链平台安全性的态度也存在差异。[119,120]

未来，区块链应用可能会越来越关注为所有利益相关者挖掘新的价值来源，而不仅仅限于提供功能性优势。在这方面，以下关键指导原则预计将激励企业开发新的商业模式并创造更多价值。[121]首先，区块链不会直接提供数据和交易安全保护，而是企业应根据不同的业务环境来决定适当的安全特性。其次，没有任何技术是完美的，将新技术与现有系统集成可能会暴露新的安全威胁。最后，安全性与效率之间需要权衡，确定可接受的性能水平可能是最终确定适当安全设置的必要步骤。

对广告透明度的影响

美国广告行业在过去几年中表现稳定，并取得了两个显著的成果。首先，2018年数字广告收入首次突破1000亿美元，达到1075亿美元。[122]其次，2019年上半年广告收入首次突破500亿美元，达到579亿美元。[123]这两个令人瞩目的首次突破彰显了该行业的活力以及未来可能持续的影响性变化。

对这一进步表现起到关键作用的行业发展是行业内采用的程序化广告模式。程序化广告（PA）指的是使用软件、自动化流程、机器和算法来购买数字广告。广告主通过实时拍卖在现货市场上购买针对目标页面浏览量和目标受众的广告展示机会。[124]这与传统广告模式形成对比，后者需要开发广告提案、招标、生成报价并进行价格谈判，才能确定广告投放位置。程序化广告的增长势头令人瞩目，预计到2021年将占美国所有数字广告的88%。[125,126]

程序化广告的快速发展和积极影响可以通过它带来的主要好处被大家注意到（尤其是与传统广告模式相比），这些好处包括对广告生态系统的企业、广告代理机构和消费者的影响。[127]首先，程序化广告的覆盖范围更广。由于多个广告交易平台参与选择，企业可以立即扩展受众覆盖面和潜在广告空间。基本上，这在不增加广告成本的情况下扩大了广告的规模。其次，企业和广告代理机构可以实时访问广告投放和活动数据，从而提高了过程的透明度。再次，广告投放和活动的实时数据得到了关于广告效果的即时反馈数据的补充，这使企业和广告代理机构能够在短时间内调整广告活动的范围和内容。然后，程序化广告不仅仅关注展示次数和点击率，它还能够实现具体的目标定位，创建理想的用户档案，进行地理定位和个性化，以便接触到正确的受众。最后，由于自动化是该广告模式的主要驱动力，不仅使企业可以立即决定启动广告活动，还可以避免接触到不是目标受众的用户。这为广告活动的开发和运行带来了效率和稳健性。尽管程序化广告很好地服务了广告生态系统，但加入区块链可使其更具吸引力。在这五个主要好处中，区块链可以潜在地提高广告购买效率，确保生态系统成员的实时访问，识别广告欺诈，提供信息的真实性，并确保只有授权人员参与广告活动（见图10-3）。

在这方面，百事公司最近测试了使用区块链的可行性，从而确保广告主只为在可见的、安全的、无广告欺诈的环境中投放的广告支付费用。[128]该试验比较了使用和不使用基于区块链智能合约的广告活动，初步结果显示由于使用智能合约，广告效率提高了28%。同样，在2020年"超级碗"期间，Avocados From Mexico开发了一个基于区块链的活动来招募、注册、奖励和追踪消费者参与度，最终为其忠诚计划带来了53000个注册用户。[129]程序化广告中的需求

图10-3 区块链用于广告效果。区块链用于提高广告购买和广告开发的效率
注：本图为Scott Graham在Unsplash上发布的照片。

方平台（DSP）和供应方平台（SSP）可以通过使用区块链来消除中介，从而降低成本并提高交易效率。例如，纽约互动广告交易所（NYIAX）使用区块链提供了一个交易未来广告库存的平台，该平台基于纳斯达克的基础设施。[130]早期的这些区块链在数字广告中的使用显示出广告生态系统的成员可以实现更加紧密的整合，同时为所有成员提供清晰的交易细节。百事公司、Avocados From Mexico和NYIAX的这些早期应用仅仅是刚刚开始，未来我们可能会在广告行业看到更多区块链的应用，带来真正的变革。

在线营销活动管理

最近的技术变革使消费者能够通过各种触点与企业互动，这些触点最终会引导消费者进行购买并继续互动。在这种情况下，在线渠道是当前营销格局的关键组成部分。尤其是口碑传播（WOM）在营销人员中日益占据主导地位，消费者向其他潜在客户或营销人员传递企业产品信息。因此，企业越来越多地投资于社交渠道，通过病毒式内容传播、社交媒体竞赛和消费者参与活动迅速创建或传播品牌。为此，企业会开发和实施在线活动，从而实现设定的目标。

从正式角度来看，营销活动（在线和离线）是指一系列相互关联的促销活动,旨在实现具体的营销目标。通常,一场营销活动由一个或多个促销活动组成,每个促销活动都是一个引起客户兴趣的举措或手段。此外,活动可以针对潜在客户或现有客户,通常在限定的时间内进行。[131]

在开发在线活动时,企业总是将社交网络作为活动的一个重要组成部分。社交网络主要通过广泛的媒体连接"谁、什么、何时"这三个关键维度来实现诸如交换想法(如博客和微博客)、建立人脉(如求职网站)、分享内容(如新闻、视频、音频和照片分享网站)、定位服务(如本地网络)、推广产品(如网站)、提供反馈(如评论网站)、进行调查(如在线问卷网站)等功能。

随着越来越多的企业重视人与人之间的连接,网络活动几乎总是会采用某种形式的口碑传播或影响者营销。美国营销协会将影响者营销定义为"利用对潜在买家有影响力的个人,并围绕这些人开展营销活动,向更大的市场传递品牌信息"。[132]此外,营销问责标准委员会将影响者定义为"其观点影响采购中心其他成员做出最终决策的人"。[133]在社交媒体环境中,研究提出了两个关键指标:客户影响效应(CIE)和客户影响价值(CIV)。[134]客户影响效应衡量个人信息传播和影响的净值;而客户影响价值则计算通过客户的正面或负面影响传播,企业获得的经济收益或损失。在追踪企业社交媒体活动的这两个指标时,V.库马尔等人[135]的研究表明,品牌知名度提高了49%,投资回报率(ROI)增加了83%,销售收入增长率提高了40%,从而为社交媒体营销带来了可衡量的成果。

近年来,区块链已经成为社交媒体经理工具包中的一个颇具吸引力的补充工具。这是因为影响者(网红)经常推荐企业的产品,能够为企业赢得新的客户。也就是说,合适的影响者可以为企业或品牌带来可观的收益。虽然研究已经找到了一种识别、发现和招募影响者的方法[136],但仍然存在一些操作上的挑战,如影响者的支付系统通常不够透明和客户对影响者存在信任方面的问题等。

在这方面,区块链可以通过智能合约帮助列出影响者营销服务的条款和价格;设定潜在的保障条件,直到影响者服务的条件得以满足;作为一种透明的争议解决方式;快速启动营销活动;消除衡量活动效果的挑战;识别可能误导消费者的虚假信息;将成员整合到一个单一的影响者营销生态系统中(见

图10-4)。在这方面,像SPIN Protocol和Boosto这样的区块链企业致力于将营销人员和影响者聚集在一起进行影响者营销。同样,WOM Protocol为品牌、内容创作者、出版商和社交网络提供了一种在任何应用或平台上通过口碑推荐实现盈利的方式。

图10-4 区块链在管理影响者营销中的应用。
区块链可用于高效管理影响者营销项目

注:本图为Unsplash平台上的NordWood Themes提供。

虽然这些早期实践主要来自构建在区块链平台上的数字原生企业,但未来可能会有更多此类实践,甚至传统企业也可能会加入区块链应用以管理影响者营销。总体来看,随着区块链在品牌经理的工具包中占据一席之地,营销的未来很有前景。

关键术语和相关概念

资产支持代币	与有形或无形资产(如黄金)挂钩的代币。
区块链	一种分布式账本和不可更改的数据库,用于安全地传输数据。
治理代币	允许代币持有者就主区块链的决策进行投票的代币。
混合区块链或联盟区块链	结合了公有区块链和私有区块链的特性,区块的添加和当前状态的确定由一个特定的参与者群体控制。
影响者	其观点影响采购中心其他成员做出最终决策的人。

（续）

影响者营销	利用对潜在买家有影响力的个人，并围绕这些人开展营销活动，向更大的市场传递品牌信息。
非同质化代币（NFT）	其价值是独立的，常用于表示数字资产，如艺术品或收藏品。
私有区块链或许可区块链	由一个中央权威机构管理的邀请制区块链网络，该机构决定读写参与者在区块链操作中的读取/写入权限的范围和程度。
程序化广告	使用软件、自动化流程、机器和算法来购买数字广告的广告模式。
公有区块链或无许可区块链	区块链中的所有参与者有权访问所有账本，没有中央机构或组织管理网络，包括批准或禁止交易。
证券型代币	代表所有权并与实物资产挂钩的代币，类似于企业股票。
代币	区块链中的灵活工具，能够实现从简单交易到复杂平台交互的各种操作。
功能型代币	为用户提供访问平台服务或功能的权限。

未来营销
AI时代的营销技术、方法和模式

第11章 总结

在本书开篇,我们用"前卫"这个词来形容营销世界正在发生的变化,以及这些变化对企业、消费者和其他利益相关者的影响。我们希望本书已经有效地传达了新时代技术对当今营销状况产生的革命性影响。特别是,长期以来的营销战略正在发生剧烈变化,并重新定义着我们日常生活的诸多方面。这是由于企业面临着越来越大的压力:①要超越竞争对手;②要快速适应不断变化的市场条件以维持业务;③要及时为客户提供真正满足其需求的产品和服务。现在,企业似乎需要同时管理众多限制因素和考量点,并且需要快速响应更广泛商业环境中的各种干扰。

技术是推动这种商业演变的驱动力,它不断展现出从根本上颠覆既有商业流程并创造全新变革前景的能力。在当前的商业环境中,新时代技术既提供了重要机遇,也带来了维持现状的挑战。[1]本书涵盖了八种新时代技术:人工智能、生成式人工智能、机器学习、元宇宙、物联网、机器人、无人机和区块链。这八种新时代技术都为组织活动提供了切实的机会,让组织及其他相关利益相关者受益。

虽然前面的各章分别聚焦于各个新时代技术,但本章旨在将所有单独的章节整合成一个总体战略框架——一个综合的利益相关者参与战略,这有助于理解利用新时代技术进行变革性营销的力量。图11-1展示了这个框架。

如图11-1所示,当采用营销5.0概念时,每种新时代技术都为企业提供机会来发展能力,以便更好地表现并更好地利用技术进步。随后,这些能力将更

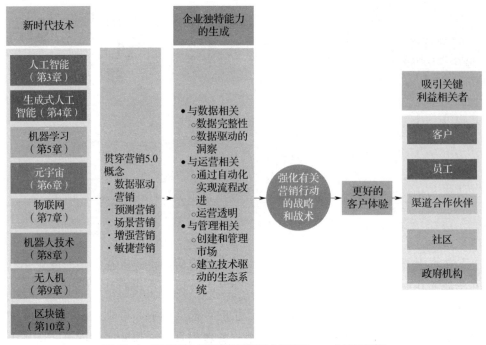

图 11-1　新时代技术在变革性营销中的应用：一个战略框架

注：本图来自 Kumar, V. (2021). *Intelligent Marketing: Employing New Age Technologies.* Sage Publications。

好地让企业及时、高效、有效地部署有关营销行动的战略和战术。这些营销行动将带来基于技术的客户体验的升级。这对企业来说是一个至关重要的结果，学术研究表明它会带来更高的客户参与度。[2]

到目前为止，我们已经在前面的章节中从每种新时代技术的角度进行了探讨。在改善客户体验之后，所有相关方（客户、员工、社区、渠道合作伙伴和政府）都能看到益处。本章将总结整本书中讨论的框架，并探讨对其他利益相关者的好处。

新时代技术助力高效营销：一个战略框架

正如先前所述，技术正在迅速发展，现在几乎存在于我们生活的每个方面。新时代技术在营销5.0世界中的融合意味着一个复杂的、网络化的智能设备生态系统，能够让服务提供商和消费者都受益。尽管有企业单独使用新时代技术进行营销的例子，但新的发展表明，企业有必要且迫切需要将这些技术作为综合营销策略的一部分来使用。持续的数据收集、不断学习，以及基于获得的知识的直观服务交付，使新时代技术驱动的营销战略能够持续创造价值。[3] 本节讨论了图11-1中描述的各个组成部分。

新时代技术

当前的商业趋势显示，企业越来越有兴趣使用数据来指导常规业务运营和创建有针对性的营销活动。在这个过程中，新时代技术的使用变得显而易见。此外，由于新时代技术可以简化来自各种来源的数据的追踪和整合，并利用先进的技术挖掘这些数据以生成见解，企业被鼓励密切关注这些技术的潜力。更重要的是，新时代技术在制订创新的解决方案和提供新业务机会方面的潜力增加了其吸引力。企业可以探索将多种新时代技术结合起来，以整合的方式找到创新的解决方案，从而使交易生态系统中的各方均受益。

人工智能技术在营销行业中起着至关重要的作用，它通过增强智能搜索、创建智能广告、个性化产品和内容交付，以及通过使用机器人改变客户服务等重要行动。从技术角度来看，人工智能可以自动化各种涉及信息收集、存储、管理和检索的活动，从而有助于为企业创造和管理有价值的产品。[4] 此外，人工智能计划的成功依赖于它们与组织目标一致，以及各层级、不同职能部门的成员以及各利益相关者的共同努力。人工智能对各种利益相关者的影响通过多个因素显现，包括创建个性化营销活动以建立与客户的真实关系（为企业增加价值）、创造新的工作角色（为员工增加价值）、开发额外的技术生态系统产品以增强最终产品（为渠道合作伙伴增加价值）、通过以人为本的设计优化资源有限的环境（为社区增加价值），以及部署和管理公共政策倡议的能力（为政府增加价值）。

生成式人工智能模型旨在识别现有数据中的模式和结构，然后生成遵循这些模式的新数据样本。这些设备可以生成广泛的信息，如文本、图片、音频等。生成式人工智能有众多用途，包括生成自然语言、合成图像、创建内容、增强数据、发现药物等。具体而言，生成式人工智能在产品开发与创新、营销与销售、研究与开发等活动中发挥作用（为企业创造价值），增强工作体验、通过工作流程自动化提高生产力，赋予员工取得更多成就的能力（为员工创造价值），管理渠道关系，优化运营和协作，赋能销售和提供支持（为渠道合作伙伴创造价值），在各个领域和用户群体中促进积极变革并改善生活（为社区创造价值），以及改进政府的运作方式、提供服务和决策的方式（为政府创造价值）。

机器学习是让机器通过时间的积累进行学习的过程。企业正在将机器学习用于多种功能，包括个性化内容和产品、制定动态定价策略、识别假冒产品、提升销售业绩，以及建立和增强与客户的个人关系等。此外，机器学习还通过多种方式服务于利益相关者，如：帮助客户强化战略实施的手段（为企业提供价值）；加快客户细分、潜在客户定制和营销元素定制，从而使员工能够将时间用于更有意义的行动（为员工提供价值）；辅助进行精确的销售预测以实现高效的库存管理（为渠道合作伙伴提供价值）；支持环境和自然资源保护工作（为社区提供价值）；通过特定且及时的响应来监控和管理网络安全威胁（为政府提供价值）。

元宇宙不仅仅是一个概念，而是一个具体的现实——一个沉浸式空间，在这个空间里，我们的在线互动超越传统平台的限制。元宇宙的核心是一系列相互连接的技术，包括虚拟现实、增强现实、区块链、人工智能等，这些技术共同创造了一个统一的沉浸式数字体验。这些技术构成了新时代的基础，改变了我们在数字领域中的沟通方式、合作方式和社区形成方式，从而为所有参与方创造了价值。元宇宙还可作为一个平台，供企业与受众互动并进一步了解他们（为企业创造价值），为员工提供一种互动协作的方式（为员工创造价值），为多个品牌和广告商提供一种以共享互动空间吸引客户的方式（为渠道合作伙伴创造价值），为相关人员提供一个围绕共同感兴趣的话题开展社群建设、讨论和互动的场所（为渠道合作伙伴创造价值），以及为政府提供一种利用模拟三维世界技术向公民提供服务和应用的方式（为政府提供价值）。

物联网代表了一个相互连接的设备网络，这些设备可以通过互联网实时收集、传输和处理信息，从而执行或协助执行某些特定任务。然而，物联网部署的一些前景广阔的应用领域，如智慧城市和互联出行解决方案，表明了这一新时代技术正日益被认可。此外，物联网继续通过其在构建自动化驱动生态系统中的应用服务于各种利益相关者，催生"工业4.0"这个概念的出现（为企业创造价值），准确识别机械部件/组件何时需要更换（为员工创造价值），在避免重复工作方面发挥作用（为渠道合作伙伴创造价值），在社会福祉功能中发挥作用（为社区创造价值），以及在执行政府工作和管理国家资源方面发挥作用（为政府创造价值）。

  机器人技术不仅在日常生活中发挥作用，还在工作中学习并持续思考。这使机器人能够提供个性化的服务，满足个人的独特需求。机器人技术目前展现出了广泛的能力范围，从基础的（如在仓库中搬运货物）到复杂的（如在服务环境中回应客户询问和提供医疗服务）。此外，机器人通过其在适应运营变化过程中的重新设计能力（为企业提供价值）、与人类合作完成多个面向消费者的任务（为员工提供价值）、协助提供定制化和个性化服务（为渠道合作伙伴提供价值）、在基本服务（如教育、医疗等）中发挥作用（为社区提供价值），以及在公共事业服务中发挥作用（为政府提供价值），继续为各类利益相关者服务。

  无人机为企业提供了更多接触用户的机会、更多的客户互动触点、更多的运营效率提高途径以及更丰富的信息来源等。无人机还服务于其他利益相关者：通过协助开展如农业活动、建筑、运输、物流、媒体等相关工作（为企业创造价值），对可被替代的工作内容进行重新规划以使其转向关键且能创造价值的行动（为员工创造价值）；在具有视觉吸引力的同时还经济实惠，可用于媒体领域（为渠道合作伙伴提供价值）；在紧急和人道主义救援工作中发挥重要作用（为社区创造价值）；作为国家安全的关键资产（为政府创造价值）。

  区块链指的是基于在数字网络世界中达成分布式共识的分布式账本技术，它可确保在网络世界中也能牢固确立行动的可信度。这项技术包含去中心化操作、安全性、不可变性、透明性和自主性等显著特点。区块链在多种面向消费者的应用中发挥作用，如共享出行应用、确保食品安全、在线支付、提供保险服务等，从而为终端用户提供实时价值。此外，区块链通过增强供应链活动的效率（为企业提供价值）、即时验证候选人的资格以助力招聘流程（为员工提供价值）、管理供应商对相关流程的访问和拥有的权利（为渠道合作伙伴提供价值）、通过确保工人的人权解决劳动剥削问题（为社区提供价值），以及优化信息技术以管理公共数字服务（为政府提供价值）来惠及其他利益相关者。

企业能力的生成

每一章都从特定的新时代技术的角度详细讨论了企业能力的生成。在描述新时代技术的综合结构及其在营销5.0背景下的整合方式后，几种独特的能力浮现出来。此外，在讨论这些能力的重要性时，我们特别提到了经常将多种新时代技术用于不同组织流程的企业。预计结合多种新时代技术的部署将有助于企业发展能力，从而使其所有业务部门受益。如图11-1所示，这些能力可以分为与数据相关、与运营相关和与管理相关的三个类别，在此进行讨论。

与数据相关的能力。这些能力与数据如何帮助企业提升绩效有关。虽然与数据相关的能力可能有多种，但有两个具体能力值得关注：数据完整性和数据驱动的洞察。

数据完整性指的是所记录信息在数据中的"干净"程度。这表明获得的数据可以被独立核查以确认其准确性。此外，流程的可追溯性和透明度（这通常是确保交易安全所必需的条件）也与数据完整性相关。例如，区块链能够在交易流程的各个阶段安全地存储所有交易记录。此外，区块链使外部利益相关者（如消费者、政府等）可以访问有关产品来源、成分和零件以及供应链历程的数据。这有助于提升对企业的信任，减少假冒伪劣现象，并确立产品真实性。

数据驱动的洞察涉及企业使用"干净"数据可以获得的潜在成果。随着企业收集更详细和最新的客户信息及使用模式，数据驱动的洞察对管理当前和未来的企业产品以及客户期望至关重要。更重要的是，企业可以通过了解客户偏好来创造个性化产品。在这方面，人工智能、机器学习和物联网等新时代技术使企业能够在适当的时机向适当的用户提供预期的产品。企业还能够识别不断变化的市场趋势，并规划相应的措施来应对它们。新时代技术还能让企业与其利益相关者直接互动。在这方面，企业可以使用区块链技术创建和管理智能合约，这些合约使用加密货币作为对客户参与的激励手段。

与运营相关的能力。这些能力关乎企业如何更有效和高效地执行业务流程。通过自动化实现流程改进和运营透明是这里的两项基本技能。

新时代技术允许企业通过自动化实现流程改进，从而使企业能够改进产品开发并优化流程。通过机器人技术、物联网和机器学习等新时代技术，企业可以监控其运营资产并安排主动维护以提高生产力、改善效率并降低运营成本。

智能仓储和智能运输等应用能够实现需求的即时满足、仓库自动化和路线优化，从而大幅提升效率。此外，生成式人工智能和机器人技术等新时代技术使企业能够实现客户服务的自动化，其涵盖从处理常规咨询到解决更为复杂问题等诸多方面。

新时代技术的实施极大地增强了运营透明度，尤其是在确定产品及其组件来源方面。此外，随着环境问题日益受到关注，客户和企业都感到有必要跟踪产品和组件的整个历程，以便评估生产实践是否符合其价值观需求。例如，区块链技术提供了追踪产品供应链的必要工具，使客户能够对品牌建立更大的信任，并做出长期支持其产品的决策。通过全球位置编号[作为企业实体位置（如商店和仓库）的唯一标识]，企业可以准确地追踪和分享有关食品生产和收获的信息。这个编号在供应链交换和可追溯程序中发挥着关键作用，因为它有助于精确捕捉和分享产品在供应链中移动的数据。[5]

与管理相关的能力。管理层应对市场变化以及为其做好准备的能力至关重要，无论这些变化是否受技术影响。这意味着新时代技术能够在不同层面提高组织效率，并利用技术来推动业务活动。更具体而言，新时代技术可以发展诸如创建和管理市场以及建立技术驱动的生态系统等能力，从而协助管理层开展工作。

除了帮助企业完成任务，新时代技术还有助于创建和管理市场。换句话说，管理层可以把新兴技术用于提升自身技术能力之外的其他目的，尤其是用于创造新的商业机会。采用新时代技术可以刺激新市场的发展，包括人工智能驱动的电子健康/移动健康解决方案、机器学习驱动的在线信贷市场、区块链驱动的供应链连接、农作物信息访问和物联网驱动的互联设备。通过将数据置于运营中心，这些市场或产品已经完全改变了若干行业。特别是，企业能够保护并存储自身的数据，从而开拓出一个安全的数据共享及数据变现市场。

当新时代技术在营销5.0背景下运用时，它们会为企业带来诸多益处，并有助于建立起技术驱动的生态系统。如前几章所述，人工智能、生成式人工智能和机器学习通常被联合应用。同样，机器人技术和物联网也已相互结合来推动业务转型。此外，人工智能与工业物联网的联合应用已为各类机构带来了令人瞩目的运营及效率提升成果。通过将设备连接至单一平台，使其能够相互之间以及与用户交换信息，并整合多种功能，企业能够获得显著的竞争优势。这一优势能让企业了解用户的行为和决策，利用这些认知来开发新产品、提升服务质量、优化客户体验，最终增强利益相关者的忠诚度。

有关营销行动的战略和战术

在战略营销方面，新时代技术有能力极大地改变企业的组织和运营方式。客户关系管理等举措可归类为此类战略行动，它涉及吸引新客户、留住现有客户和赢回流失客户等任务。此外，新时代技术还能助力打造可盈利的客户忠诚度计划、塑造有价值的品牌以及建立有效的产品开发流程等。例如，企业可利用人工智能/机器学习技术和特定的客户数据，提供个性化的产品和服务。再者，人工智能、机器学习和物联网等新时代技术能够帮助管理者随着时间推移提升对客户的价值主张，并支持实时学习。通过采取一种专注于精选产品为客户提供不断增值服务的策略，企业能够实现客户留存，并建立起可持续的竞争优势，这是战略营销行动的一项关键成果。

在短期战术营销行动方面，新时代技术可用于针对特定行为或结果。这类战术行动包括提供卓越的品牌体验、服务交付举措、定价、产品管理、分销和促销，以及广告和内容的精准投放等。例如，企业可使用无人机和机器人技术自动化和简化流程，从而为客户带来更佳体验。区块链和物联网等技术还可协助企业进行数据和安全管理，这可带来流程上的经济性并提高职能效率。这类项目能够打造令人难忘的客户体验，实现业务流程自动化并对其进行优化，创造企业资产，并最终使企业做好为所有相关方创造价值的准备。

客户体验

企业采用新时代技术实施的战略营销行动和战术营销行动，预期将创造客户体验。研究已经推进了个性化这一概念（它是新时代技术的一项显著特征）在通向客户体验之路上发挥作用。这些研究发现表明，新时代技术非常适合帮助企业构建客户体验，进而为所有利益相关者创造价值。[6]

当客户收到直接针对其需求和偏好的信息和产品时，新时代技术能确保他们将持续与相关业务保持互动。利用新时代技术增强客户体验的举措包括：使用人工智能和生成式人工智能开发精心策划的产品；在服务环境中利用机器人技术创造个性化互动；借助物联网减少服务体验的差异；运用机器学习识别对客户重要的社会话题；在元宇宙中提供令人着迷且能引发交流的体验；利用无人机为消费者提供功能性利益（如互动性、更快的配送时间等）；利用区块链培养/建立客户忠诚度。

此外，社交媒体互动使企业能够迅速评估其选择的与目标受众沟通及互动的不同方式的价值。换言之，在数字通信的推动下，消费者会积极表达他们对品牌和企业的体验和看法。这些体验得到适当组织，可以帮助企业深化与利益相关者的联系。因此，利益相关者参与度的打造有益于所有参与促进这种交换关系的各方，而不仅仅是企业和消费者。在这种情况下，新时代技术在为所有利益相关者创造整体价值方面发挥着至关重要的作用。

利益相关者参与/收益

在商业生态系统的多主体环境中，参与协调、推动以及引导交换过程的各方被称为利益相关者，而交换过程的目的围绕着满足利益相关者的共同利益和期望展开。数十年来，学术研究持续探讨利益相关者在整体交换过程中的作用和影响，其中一个关键的研究领域便是利益相关者价值和利益相关者参与度。[7]

学术界学者和从业者一直对利益相关者价值这一概念颇感兴趣，因为价值是利益相关者（在任何形式的交换中）所关注的一个显而易见的成果。利益相关者价值的一个重要方面是，它最好通过一个持续的交换过程来实现。[8]在这种过程中，相关方（即利益相关者）之间的双向价值流动使各方能够不断评估所获得的价值。关系通常通过已实现的价值来管理和跟踪。为使这种关系富有成效且令人满意，利益相关者必须持续评估其联系所带来的价值。

新时代技术正从根本上改变生态系统和商业模式。在新时代技术环境中，技术仍在改变企业的运营方式，但这些变化仍然非常符合价值的理念。正如本书所展示的，新时代技术的应用为企业带来的益处是巨大的。以下讨论集中在商业环境中通常涉及的五个重要利益相关者：客户、员工、渠道合作伙伴、社区和政府。

客户。作为一个利益相关者群体，客户在价值层面上与企业有着特别紧密的关系。企业通过旨在满足客户的产品和服务为客户创造价值。[9]作为回报，客户通过他们的忠诚度[10]、对企业利润[11]的贡献以及间接参与[12]为企业提供价值。在新时代技术环境中，这些技术为客户提供了更新颖、更具创新性的方式来改变或调整他们的行为。例如，物联网使终端用户能够集成以前无法获得的设备（如智能锁、恒温器等）。类似地，人工智能能够持续学习终端用户的使用模式，然后应用这些模式来定制用户体验（例如，个性化应用程序）。此外，得益于人工智能和机器学习对物联网数据的持续分析，终端用户现在可以享受到改进的体验（通过元宇宙）和个性化通信（例如，来自可穿戴设备的健康提示、个性化学习解决方案等）。

这些对终端用户的好处之所以成为可能，是因为他们分享了自己的个人信息。在这些情况下，区块链被用来保护个人信息，并给予终端用户更多控制权来决定谁可以访问这些信息。此外，通过使终端用户能够追踪产品在供应链中的路径，区块链将培养更高的客户参与度和品牌信任（例如，追踪食源性疾病暴发、检测食品假冒等）。最终，机器人和无人机通过改善与物理移动相关的任务并提供功能支持，提高了终端用户的生活质量。使用这些技术的终端用户继续被新时代技术提供的益处所吸引。

员工。内部营销已被用来描述员工是企业"内部客户"的观念。[13]这个观点展示了员工对企业的重要性。员工是所有商业领域的重要组成部分，执行从常规、高度标准化的货物物理运输到需要高度定制的专业服务等各种任务。员工的重要性在服务导向型行业（如金融咨询和医疗服务）中最为明显，在这些行业中，服务产品的质量次于提供服务的人员素质。在新时代技术环境中，传统的员工为企业创造价值的观点发生了巨大变化。新时代技术的应用通常与员工的日常职责重叠，从而最大化技术和人类互动的协同效应创造的价值。

研究经常表明，机器取代人类工作的威胁并不是普遍存在的。虽然机器在简单和重复性任务中表现出色，但它们不适合需要创新和创造力的任务，如客户服务和内容创作。因此，科技企业现在专注于开发能够适应各种工作的机器人，而不是完全取代人类。这导致了机器人、无人机和人类在工业环境中的协作努力，如在拣选和包装任务、确保员工安全方面，甚至是医疗保健和手术应用等任务中共同工作。此外，人工智能、生成式人工智能和机器学习应用程序旨在增强员工能力，并协助生成见解、管理客户和处理知识管理任务。这些进步表明，机器和人类可以共同努力，为所有利益相关者创造更大的价值。

渠道合作伙伴。渠道合作伙伴在维持企业运营中发挥着至关重要的作用。他们旨在与企业和谐合作，确保其产品或服务及时生产、分销并提供给目标受众，从而为客户创造价值。此外，渠道合作伙伴也以其独特的方式为企业带来价值，特别是在新时代技术环境中。随着新时代技术的整合，企业越来越关注整合其供应链，从而最大限度地减少资源浪费、消除冗余、提高整体流程的效率并简化交换过程。例如，通过使用人工智能、生成式人工智能、元宇宙和机器学习，渠道合作伙伴能够提供产品和流程改进，这些改进可以为企业后续决策（如产品个性化和定价策略）生成有价值的见解。此外，许多渠道合作伙伴还利用物联网确保日常任务的顺利进行，同时通过诸如预防性维护、资产管理和智能能源系统等行动增加价值。

社区。企业所在的社区是其不可分割的一部分。一个企业可能同时在多个社区中运营。社区通常围绕企业的产品和服务（如产品反馈和技术支持小组）、消费者情绪（如喜爱或愤怒）、企业治理（如隐私和人权）、公益事业（如环境保护和多样性）或上述因素的组合而形成。值得注意的是，并不是所有社区都集中在企业周边。由于互联网的赋能效应，社区通常会因其带来的有利网络效应而变得更加强大。虽然社区通常不参与企业日常的经济交换过程，但它对整体价值的生成有着明显的影响。

新时代技术在环境中的作用至关重要，帮助企业减少环境影响、适应不断变化的环境条件、开发满足社区和环境需求的产品和服务，并提高业务运营的透明度。为了实现这些目标，企业需要密切关注客户通过各种线上和线下渠道表达的情感——涵盖从爱到恨的广泛情感。

例如，通过利用人工智能和机器学习技术，企业可以分析用户情绪，特别是与社会问题相关的情绪，并采取适当的行动使自身产品与当前的社会背景保持一致。此外，企业还利用元宇宙创建包容性和开放性的环境，以便促进社区建设。同时，无人机越来越多地被用于有价值的社会应用，如灾害管理、救援和创建恢复任务以及基础设施评估。同样，机器人正被部署在面向社区的活动中，如农业、医疗保健和公共卫生，从而促进公共福利。这些举措凸显了社区可以从新时代技术的实施中获得重要收益。

政府。与社区类似，政府是商业环境的一个重要组成部分。由于影响企业成功的预测因素的不确定性，确定政府如何为企业增值是主观的。例如，企业以往根据多个因素定义成功，包括产品（如新产品）、规模（如市场份额）、资源（如人力资本）、战略方法（如客户导向）和财务健康（如盈利能力）。鉴于此，评估政府为企业增值的最佳方法是查看其创造的商业环境。

在这种意义上，新时代技术环境引领的技术进步创造了有利的商业条件。人工智能、机器学习、元宇宙和物联网的使用，对环境、能源使用和消费者隐私产生了影响。因此，各国政府对企业实施了更严格的监管［如欧盟的《通用数据保护条例》（GDPR）］。无人机、机器人和区块链同样为智慧城市、电子政务以及公共与私营部门间的合作提供了重要的行政流程支持。无人机、人工智能和机器学习是新时代技术的例子，帮助政府在国家紧急情况下确保国家福祉。

新冠疫情暴发充分展示了政府尝试利用新时代技术获取信息和提供救济的努力。通过多项举措（包括使用无人机在大面积区域消毒、监控人群以执行社交距离规定以及向受影响人群运送重要物资），我们能够从疫情中恢复过来。[14]同样，政府正在使用人工智能和机器学习来帮助它们规划未来的应对措施，如研究病毒、识别疾病、制订治疗计划和了解对公众的广泛影响。[15]这些例子表明政府仍从新时代技术的使用中受益。

新技术世界中的价值和社会福祉

新时代技术现已深深嵌入我们的日常生活。新时代技术的一个显著特征是它们在应用场所增添的价值。随着为所有新时代技术的用户创造了更多的价值，一个关键的长期影响十分明显：利益相关者福祉的建立。[16]多项营销研究已经以利益相关者为背景探讨了福祉问题。例如，三重底线（一个反映企业经济、环境和社会价值的概念）考虑了与企业相关的所有利益相关者的福祉。[17]研究表明，企业的绿色行动不仅推动了环境方面的可持续发展，还通过企业实施的回收作业推动了社会和经济方面的可持续发展。[18]此外，企业社会责任（CSR）[19]对各种利益相关者产生的影响被认为有利于社会福祉。而且，公益营销理念已被证明将社会福祉纳入商业行动，确保商业活动不仅仅是财务投资。[20]

虽然新时代技术的使用主要是技术上的，但它可能并且确实以技术以外的方式提供帮助。尽管现有关于新时代技术如何促进利益相关者福祉的知识有限，但新时代技术在这一方面的初步证据既有趣（从推进知识的角度来看）又有益（从实践和社会角度来看）。在这方面，持续的研究正探讨企业利用新时代技术如何有助于确保相关利益者的福祉，同时发现利用这些技术的企业的增长潜力。[21]

到目前为止，新时代技术在个人和经济行动的许多领域的实际应用已被证明是有益且有价值的。企业一直在探索新的方法来利用新时代技术开展各种企业活动。这些解决方案产生了"使用价值"，这意味着使用新时代技术进行的操作通过节约成本、提高效率和使用更好的资源产生了价值。新时代技术有助于我们在做事时改进做事方式，以及找到在个人生活中完成任务的方法。最显著的优势似乎是在执行每项任务时节省时间。新时代技术带来的价值在我们的社会生活中差异很大。这主要取决于应用的功能领域。也就是说，新时代技术产生的价值因其是用于自然保护、社区救助、公共治理等不同用途而有所不同。因此，越来越明显的是，新时代技术不仅能为我们的日常行动提供实际利益，还能提供整体价值和福祉。

本书中浮现的一个关键思想是：技术是一种将人们凝聚在一起的强大力量。各章节提供了充分的证据支持这一点。随着技术越来越多地融入我们的生活，它将渗透到各个方面并成为一个永久性的存在。这种永久性导致了反复的使用和行动，最终为所有利益相关者创造了价值和福祉。此外，技术在不同市场和地域的广泛应用促进了集体发展，同时也增强了共同创造价值的意识。通过赋能企业和政府，技术有潜力弥合差距，团结人们和资源，最终推动和谐发展并促成有目的的行动。在这一背景下，新时代技术的运用在促进团结、推动进步方面能够发挥关键作用，而非造成分裂和征服。我们希望本书能朝着实现这一目标迈出一步。

关键术语和相关概念

数据完整性	所记录信息在数据中的"干净"程度。
数据驱动的洞察	企业使用"干净"数据可以获得的潜在成果。

注释

第1章

1. Kotler, P., H. Kartajaya, & . Setiawan (2021). *Marketing 5.0: Technology for humanity*. John Wiley & Sons.

2. 由国际管理发展学院（IMD）在2019年创建的智慧城市指数，对全球智慧城市的经济和技术方面，以及"人文维度"（生活质量、环境、包容性）进行了平衡关注。根据2023年智慧城市指数，全球前五名的智慧城市分别是苏黎世、奥斯陆、堪培拉、哥本哈根和洛桑（来源："IMD Smart City Index 2023," *IMD*, April, accessed from https://www.imd.org/wp-content/uploads/2023/04/smartcityindex-2023-v7.pdf.）。

3. Kumar, V. (2021). *Intelligent marketing: Employing new age technologies*. Sage Publications.

4. Kumar, V. (2018). "Transformative marketing: The next 20 years," *Journal of Marketing*, *82*(4), 1–12.

5. Kaplan, A., & M. Haenlein (2019), "Siri, Siri, in my hand: Who's the fairest in the land? On the interpretations, illustrations, and implications of artificial intelligence," *Business Horizons*, *62*(1), 15–25.

6. Routley, N. (2023), "What is generative AI? An AI explains," *World Economic Forum*, February 6, accessed from https://www.weforum.org/ agenda/2023/02/generative-ai-explain-algorithms-work/.

7. Mohri, M., A. Rostamizadeh, & A. Talwalkar (2018). *Foundations of machine learning*. Cambridge, MA: MIT Press.

8. Wang, H., H. Ning, Y. Lin, W. Wang, S. Dhelim, F. Farha, J. Ding, & M. Daneshmand (2023), "A survey on the metaverse: The state-of-the-art, technologies, applications, and challenges," *IEEE Internet of Things Journal*, *10*(16), 14671–14588. https://doi.org/10.1109/JIOT. 2023.3278329.

9. Ng, I. C. L., & Y. L. W. Susan (2017), "The Internet-of-Things: Review and research directions," *International Journal of Research in Marketing*, *34* (1), 3–21.

10. Wilson, H. J. (2015), "What is a robot, anyway?" *Harvard Business Review*, April 15, available at https://hbr.org/2015/04/what-is-a-robotanyway.

11. Newcome, L. R. (2004), *Unmanned aviation: A brief history of unmanned aerial vehicles*. American Institute of Aeronautics and Astronautics.

12. Yli-Huumo, J., D. Ko, S. Choi, S. Park, & K. Smolander (2016), "Where is current research on blockchain technology?—A systematic review," *PloS One*, *11*(10), e0163477.

13. Routley, N. (2023), "What is generative AI? An AI explains," World Economic Forum, February 6, accessed from https://www.weforum.org/agenda/2023/02/generative-ai-explain-algorithms-work/.

14. Mohri, M., A. Rostamizadeh, & A. Talwalkar (2018). *Foundations of machine learning*. Cambridge, MA: MIT Press.

15. Wang, H., H. Ning, Y. Lin, W. Wang, S. Dhelim, F. Farha, J. Ding, & M. Daneshmand (2023), "A survey on the metaverse: The state-of-the-art, technologies, applications, and challenges," *IEEE Internet of Things Journal*, *10*(16), 14671–14688. https://doi.org/10.1109/JIOT.2023.3278329.

16. ITU (2012), "Overview of the Internet of things," *International Telecommunication Union*, June, accessed from http://handle.itu.int/11.1002/1000/11559.

17. Gubbi, J., R. Buyya, S. Marusic, & M. Palaniswami (2013), "Internet of Things (IoT): A vision, architectural elements, and future directions," *Future Generation Computer Systems*, *29*(7), 1645–1660.

18. Wilson, H. J. (2015), "What Is a Robot, Anyway?" *Harvard Business Review*, April 15, available at https://hbr.org/2015/04/what-is-a-robot-anyway.

19. Colby, C. L., S. Mithas, & A. Parasuraman (2016) "Service robots: How ready are consumers to adopt and what drives acceptance," The 2016 Frontiers in Service Conference. Norway: Bergen.

20. Newcome, L. R. (2004), *Unmanned aviation: A brief history of unmanned aerial vehicles*. American Institute of Aeronautics and Astronautics.

21. McKinsey (2022). What is blockchain? *McKinsey*, December 5, accessed from https://www.mckinsey.com/featured-insights/mckinsey-explainers/what-is-blockchain#.

22. 虽然新的信息区块可以附加到现有的区块链账本上，但之前的数据不能被覆盖或删除，从而创建了一个永久、可验证和可追溯的交易轨迹（Giordani 2018）。

23. Kumar, V. (2021). *Intelligent marketing: Employing new age technologies*. Sage Publications.

第2章

1. Barney, J. (1991), "Firm resources and sustained competitive advantage," *Journal of Management*, *17*(1), 99–120.

2. Kotler, P., H. Kartajaya, & I. Setiawan (2021). *Marketing 5.0: Technology for humanity*. John Wiley & Sons (p. 6).
3. Kotler, P., H. Kartajaya, & I. Setiawan (2021). *Marketing 5.0: Technology for humanity*. John Wiley & Sons (p. 12).
4. Brady, M., M. Saren, & N. Tzokas (2002), "Integrating information technology into marketing practice–the IT reality of contemporary marketing practice," *Journal of Marketing Management*, *18*(5–6), 555–577.
5. Kumar, V. (2021). *Intelligent marketing: Employing new age technologies*. Sage Publications.
6. Barney and Arikan (2001). Define resources as the tangible and intangible assets firms use to conceive of and implement their strategies (p. 138).
7. Barney, J. (1991), "Firm resources and sustained competitive advantage," *Journal of Management*, *17* (1), 99–120; Wernerfelt, B. (1984), "A resource-based view of the firm," *Strategic Management Journal*, *5*(2), 171–180.
8. 企业资源基础观认为，如果一家企业拥有其他企业通常不具备的有价值的资源，并且其他企业发现模仿这些资源的成本过高或难以实现，那么拥有这些资源的企业就能够创造可持续的竞争优势(Barney and Hesterly 2012)。
9. Barney, J. & W. Hesterly (2012). *Strategic management and competitive advantage: Concepts and cases* (4th ed.). New Jersey: Pearson.
10. Makadok, R. (2001), "Toward a synthesis of the resource-based and dynamic-capability views of rent creation," *Strategic Management Journal*, *22*(5), 387–401 (p. 389).
11. 从知识角度来看，Day, G. S. (1994)的 "The capabilities of market-driven organizations" [*Journal of Marketing*, *58*(4), 37–52]将能力概念化为复杂的技能和累积知识的集合，这些技能和知识通过组织流程得以运用，使企业能够协调各项活动并充分利用其资产（p. 38）。
12. Day, G. S. (2011), "Closing the marketing capabilities gap," *Journal of Marketing*, *75*(4), 183–195.
13. Helfat, C. E., Finkelstein, S., Mitchell, W., Peteraf, M., Singh, H., Teece, D., & Winter, S. G. (2007). *Dynamic capabilities: Understanding strategic change in organizations*. Blackwell (p. 4).
14. Day, G. S. (2011), "Closing the marketing capabilities gap," *Journal of Marketing*, *75*(4), 183–195 (p. 185).
15. Barney, J. & A. M. Arikan (2001). The resource-based view: Origins and implications. *The Blackwell handbook of strategic management*, 124–188 (p. 140).
16. Mintzberg, H. (1987), "The strategy concept I: Five Ps for strategy," *California Management Review*, *30*(1), 11–24.
17. Varadarajan, R. (2010), "Strategic marketing and marketing strategy: Domain, definition, fundamental issues and foundational premises," *Journal of the Academy of Marketing Science*, *38*(2), 119–140.

18. Netflix (2020), "Netflix Culture," *Netflix.com*, accessed from https:// jobs.netflix.com/culture.

第3章

1. 2021年，全球人工智能市场规模估计为950亿美元，预计到2028年将达到1.07万亿美元{Next Move Strategy Consulting. [2023, July 26]. Artificial intelligence (AI) market size worldwide in 2021 with a forecast until 2030 (in million U.S. dollars) [Graph]. In *Statista*. Retrieved September 4, 2023, from https://www.statista.com/statistics/1365145/artificial-intelligence-market-size}。特别是全球营销领域的人工智能应用市场规模预计将在2024年达到360亿美元，到2028年将达到约1080亿美元{Statista, & The Insight Partners. [April 15, 2021]. Market value of artificial intelligence (AI) in marketing worldwide from 2020 to 2028 (in billion U.S. dollars) [Graph]. In *Statista*. Retrieved September 03, 2023, from https://www. statista.com/statistics/1293758/ai-marketing-revenue-worldwide/}。

2. Salesforce Research发现：①2022年有87%的营销专业人士使用人工智能来弥合线上和线下体验之间的差距，而2021年为71%；②2022年有87%的营销专业人士使用人工智能来解决客户身份问题，而2021年为82%；③2022年有88%的营销专业人士使用人工智能来自动化流程（如报告生成），而2021年为83%（Salesforce 2023年）。

3. Turing, A. (1950), "Computing Machinery and Intelligence," *Mind*, 49(236), 433–460.

4. McCarthy, J. (2007), "What is Artificial Intelligence?" accessed from http://jmc.stanford.edu/articles/whatisai/whatisai.pdf.

5. Kaplan, A., & M. Haenlein (2019), "Siri, Siri, in my hand: Who's the fairest in the land? On the interpretations, illustrations, and implications of artificial intelligence," *Business Horizons*, 62(1), 15–25.

6. Salesforce (2023), "What is AI marketing and how to incorporate it in your marketing strategy," *Salesforce.com*. Retrieved from https://www. salesforce.com/in/resources/guides/role-of-ai-in-marketing/.

7. Kumar, V., B. Rajan, R. Venkatesan, & J. Lecinski (2019), "Understanding the role of artificial intelligence in personalized engagement marketing," *California Management Review*, 61(4), 135–155.

8. Yang, H., A. D. Roeck, V. Gervasi, A. Willis, & B. Nuseibeh (2011), "Analysing anaphoric ambiguity in natural language requirements," *Requirements Engineering*, 16 (3), 163–189.

9. For a detailed reading on NLP, please see Nitin Indurkhya and Fred Damerau (2010), *Handbook of natural language processing*, Chapman and Hall/CRC; and Robert Dale, Hermann Moisl, and Harold Somers (Eds.) (2000), *Handbook of natural language processing*, CRC Press.

10. Kumar, V., & M. Vannan (2021), "It takes two to tango: Statistical modeling and machine learning," *Journal of Global Scholars of Marketing Science*, 31(3), 296–317.

11. Mohri, M., A. Rostamizadeh, & A. Talwalkar (2018), *Foundations of machine learning*. Cambridge, MA: MIT Press.

12. Levy, D. (2018), "Navigating statistical modeling and machine learning," May 14, available at http://www.fharrell.com/post/stat-ml2/.

13. 2015年，全球消费者在智能家居产品和服务上的支出为510亿美元，预计到2025年将增加到1730亿美元 {Strategy Analytics，[2021, July 6]. Consumer spending on smart home products and services world wide from 2015 to 2025 (in billion U.S. dollars) [Graph]. In *Statista*. Retrieved September 4, 2023, from https://www.statista.com/statistics/693303/smart-home-consumer-spending-worldwide/}。新一代技术设备具备智能助手功能，可以响应语音提示或指令操作其他智能家居设备。此外，2020年全球智能家居设备出货量接近3.5亿台，预计到2025年将超过17亿台 {Juniper Research，[March 1, 2021]. Smart home device shipments worldwide from 2020 to 2025, by region (in millions) [Graph]. In *Statista*. Retrieved September 4, 2023, from https://www.statista.com/statistics/1223262/smart-home-device shipments-worldwide-by-region/}。

14. Rawes, E., & K. Wetzel (2019), "What exactly is Alexa? Where does she come from? How does she work?" *Digital Trends*, October 3, accessed from https://www.digitaltrends.com/home/what-is-amazons-alexa-and-what-can-it-do/.

15. Voicebot.ai, & Business Wire. (April 28, 2020). Number of digital voice assistants in use worldwide from 2019 to 2024 (in billions)* [Graph]. In *Statista*. Retrieved September 4, 2023, from https://www. statista.com/statistics/973815/worldwide-digital-voice-assistant-in-use/.

16. Loeffler, J. (2018), "Personalized learning: Artificial intelligence and education in the future," *Interesting Engineering*, December 24, accessed from https://interestingengineering.com/personalized-learning-artificial-intelligence-and-education-in-the-future.

17. Ravipati, S. (2017), "Using AI chatbots to freeze 'summer melt' in higher ed," *Campus Technology*, March 7, accessed from https://campustechnology.com/articles/2017/03/07/using-ai-chatbots-to-freeze-summer-melt-in-higher-ed.aspx.

18. Markets Insider (2018), "Pillar learning introduces Codi, an AI interactive children's toy," *Markets Insider*, August 14, accessed from https://markets.businessinsider.com/news/stocks/pillar-learning-introduces-codi-an-ai-interactive-children-s-toy-1027458352.

19. Lynch, M. (2019), "Artificial intelligence & machine learning in education: Top 5 companies," *The Tech Edvocate*, May 10, accessed from https://www.thetechedvocate.org/artificial-intelligence-machinelearning-in-education-top-5-companies/.

20. 2022年，全球预计有11亿台可连接的可穿戴设备，而2019年为7.22亿台 {Research and Markets [2023],"Artificial Intelligence (AI) in Social Media— Global Strategic Business Report," *Researchand Markets.com*, October, accessed from https://www.researchandmarkets.com/; Research and Markets. [April 15, 2023]. Number of connected wearable devices worldwide from

2019 to 2022 (in millions) [Graph]. In *Statista*. Retrieved September 11, 2023, from https://www.statista.com/statistics/487291/global-connected-wearable-devices/}。此外，2022年智能手表的市场收入接近390亿美元（预计到2027年将接近620亿美元），而健身/活动追踪腕带的市场收入接近160亿美元（预计到2027年将达到约320亿美元）{Statista. [June 1, 2023]. Revenue of the digital fitness & well-being device market worldwide from 2018 to 2027, by segment (in billion U.S. dollars) [Graph]. In *Statista*. Retrieved September 11, 2023, from https://www.statista.com/forecasts/1314353/worldwide-digital-fitness-and-well-being-device-market-revenue-by-segment}。

21. Spotify (2021), "How Spotify uses ML to create the future of personalization," *Spotify*, December 2, accessed from https://engineering.ats potify.com/2021/12/how-spotify-uses-ml-to-create-the-future-of-personalization/.

22. Cavender, E. (2023), "How to get the Spotify AI DJ," *Mashable India*, March 1, accessed from https://in.mashable.com/apps-and-software/ 48173/how-to-get-the-spotify-ai-dj.

23. Golovtseva, V. (2023), "Salesforce Einstein analytics: A complete guide," *revenuegrid.com*, January 2, accessed from https://revenuegrid. com/blog/einstein-analytics/.

24. Warnick, J. (2020), "AI for humanity: How Starbucks plans to use technology to nurture the human spirit," *Starbucks.com*, January 10, accessed from https://stories.starbucks.com/stories/2020/how-starbucks-plans-to-use-technology-to-nurture-the-human-spirit/.

25. Starbucks (2023), "Starbucks announces triple shot reinvention strategy with multiple paths for long-term growth," *Starbucks.com*, November 2, accessed from https://stories.starbucks.com/press/2023/ starbucks-announces-triple-shot-reinvention-strategy-with-multiple-paths-for-long-term-growth/.

26. Capoot, A. (2023), "Google and the Department of Defense are building an AI-powered microscope to help doctors spot cancer," *CNBC*, September 18, accessed from https://www.cnbc.com/2023/ 09/18/google-dod-built-an-ai-powered-microscope-to-help-doctors-spot-cancer.html.

27. Johnston, L. (2023), "Kraft Heinz expands Agile Pods across organization," *Consumer Goods Technology*, June 2, accessed from https://consumergoods.com/kraft-heinz-expands-agile-pods-across-organization.

28. Kraft Heinz (2022), "Kraft Heinz and Microsoft join forces to accelerate supply chain innovation as part of broader digital transformation," *Kraft Heinz*, April 21, accessed from https://news.krafth einzcompany.com/press-releases-details/2022/Kraft-Heinz-and-Micros oft-join-forces-to-accelerate-supply-chain-innovation-as-part-of-broader-digital-transformation-/default.aspx.

29. Unglesbee, B. (2023), "Kraft Heinz leans on AI to boost its supply chain performance," *Supply Chain Dive*, May 11, accessed from https://www.supplychaindive.com/news/kraft-heinz-leans-on-ai-to-boost-its-supply-chain-performance/649762/.

30. 例如，Goldman Sachs Research估计，到2025年，美国的人工智能投资可能接近1000亿美元，全球的人工智能投资可能接近2000亿美元 {Goldman Sachs [2023], "AI investment forecast to approach $200 billion globally by 2025," *Goldman Sachs*, August 1, accessed from https://www.goldmansachs.com/intelligence/pages/ai-investment-forecast-to-approach-200-billion-globally-by-2025.html}。

31. 2022年政府人工智能准备度指数（Government AI Readiness Index）基于181个国家和地区在公共服务中运用人工智能的准备情况给出了评分体系（0分为低，10分为高）。调查显示，美国位居榜首，其次是新加坡、英国、芬兰和加拿大，这五个国家构成了排名前五的阵容 {Oxford Insights [2022], "Government artificial intelligence Readiness Index 2022," *Oxford Insights*, accessed from https://www.unido.org/sites/default/files/files/2023-01/ Government_AI_Readiness_2022_FV.pdf)。

32. Kumar, V. (2021). *Intelligent marketing: Employing new age technologies*. Sage Publications.

33. Reid, E. (2023), "Supercharging search with generative AI," *Google*, May 10, accessed from https://blog.google/products/search/generative-ai-search/.

34. Haviland, D. (2018) "CarMax innovates with omnichannel strategy," *Customer Strategist*, July, accessed from https://www.ttec.com/resources/articles/carmax-innovates-omnichannel-strategy.

35. Orman, L. V. (2015), "Information paradox: Drowning in information, starving for knowledge," *IEEE Technology and Society* (December), 63–73.

36. Pardes, A. (2019), "Need some fashion advice? Just ask the algorithm," *Wired*, September 12, accessed from https://www.wired.com/story/stitch-fix-shop-your-looks/.

37. Bughin, J., E. Hazan, S. Ramaswamy, M. Chui, T. Allas, P. Dahlström, N. Henke, & M. Trench (2017), "Artificial intelligence: The next digital frontier?" *McKinsey Global Institute*, accessed from https:// www.mckinsey.com/~/media/McKinsey/Industries/Advanced%20Electronics/Our%20Insights/How%20artificial%20intelligence%20can% 20deliver%20real%20value%20to%20companies/MGI-Artificial-Intelligence-Discussion-paper.ashx.

38. Manyika, J.,S.Lund, M. Chui,J.Bughin,J. Woetzel,P.Batra,R. Ko, & S. Sanghvi (2017), "Jobs lost, jobs gained: What the future of work will mean for jobs, skills, and wages," *McKinsey Global Institute*, accessed from https://www.mckinsey.com/featured-insights/future-of-work/jobs-lost-jobs-gained-what-the-future-of-work-will-mean-for-jobs-skills-and-wages.

39. Kumar, V., B. Rajan, R. Venkatesan, & J. Lecinski (2019), "Understanding the role of artificial intelligence in personalized engagement marketing," *California Management Review*, 61(4), 135–155.

40. Huang, M. H., & R. T. Rust (2021), "A strategic framework for artificial intelligence in marketing," *Journal of the Academy of Marketing Science*, 49, 30–50.

41. Jordan, M. I., & T. M. Mitchell (2015), "Machine learning: Trends, perspectives, and prospects," *Science, 349*(6245), 255–260; Ansari, A., Y. Li, & J. Z. Zhang (2018), "Probabilistic topic model for hybrid recommender systems: A stochastic variational Bayesian approach," *Marketing

Science, 37 (6), 987–1008.

42. Simonson, I. (2005), "Determinants of customers' responses to customized offers: Conceptual framework and research propositions," *Journal of Marketing*, 69(1), 32–45.

43. Wind, J., & A. Rangaswamy (2001), "Customerization: The next revolution in mass customization," *Journal of Interactive Marketing*, 15(1), 13-32.

44. Pansari, A., & V. Kumar (2017), "Customer engagement: The construct, antecedents, and consequences," *Journal of the Academy of Marketing Science*, 1–18.

45. Van Doorn, J.,K.N.Lemon, V.Mittal, S. Nass, D. Pick,P.Pirner, & P. C. Verhoef (2010), "Customer engagement behavior: Theoretical foundations and research directions," *Journal of Service Research, 13*(3), 253–266.

46. Kumar, V., & A. Pansari (2016), "Competitive advantage through engagement," *Journal of Marketing Research, 53*(4), 497–514.

47. Kumar, V. (2021). *Intelligent marketing: Employing new age technologies.* Sage Publications.

48. Kumar, V., B. Rajan, R. Venkatesan, & J. Lecinski (2019), "Understanding the role of artificial intelligence in personalized engagement marketing," *California Management Review, 61*(4), 135–155.

49. Beath, C., I. Becerra-Fernandez, J. Ross, & J. Short (2012), "Finding value in the information explosion," *MIT Sloan Management Review, 53*(4), 18.

50. Accenture (2018), "2018 Personalization Pulse Check," *Accenture*, accessed from https://www.accenture.com/t20180503T034117Z__w__/us-en/_acnmedia/PDF-77/Accenture-Pulse-Survey.pdf%23z oom=50.

51. Karp, P. D. (2016), "Can we replace curation with information extraction software?" *Database*, 2016.

52. Campaign (2018), "Human creativity v machine creativity: When artificial intelligence gets creative," *Campaign*, June 14, 2018, accessed from https://www.campaignlive.co.uk/article/human-creativity-v-machine-creativity-when-artificial-intelligence-gets-creative/1485063.

53. Holt, K. (2019), "McCormick hands over its spice R&D to IBM's AI," *Engadget.com*, February 4, accessed from https://www.engadget. com/2019/02/04/ibm-ai-food-seasonings-mccormick/.

54. McEleny, C. (2016), "McCann Japan hires first artificially intelligent creative director," *The Drum*, March 29, accessed from https://www. thedrum.com/news/2016/03/29/mccann-japan-hires-first-artificially-intelligent-creative-director.

55. Kumar, V., B. Rajan, R. Venkatesan, & J. Lecinski (2019), "Understanding the role of artificial intelligence in personalized engagement marketing," *California Management Review, 61*(4), 135–155.

56. Brynjolfsson, E., Y. J. Hu, & M. D. Smith (2006), "From niches to riches: Anatomy of the long tail," *MIT Sloan Management Review, 47* (4), 67–71.

57. Kumar, V. (2021). *Intelligent marketing: Employing new age technologies*. Sage Publications.

58. Chui, M., R. Roberts, L. Yee, E. Hazan, A. Singla, K. Smaje, A. Sukharevsky, & R. Zemmel (2023), "The economic potential of generative AI: The next productivity frontier," *McKinsey*, June 14, accessed from https://www.mckinsey.com/capabilities/mckinsey-digital/our-insights/the-economic-potential-of-generative-ai-the-next-productivity-frontier#work-and-productivity.

59. Das, A. C., M. Gomes, I. L. Patidar, G. Phalin, R. Sawhney, & R. Thomas (2023), "The next frontier of customer engagement: AI-enabled customer service," *McKinsey*, March 27, accessed from https://www.mckinsey.com/capabilities/operations/our-insights/the-next-frontier-of-customer-engagement-ai-enabled-customer-service.

60. 据估计，2022年全球社交媒体领域的人工智能市场规模约为22亿美元，并有望在2030年增长至133亿美元，期间的复合年均增长率高达25.1%（Research and Markets，2023）。其中，增长迅速的国家包括美国、中国、日本和加拿大。

61. 德勤的一项全球调查发现，35%的发达市场中的全球企业已经制定了全面的、企业范围内的人工智能战略，其他企业也计划很快制定这样的战略 {Loucks, J., S. Hupfer, D. Jarvis, & T. Murphy [2019], "Future in the balance? How countries are pursuing an AI advantage," *Deloitte Insights*, May, accessed from https://www2.deloitte.com/content/dam/Deloitte/ lu/Documents/public-sector/lu-global-ai-survey.pdf}。这表明，调查并准备好成功实施人工智能的具体细节非常重要。

62. Pasick, A. (2015), "The magic that makes Spotify's Discover Weekly playlists so damn good," *Quartz*, December 21, accessed from https://qz.com/571007/the-magic-that-makes-spotifys-discoverweekly-playlists-so-damn-good/.

63. Intelligence Node (2018), "3 retail leaders using big data & AI to drive efficiency," *Intelligence Node*, September 27, 2018, accessed from http://www.intelligencenode.com/blog/3-retail-leaders-using-big-data-ai-to-drive-efficiency/.

64. Williams, R. (2018), "Uber Eats harnesses AI for $6B in annual bookings," *Mobile Marketer*, October 3, accessed from https://www. mobilemarketer.com/news/uber-eats-harnesses-ai-for-6b-in-annual—bookings/538724/.

65. Estopace, E. (2018), "Beyond FIGS: How Juntos Localizes into Bemba, Swahili, Tagalog, Arabic and more," *Slator*, April 2, accessed from https://slator.com/features/localization-a-force-multiplier-in-jun tos-financial-conversation-platform/.

66. Baruah, A. (2018), "Artificial intelligence at India's top eCommerce firms—Use CASes from Flipkart, Myntra, and Amazon India," *techemergence*, February 1, accessed from https://www.techemergence. com/artificial-intelligence-at-indias-top-ecommerce-firms-use-caesfrom-flipkart-myntra-and-amazon-india/.

67. Low, A. (2018), "China is using adorable robot teachers in kindergartens," *cnet*, August 29, accessed from https://www.cnet.com/news/ china-is-using-adorable-robot-teachers-in-

kindergartens/.

68. Lyall, N. (2018), "Where does AI fit into the future of advertising and marketing?" *Ogilvy*, September 14, accessed from https://www.ogilvy.com/feed/where-does-ai-fit-into-the-future-of-advertising-and-marketing/.

69. Kumar, V., B. Rajan, R. Venkatesan, & J. Lecinski (2019), "Understanding the role of artificial intelligence in personalized engagement marketing," *California Management Review*, 61(4), 135–155.

70. Day, G. S. (2011), "Closing the marketing capabilities gap," *Journal of Marketing*, 75(4), 183–195; Martin, J. E. & M. Jeanne (2004), "The concept of information overload: A review of literature from organization science, accounting, marketing, MIS, and related disciplines," *The Information Society*, 20(5), 325–344.

71. Cohen, W. M. & D. A. Levinthal (2000), "Absorptive capacity: A new perspective on learning and innovation," *Administrative Science Quarterly*, 35(1), 128–152.

72. Helfat, C. E. & S. G. Winter (2011), "Untangling dynamic and operational capabilities: Strategy for the (N) ever-changing world," *Strategic Management Journal*, 32(11), 1243–1250.

73. Cepeda, G. & D. Vera (2007), "Dynamic capabilities and operational capabilities: A knowledge management perspective," *JournalofBusiness Research*, 60(5), 426–437.

第4章

1. Bloomberg. (June 1, 2023). Generative artificial intelligence (AI) revenue worldwide from 2020 with forecast until 2032 (in billion U.S. dollars) [Graph]. In *Statista*. Retrieved October 10, 2023, from https://www.statista.com/statistics/1417151/generative-airevenue-worldwide/.

2. A McKinsey survey reveals that 60% of respondent organizations with reported AI adoption are using GAI (Chui, M., L. Yee, B. Hall, A. Singla, & A. Sukharevsky [2023a], "The state of AI in 2023: Generative AI's breakout year," *McKinsey & Company*, August 1, accessed from https://www.mckinsey.com/capabilities/quantumblack/our-insights/the-state-of-ai-in-2023-generative-ais-breakout-year).

3. MarTech. (May 8, 2023). Marketing purposes for which professionals are using generative artificial intelligence (AI) in the United States as of March 2023 [Graph]. In *Statista*. Retrieved October 10, 2023, from https://www.statista.com/statistics/1386786/generative-ai-marketing-purposes-usa/.

4. Feuerriegel, S., J. Hartmann, C. Janiesch, & P. Zschech (2023). Generative AI. Retrieved From: https://www.researchgate.net/publication/370653602_Generative_AI.

5. Dwivedi, Y. K., N. Kshetri, L. Hughes, E. L. Slade, A. Jeyaraj, A. K. Kar, & R. Wright (2023a).

So what if ChatGPT wrote it? Multidisciplinary perspectives on opportunities, challenges and implications of generative conversational AI for research, practice and policy. *International Journal of Information Management, 71,* 102642; Dwivedi, Y. K., N. Pandey, W. Currie, & A. Micu (2023b). Leveraging ChatGPT and other generative artificial intelligence (AI)-based applications in the hospitality and tourism industry: Practices, challenges and research agenda. *International Journal of Contemporary Hospitality Management.* https://doi.org/10.1108/IJCHM-05-2023-0686; Kshetri, N. (2023). The economics of generative artificial intelligence in the academic industry. *IEEE Computer, 56* (8), 77–83.

6. 生成式人工智能代表了一类独特的人工智能工具，能够在文本、视觉资料等多种媒介中创造出看似新颖的内容 {Susarla, A., R. Gopal, J. B. Thatcher, & S. Sarker [2023], The Janus effect of generative AI: Charting the path for responsible conduct of scholarly activities in information systems. *Information Systems Research,* 34 (2), iii–vii. https://doi.org/10.1287/ isre.2023.ed.v34.n2}。

7. Dwivedi, Y. K., N. Pandey, W. Currie, & A. Micu (2023b). Leveraging ChatGPT and other generative artificial intelligence (AI)-based applications in the hospitality and tourism industry: Practices, challenges and research agenda. *International Journal of Contemporary Hospitality Management.* https://doi.org/10.1108/IJCHM-05-2023-0686.

8. Verhoef, P. C. (2020). Customer experience creation in today's digital world. *The Routledge companion to strategic marketing,* 107–122.

9. Grewal, D., A. L. Roggeveen, R. Sisodia, & J. Nordfält (2017), "Enhancing customer engagement through consciousness," *Journal of Retailing, 93*(1), 55–64.

10. Anisin, A. (2023), Generative AI for content creation: How marketers can use it. *Forbes.* https://www.forbes.com/sites/theyec/2023/08/17/ generative-ai-for-content-creation-how-marketers-can-use-it/?sh=7db 8f8c7619e.

11. 著名的会议委员会（Conference Board）进行的一项调查显示，营销人员中普遍存在一种强烈的看法：82%的人认为生成式人工智能是生产力提高的标志，仅有4%的人持相反观点 {The Conference Board [2023]. Survey: AI usage for marketers and communicators, August 3, https://www.conference-board.org/topics/AI-for-business/press/AI-in-marketing-and-communications}。

12. Gartner (2023). "Generative AI," *Gartner,* accessed from https://www. gartner.com/en/information-technology/glossary/generative-ai.

13. Martineau, K. (2023), "What is generative AI?" *IBM ,* April 20, accessed from https://research.ibm.com/blog/what-is-generative-AI.

14. Universal Marketing Dictionary Project (2023), "Generative AI," *The Universal Marketing Dictionary,* accessed from https://marketing-dictio nary.org/g/generative-ai/.

15. Routley, N. (2023), "What is generative AI? An AI explains," *World Economic Forum,* February

6, accessed from https://www.weforum.org/agenda/2023/02/generative-ai-explain-algorithms-work/.

16. OpenAI 于2018年发布了 GPT-1，该模型拥有1.17亿个参数。它通过分析书籍数据来预测句子中的下一个单词。2019年，他们开发了拥有15亿个参数的 GPT-2，该模型可以生成连贯的多段文本。2020年开发的 GPT-3 具有1750亿个参数，能够编写代码、创作诗歌、进行语言翻译和回答事实性问题。到2022年11月，他们发布了 GPT-3，并优化了模型的事实检查和数学能力以提升其在更多领域上的准确性和表现。

17. 2023年9月，OpenAI 宣布推出 DALL-E 3，这是在生成与给定文本高度匹配的图像方面的一次重大飞跃。该模型具备多项优势，包括快速生成能力（能够在一分钟内生成图像）、高度定制化和用户友好性（用户无须经过大量培训或掌握编程技能即可使用）。

18. Wouters, O. J., M. McKee, & J. Luyten (2020), "Estimated research and development investment needed to bring a new medicine to market, 2009-2018," *Jama*, *323*(9), 844–853.

19. Balasubramanian, S. (2023), "Bayer is rapidly expanding its footprint with artificial intelligence," *Forbes*, September 4, accessed from https://www.forbes.com/sites/saibala/2023/09/04/bayer-is-rapidly-expanding-its-footprint-with-artificial-intelligence/?sh=5ea961724df8.

20. Capoot, A. (2023), "Microsoft announces new AI tools to help doctors deliver better care," *CNBC*, October 10, accessed from https://www.cnbc.com/2023/10/10/microsoft-announces-microsoft-fabric-and-azure-ai-tools-for-doctors.html.

21. McKinsey estimates that in the next three to five years, GAI could add up to $275 billion to the apparel, fashion, and luxury sectors' operating profits (Harries et al. 2023).

22. E.g. Stokel-Walker, C. (2022). AI bot ChatGPT writes smart essays— Should professors worry? *Nature*, accessed from https://doi.org/10.1038/d41586-022-04397-7; Eke, D. O. (2023). ChatGPT and the rise of generative AI: threat to academic integrity? *Journal of Responsible Technology*, *13*, 100060.

23. Yu, H., & Y. Guo, (2023, June). Generative artificial intelligence empowers educational reform: current status, issues, and prospects. In *Frontiers in education* (Vol. 8, p. 1183162). Frontiers. 生成式人工智能在教育领域的应用分为以下四个方面：①智能教学系统（基于学生的学习过程提供个性化课程内容和教学计划）；②智能作业批改系统（分析学生的作业，判断其正确与否，并提供相应的分数和建议）；③智能辅导系统（根据学生的学习情况和个性化需求生成辅导内容和策略）；④智能语音交互系统（通过语音交互更好地了解学生的学习需求和问题）。

24. 贝恩企业（Bain & Company）进行了一项涉及11个行业的约600家企业的研究。研究发现，快速制作营销材料已成为生成式人工智能的一个主要应用场景 {Katzin,J.,L.Beaudin,& M. Waldron[2023], "Ready for launch: How Gen AI is already transforming marketing," *Bain & Company*, May 23, accessed from https://www.bain.com/insights/ready-for-launch-how-gen-ai-is-already-transforming-marketing/}。研究发现，47%的参与者已经使用或正在考虑使用该技术

以用于客户参与和服务，39%的人将其用于更有效地创建营销材料。

25. Ostwal, T. (2023), "Coca-Cola's holiday campaign gets a generative AI-powered makeover," *AdWeek*, November 17, accessed from https:// www.adweek.com/brand-marketing/coca-cola-holiday-campaign-create-real-magic-cards/#.

26. Bamberger, S., N. Clark, S. Ramachandran, & V. Sokolova (2023), "How generative AI is already transforming customer service," *BCG*, July 6, accessed from https://www.bcg.com/publications/2023/howgenerative-ai-transforms-customer-service.

27. Boyle, A. (2023), "This audio startup is using AI to generate 'contextual CTV ads'," *AdExchanger*, August 10, accessed from https://www. adexchanger.com/digital-tv/this-audio-startup-is-using-ai-to-generatecontextual-ctv-ads/.

28. Seedtag (2023), "Seedtag launches industry first generative AI capability for contextual dynamic creatives," *PR Newswire*, May 17, accessed from https://www.prnewswire.com/news-releases/seedtag-launches-industry-first-generative-ai-capability-for-contextual-dynamic-creatives-301827150.html.

29. Frandino, N. (2023), "AI-powered monocle seeks to add sparkle to dull human chats," *Reuters*, May 25, accessed from https://www. reuters.com/technology/ai-powered-monocle-seeks-add-sparkle-dull-human-chats-2023-05-25/.

30. Verma, R. (2023), "Stanford students develop AR glasses that let you talk to ChatGPT in real time," *Business Insider India*, April 3, accessed from https://www.businessinsider.in/tech/news/stanford-students-develop-ar-glasses-that-let-you-talk-to-chatgpt-in-real-time/articleshow/99205100.cms.

31. Chitnis, S. (2023), "RizzGPT app inventor hoping to use generative AI to generate some charisma on demand," *CBS News*,July6, accessed from https://www.cbsnews.com/sanfrancisco/news/rizzgpt-app-inventor-hoping-to-use-generative-ai-to-generate-some-charisma-on-demand/.

32. IBM (2023), "Combining generative AI with IBM Watson, Mitsui Chemicals starts verifying new application discovery for agility and accuracy," *IBM* , May 25, accessed from https://newsroom.ibm.com/ 2023-05-25-Combining-Generative-AI-with-IBM-Watson,-Mitsui-Chemicals-Starts-Verifying-New-Application-Discovery-for-Agility-and-Accuracy.

33. Mitsui (2023), "Double the number of new application discoveries by utilizing generative AI," *Mitsui Chemicals*, September 13, accessed from https://in.mitsuichemicals.com/release/2023/2023_0913.htm.

34. McKinsey & Company. (June 14, 2023). Automation potential with and without generative artificial intelligence (AI) in the United States in 2023, by profession [Graph]. In *Statista*. Retrieved October 17, 2023, from https://www.statista.com/statistics/1411571/job-automation-potential-generative-ai/.

35. Ziady, H. (2023), "The world's biggest ad agency is going all in on AI with Nvidia's help," *CNN* ,

May 29, accessed from https://edition.cnn. com/2023/05/29/tech/nvidia-wpp-ai-advertising/index.html.

36. Harreis, H., T. Koullias, K. Te, & R. Roberts (2023), "Generative AI: Unlocking the future of fashion," *McKinsey & Company*, March 8, accessed from https://www.mckinsey.com/industries/retail/our-insights/generative-ai-unlocking-the-future-of-fashion.

37. Chui, M., E. Hazan, R. Roberts, A. Singla, K. Smaje, A. Sukharevsky, L. Yee, & R. Zemmel (2023b), "The economic potential of generative AI: The next productivity frontier," *McKinsey & Company*, June 14, accessed from https://www.mckinsey.com/capabilities/mckinsey-digital/our-insights/the-economic-potential-of-generative-ai-the-next-productivity-frontier#introduction.

38. Harreis, H., T. Koullias, K. Te, & R. Roberts (2023), "Generative AI: Unlocking the future of fashion," *McKinsey & Company*, March 8, accessed from https://www.mckinsey.com/industries/retail/our-insights/generative-ai-unlocking-the-future-of-fashion.

39. Burgess, M. (2018), "How Nike used algorithms to help design its latest running shoe," *Wired*, January 25, accessed from https://www. wired.co.uk/article/nike-epic-react-flyknit-price-new-shoe.

40. Dreibelbis, E. (2023), "Toyota is using generative AI to design new EVs," *PC Magazine*, June 21, accessed from https://www.pcmag.com/ news/toyota-is-using-generative-ai-to-design-new-evs.

41. Dominguez, L. (2023), "P&G Leans into intelligent fragrance development powered by AI," *Consumer Goods Technology*, October 3, accessed from https://consumergoods.com/pg-leans-intelligent-fragrance-development-powered-ai.

42. Uber Freight (2023), "Uber Freight Insights AI: Bringing the power of generative AI to enterprise shippers," *Uber Freight*, September 28, accessed from https://www.uberfreight.com/blog/uber-freight-insights-ai/.

43. Tyko, K. (2023), "Drive-thru mania pushes chains to rethink restaurants," *Axios*, August 11, accessed from https://www.axios.com/2023/ 08/11/fast-food-drive-thru-restaurants-future.

44. Spessard, M. (2023), "AI and beyond: Wendy's new innovative restaurant tech," *Wendy's*, June 2, accessed from https://www.wendys.com/ blog/how-wendys-using-ai-restaurant-innovation.

45. Zwieglinska, Z. (2023), "How fashion brands are using generative AI," *Glossy*, March 28, accessed from https://www.glossy.co/fashion/how-generative-ai-will-impact-fashion/.

46. Westmoreland, M. B. (2023), "Amazon launches generative AI to help sellers write product descriptions," *Amazon*, September 13, accessed from https://www.aboutamazon.com/news/small-business/amazon-sel lers-generative-ai-tool.

47. Khaleej Times (2023), "Dubai: Dewa announces pilot use of ChatGPT to boost capabilities of its virtual employee," *Khaleej Times*, May 9, accessed from https://www.khaleejtimes.com/business/tech/dubai-dewa-announces-pilot-use-of-chatgpt-to-boost-capabilities-of-its-virtual-employee.

48. WPP (2022), "Ogilvy: Nestlé's The Milkmaid," *WPP*, accessed from https://www.wpp.com/en/

featured/work/2022/12/ogilvy-nestles-the-milkmaid.

49. McKay, C. (2023), "Big brands experiment with generative AI for advertising," *Maginative*, August 18, accessed from https://www.maginative.com/article/big-brands-experiment-with-generative-ai-for-advertising/#:~:text=For%20example%2C%20WPP%20worked%20with,footage%20and%20AI%2Dgenerated%20scripts.

50. Phrasee (2023), "FARFETCH finds a perfect fit with AI content," *Phrasee*, accessed from https://phrasee.co/resources/farfetch-finds-a-perfect-fit-with-ai-content/.

51. 通过改善弃购率，平均点击率提升了38%，平均打开率提升了31%。此外，销售和其他营销活动的平均点击率提升了25%，平均打开率提升了7%（Phrasee 2023）。

52. Pataranutaporn, P., V. Danry, J. Leong, P. Punpongsanon, D. Novy, P. Maes, & M. Sra (2021). AI-generated characters for supporting personalized learning and well-being. *Nature Machine Intelligence*, *3*(12), 1013–1022.

53. KiwiTech. (2023). Applications of generative AI in augmented and virtual reality. Retrieved from: https://medium.com/@KiwiTech/ applications-of-generative-ai-in-augmented-and-virtual-reality-20cece c50886.

54. 一项2022年的全球调查显示，如果品牌没有提供个性化的客户体验，81%的新加坡消费者"极有可能"或"有可能"停止使用改品牌。巴西（80%的受访者）、哥伦比亚（76%的受访者）、墨西哥（75%的受访者）和德国（75%的受访者）是受访者希望获得更高水平个性化服务的其他四个主要国家{Twilio [2022a]. Share of consumers who said they were likely to stop using a brand if it did not personalize their customer experience in selected countries worldwide as of January 2022 [Graph]. In *Statista*. March 28, Retrieved October 20, 2023, from https://www.statista.com/statistics/1333314/marketing-personalization-consumer-loyalty-country/}。

55. 另一项全球调查显示，34%的面向消费者(B2C)的营销人员表示，他们的组织总是提供个性化的客户体验，但仅有11%的消费者表示同意。{Twilio [2022b]. Frequency of personalizing experiences according to B2C marketers and consumers worldwide as of January 2022 [Graph]. In *Statista*. April 7. Retrieved October 20, 2023, from https://www. statista.com/statistics/1333313/frequency-personalize-experiences/}。更为关键的是，尽管仅有3%的B2C营销人员声称其组织"很少"或"从不"提供个性化客户体验，但竟有13%的消费者对此持反对意见。这些调研结果表明，消费者在与品牌互动时，始终在寻求个性化体验。

56. McKay, C. (2023), "Big brands experiment with generative AI for advertising," *Maginative*, August 18, accessed from https://www.maginative.com/article/big-brands-experiment-with-generative-ai-for-advertising/#:~:text=For%20example%2C%20WPP%20worked%20with,footage%20and%20AI%2Dgenerated%20scripts.

57. Roach, J. (2023), "From Hot Wheels to handling content: How brands are using Microsoft AI to be more productive and imaginative," *Microsoft.com*, accessed from https://news.microsoft.com/

source/features/innovation/from-hot-wheels-to-handling-contenthow-brands-are-using-microsoft-ai-to-be-more-productive-and-imaginative/.

58. U. S. Copyright Office (2023), "Copyright registration guidance: Works containing material generated by artificial intelligence," *U. S. Copyright Office*, March 16, accessed from https://copyright.gov/ai/ai_ policy_guidance.pdf.

59. U. S. Copyright Office (2023), "Copyright registration guidance: Works containing material generated by artificial intelligence," *U. S. Copyright Office*, March 16, accessed from https://copyright.gov/ai/ai_ policy_guidance.pdf (p. 4).

60. U. S. Copyright Office (2023), "Copyright registration guidance: Works containing material generated by artificial intelligence," *U. S. Copyright Office*, March 16, accessed from https://copyright.gov/ai/ai_ policy_guidance.pdf (p. 4).

61. Ojha, S. (2023), "Who owns AI-generated works? Here's what the laws say on copyright issue," *The Times of India*, September 22, accessed from https://www.indiatoday.in/law/story/chatgpt-ai-generated-content-copyright-ownership-complexities-india-2439165-2023-09-22.

62. El Atillah, I. (2023), "Copyright challenges in the age of AI: Who owns AI-generated content?" *EuroNews*, July 10, accessed from https://www.euronews.com/next/2023/07/10/copyright-challenges-in-the-age-of-ai-who-owns-ai-generated-content.

63. Shein, E. (2023), "How Mars, Colgate-Palmolive, Nestle & Coca-Cola are exploring generative AI," *Consumer Goods Technology*, August 8, accessed from https://consumergoods.com/how-mars-colgate-palmolive-nestle-coca-cola-are-exploring-generative-ai.

第5章

1. Mohri, M., A. Rostamizadeh, and A. Talwalkar (2018), *Foundations of machine learning*. Cambridge, MA: MIT Press.

2. Kumar, V. (2021). *Intelligent marketing: Employing new age technologies*. Sage Publications.

3. McCulloch, W. S., & W. Pitts (1943), "A logical calculus of the ideas immanent in nervous activity," *The Bulletin of Mathematical Biophysics*, 5(4), 115–133.

4. Turing, A. (1950), "Computing machinery and intelligence," *Mind, 49*(236), pp. 433–460.

5. Foote, K. D. (2019), "A brief history of machine learning," *Dataversity*, March 26, [accessed from https://www.dataversity.net/a-brief-history-of-machine-learning/].

6. Thomas, M. (2019), "History of deep learning: Formative moments that shaped the technology," *Built In*, April 2, [accessed from https:// builtin.com/artificial-intelligence/deep-learning-history].

7. Chen, X., Y. Xia, P. Jin, & J. Carroll (2015), "Dataless text classifica-tion with descriptive LDA," In *Proceedings of the Twenty-Ninth AAAI Conference on Artificial Intelligence*, pp. 2224–2231.

8. Chang, M. W., L. A. Ratinov, D. Roth, & V. Srikumar (2008), "Importance of semantic representation: Dataless classification," In *Proceedings of the Twenty-Third AAAI Conference on Artificial Intelli-gence,* Vol. 2, pp. 830–835.

9. Balducci, B., & Marinova, D. (2018). Unstructured data in marketing. *Journal of the Academy of Marketing Science, 46* , 557–590.

10. Bose, I., and R. K. Mahapatra (2001), "Business data mining—a machine learning perspective," *Information & Management, 39*(3), 211–225.

11. Shaw, M. J., C. Subramaniam, G. W. Tan, and M. E. Welge (2001), "Knowledge management and data mining for marketing," *Decision Support Systems, 31*(1), 127–137.

12. Kumar, V., and W. J. Reinartz (2018). *Customer relationship management: Concept, Strategies, and Tools.* 3rd edition, Berlin, Germany: Springer-Verlag Berlin Heidelberg.

13. Kotsiantis, S. B. (2007), "Supervised machine learning: A review of classification techniques," In *Emerging artificial intelligence applications in computer engineering*, Maglogiannis, I., K. Karpouzis, M. Wallace, and J. Soldatos (Eds.), *160*, 3–24.

14. Chin, A. J., A. Mirzal, H. Haron, and H. N. A. Hamed (2015), "Supervised, unsupervised, and semi-supervised feature selection: a review on gene selection," *IEEE/ACM Transactions on Computational Biology and Bioinformatics, 13*(5), 971–989.

15. Sutton, R. S. (1992), "Introduction: The challenge of reinforcement learning," In: Sutton R.S. (eds) *Reinforcement Learning*, The Springer International Series in Engineering and Computer Science (Knowledge Representation, Learning and Expert Systems), vol 173, Springer, Boston, MA.

16. 例如，2020年机器学习（ML）的全球市场规模估计约为590亿美元。预计到2025年将增长至2500亿美元，到2030年将达到5280亿美元。{Statista Market Insights (2023), "Machine Learning—Worldwide." Retrieved October 06, 2023, from https://www.statista.com/outlook/tmo/artificial-intelligence/machine-learning/world wide}。报告还发现，2022年使用机器学习技术的五大行业分别是制造业（18.9%）、金融业（15.4%）、医疗保健业（12.2%）、交通运输业（10.6%）和安全行业（10.1%）。此外，报告指出，美国、中国、德国、英国和日本是使用机器学习技术的最大地理区域。

17. McCann, D. (2019), "Amid data deluge, judgment still makes the difference," *CFO.com*, June 6, [accessed from https://www.cfo.com/ analytics/2019/06/amid-data-deluge-judgment-still-makes-the-difference/].

18. Falcon, W. (2018), "4 reasons why companies struggle to adopt deep learning," *Forbes*, July 5, [accessed from https://www.forbes.com/ sites/williamfalcon/2018/07/05/4-reasons-why-companies-struggleto-adopt-deep-learning/#46eb16874cda].

19. Kumar, V., and J. A. Petersen (2012), *Statistical methods in customer relationship management*. Chichester, West Sussex: John Wiley & Sons.

20. Kumar, V., & Vannan, M. (2021). It takes two to tango: Statistical modeling and machine learning.

Journal of Global Scholars of Marketing Science, 31(3), 296–317.

21. Shopify利用机器学习解决方案来确定对企业而言最近且最高效的配送中心。这使Shopify能够预测需求和库存分配，并根据企业的位置、产品详情、购物行为等信息，将订单发送到最近的配送中心 {Cannon, J. (2019), Shopify launches machine learning powered network for US merchants. *Shopify*, June 20, accessed from https://martech.org/shopify-launches-machine-learning-powered-network-for-us-me rchants/}。

22. Quotient Health利用机器学习来设计经过优化和标准化的电子病历系统以降低医疗成本；PathAI则运用机器学习帮助医疗服务提供者更快、更准确地做出诊断，并发现新的治疗方案 {Thomas, M. (2019a), "Ultra-modern medicine: Examples of machine learning in healthcare," *Built In*, July 4, [accessed from https://builtin.com/artificial-intelligence/machine-learning-healthcare]}。

23. Marr, B. (2019), "The amazing ways hitachi uses artificial intelligence and machine learning," *Forbes*, June 14, [accessed from https://www. forbes.com/sites/bernardmarr/2019/06/14/the-amazing-ways-hitachiuses-artificial-intelligence-and-machine-learning/#317568dc3705].

24. Kumar, V., D. Ramachandran, and B. Kumar (2020), "Influence of new-age technologies on marketing: A research agenda," *Journal of Business Research*, [accessed from https://www.sciencedirect.com/science/article/abs/pii/S0148296320300151].

25. Kumar, V., D. Ramachandran, and B. Kumar (2020), "Influence of new-age technologies on marketing: A research agenda," *Journal of Business Research*, [accessed from https://www.sciencedirect.com/science/article/abs/pii/S0148296320300151]。有人认为，采用机器学习和人工智能的公司可以增强对现有数据进行分析和解读的能力，从而更好地理解其产品与客户。

26. PayPal (2023), "4 ways machine learning helps you detect payment fraud," *PayPal.com*, February 14, accessed from https://www.paypal. com/us/brc/article/payment-fraud-detection-machine-learning.

27. PayPal (2021), "The power of data: How PayPal leverages machine learning to tackle fraud," *PayPal.com*, December 22, accessed from https://www.paypal.com/us/brc/article/paypal-machine-learning-stop-fraud.

28. Kumar, V., & Vannan, M. (2021). It takes two to tango: Statistical modeling and machine learning. *Journal of Global Scholars of Marketing Science*, *31*(3), 296–317.

29. James, G., D. Witten, T. Hastie, and R. Tibshirani (2013), *An introduction to statistical learning*. New York, NY: Springer.

30. 有关监督学习模型的更多详细信息，请参阅[Cunningham, P., Cord, M., & Delany, S. J. (2008). Supervised learning. In *Machine learning techniques for multimedia: Case studies on organization and retrieval* (pp. 21–49). Berlin, Heidelberg: Springer Berlin Heidelberg]。

31. Sutton, R. S., and A. G. Barto (2018), *Reinforcement learning: An introduction* (2 ed.).

Cambridge, MA: MIT Press.
32. Bettaney, E. (2020), "Automated outfit generation with deep learning," *Medium*, November 11, accessed from https://medium.com/asos-techblog/automated-outfit-generation-with-deep-learning-8f0eacc0ea86.
33. Preston, R. (2021), "McDonald's Hong Kong leverages machine learning to improve the customer experience," *Oracle*, November 30, accessed from https://www.oracle.com/apac/news/announcement/ blog/mcdonald-leverages-machine-learning-2021-12-03/.
34. De Cremer, D., and G. Kasparov (2021), "AI should augment human intelligence, not replace it," *Harvard Business Review*, March 18, accessed from https://hbr.org/2021/03/ai-should-augment-human-intelligence-not-replace-it.
35. Torres, L. (2023), "How AMAGGI uses planet data to take sustainable agriculture to the next level," *Planet*, November 20, accessed from https://www.planet.com/pulse/how-amaggi-uses-planet-data-totake-sustainable-agriculture-to-the-next-level/.
36. Kumar, V. (2021). *Intelligent marketing: Employing new age technologies*. Sage Publications
37. Kumar, V., B. Rajan, R. Venkatesan, and J. Lecinski (2019), "Under-standing the role of artificial intelligence in personalized engagement marketing," *California Management Review*, *61*(4), 135–55.
38. Narula, G. (2018), "Everyday Examples of artificial intelligence and machine learning," *Emerj.com*, October 29, [accessed from https:// www.techemergence.com/everyday-examples-of-ai/].
39. Neilsen (2016), "Global connected commerce," *Nielsen Insights*, January 20, [accessed from https://www.nielsen.com/us/en/insights/ report/2016/global-connected-commerce/#].
40. Shartsis, R. (2019), "Dynamic pricing: The secret weapon used by the world's most successful companies," *Forbes*, January 8, [accessed from https://www.forbes.com/sites/forbestechcouncil/2019/01/08/ dynamic-pricing-the-secret-weapon-used-by-the-worlds-most-successful-companies/#755a8422168b].
41. Faden, M. (2019), "Machine learning helps payment services detect fraud," *American Express*, [accessed from https://www.americanexpress.com/us/foreign-exchange/articles/payment-services-fraud-detection-using-AI/].
42. Stine, L. (2020), "Taco bell deploys AI for in-app personalization," *Restaurant Dive*, January 14, [accessed from https://www.restaurantdive.com/news/taco-bell-deploys-ai-for-in-app-personalization/570 361/].
43. Bughin, J., E. Hazan, S. Ramaswamy, M. Chui, T. Allas, P. Dahlström, N. Henke, and M. Trench (2017), "Artificial intelligence: The next digital frontier?" *McKinsey Global Institute*, [accessed from https:// www.mckinsey.com/~/media/McKinsey/Industries/Advanced%20Electronics/Our%20Insights/How%20artificial%20intelligence%20can% 20deliver%20real%20value%20to%20companies/MGI-Artificial-Intelligence-Discussion-paper.ashx].

44. Arora, N., X. Dreze, A. Ghose, J. D. Hess, R. Iyengar, B. Jing, Y. Joshi, V. Kumar, N. Lurie, S. Neslin, S. Sajeesh, M. Su, N. Syam, J. Thomas, and Z. J. Zhang (2008), "Putting one-to-one marketing to work: Personalization, customization, and choice," *Marketing Letters*, *19*(3), 305–321.

45. 研究表明，个性化主要是一个由企业控制的过程，它依赖客户数据实现[Murthi, B. P. S., and S. Sarkar (2003), "The role of the management sciences in research on personalization," *Management Science*, 49(10), 1344–1362; Sundar, S. S., and S. S. Marathe (2010), "Personalization versus customization: The importance of agency, privacy, and power usage," *Human Communication Research*, *36* (3), 298–322; Vesanen, J., and M. Raulas (2006), "Building bridges for personalization—a process model for marketing," *Journal of Interactive Marketing*, *20*(1), 1–16]。此外，研究还将个性化概念理解为一个将客户与营销人员相互连接的过程[Murthi, B. P. S., and S. Sarkar (2003), "The role of the management sciences in research on personalization," *Management Science*, 49(10), 1344–1362]，这种连接强化了客户与营销人员之间的关系[Simonson, 2005; Wind, J., and A. Rangaswamy (2001), "Customerization: The next revolution in mass customization," *Journal of Interactive Marketing*, *15*(1), 13–32]。

46. Bleier, A., A. D. Keyser, and K. Verleye (2018), "Customer engagement through personalization and customization," in *Customer Engagement Marketing*, R. W. Palmatier, V. Kumar, and C. M. Harmeling (Eds.), pp. 75–94.

47. Vinoski, J. (2020), "New research shows consumers already expect mass personalization. time to get ready!" *Forbes*, January 20, [accessed from https://www.forbes.com/sites/jimvinoski/2020/01/20/new-research-shows-consumers-already-expect-mass-personalization-time-to-get-ready/#44fed95a223e].

48. Sriram, M. (2019), "Toppr launches live classes to boost growth," *LiveMint.com*, August 26, [accessed from https://www.livemint.com/ market/mark-to-market/toppr-launches-live-classes-to-boost-growth-1566813568679.html].

49. Fitzgerald, M. (2020), "Personalized nutrition could be the next plant-based meat, worth $64 billion by 2040, says UBS," *CNBC* , January 19, [accessed from https://www.cnbc.com/2020/01/19/personalized-nutrition-could-be-the-next-plant-based-meat-worth-64-billion-by-2040-says-ubs.html].

50. Verhoef, P. C., P. K. Kannan, and J. J. Inman (2015), "From Multi-channel retailing to omni-channel retailing: introduction to the special issue on multi-channel retailing," *Journal of Retailing*, *91*(2), 174–81.

51. 首席营销官理事会（CMO Council）和SAP Hybris 调查发现，47%的消费者会放弃那些提供糟糕、缺乏个性化或令人沮丧体验的品牌。

52. Brynjolfsson, E., Y. J. Hu, and M. S. Rahman (2013), "Competing in the age of omnichannel retailing," *MIT Sloan Management Review*, *54* (4), 23–29.

53. Min, S. (2019), "Coming soon to Netflix: Movie trailers crafted by AI," *CBS News*, August 19, [accessed from https://www.cbsnews.com/ news/netflix-trailers-made-by-ai-netflix-is-investing-in-automation-to-make-trailers/].

54. Esteves, R. B., and J. Resende (2016), "Competitive targeted adver-tising with price discrimination," *Marketing Science, 35*(4), 576–587.

55. Infor (2020), "Bavaria Boutique Hotel in Munich Is first to benefit from optimized pricing through Infor HPO," *PR Newswire*, February 10, [accessed from https://www.prnewswire.com/news-releases/bavaria-boutique-hotel-in-munich-is-first-to-benefit-from-optimized-pricing-through-infor-hpo-301001385.html].

56. Bose, N. (2018), "Walmart goes to the cloud to close gap with Amazon," *Reuters*, February 14, [accessed from https://www.reuters. com/article/us-walmart-cloud/walmart-goes-to-the-cloud-to-close-gap-with-amazon-idUSKCN1FY0K7].

57. Wedel, M., & P. K. Kannan (2016), "Marketing analytics for data-rich environments," *Journal of Marketing, 80*(6), 97–121.

58. Vaccaro, A., S. Mager, N. Groff, and A. Bolante (2019), "Beyond marketing: Experience reimagined," *Deloitte Insights*, January 16, [accessed from https://www2.deloitte.com/us/en/insights/focus/tech-trends/2019/personalized-marketing-experience-reimagined.html#end note-sup-3].

59. Windyka, K. (2018), "In-Store platform uses AI to digitally personalize shoppers' experience," *PSFK*, September 11, [avail-able at https://www.psfk.com/2018/09/mystore-e-ai-personalized-shopping-experience.html].

60. White, D. (2016), "Artificial intelligence transforms the in-store shop-ping experience with the pilot of "Macy's On Call"," *IBM*, July 20, [accessed from https://www.ibm.com/blogs/watson/2016/07/artificial-intelligence-transforms-store-shopping-experience-pilot-macys-call/].

61. Trejos, N. (2016), "Introducing Connie, Hilton's new robot concierge," *USA Today*, March 9, [accessed from https://www.usatoday.com/story/travel/roadwarriorvoices/2016/03/09/introducing-connie-hiltons-new-robot-concierge/81525924/].

62. Kumar, V., B. Rajan, R. Venkatesan, and J. Lecinski (2019), "Understanding the role of artificial intelligence in personalized engagement marketing," *California Management Review, 61*(4), 135–55.

63. Pansari, A., & V. Kumar (2017), "Customer engagement: the construct, antecedents, and consequences," *Journal of the Academy of Marketing Science, 45*(3), 294–311.

64. Venkatesan, R. (2017), "Executing on a customer engagement strategy," *Journal of the Academy of Marketing Science*, 45, 289–293.

65. Kumar, V. (2021). *Intelligent marketing: Employing new age technologies*. Sage Publications.

66. Kumar, V., D. Ramachandran, and B. Kumar (2020), "Influence of new-age technologies on

marketing: A research agenda," *Journal of Business Research*, [accessed from https://www.sciencedirect.com/sci ence/article/abs/pii/S0148296320300151].

67. Kumar, V. (2008), *Managing Customers for Profits*, Upper Saddle River, NJ: Wharton School Publishing.

68. Kumar, V., B. Rajan, R. Venkatesan, and J. Lecinski (2019), "Understanding the role of artificial intelligence in personalized engagement marketing," *California Management Review*, 61(4), 135–55.

69. Mori, M., K. F. MacDorman, and N. Kageki (2012), "The uncanny valley," *IEEE Robotics & Automation Magazine*, 19(2), 98–100.

70. 这些实例包括：①消费者首次体验无人驾驶汽车时感到不安 {Knight, W. (2016), "Novelty of driverless cars wears off quickly for first-timers," *MIT Technology Review*, October 18, [accessed from https://www.technologyreview.com/s/602689/novelty-of-driverless-cars-wears-off-quickly-for-first-timers/]}，② 用户更倾向于相信人类预报员的预测，即使机器的预测更准确 [Dietvorst, B. J., J. P. Simmons, and C. Massey (2016), "Overcoming algorithm aversion: People will use imperfect algorithms if they can (even slightly) modify them," *Management Science*, 64 (3), 1155–1170]；③医生对IBM Watson 在医疗诊断方面的建议缺乏信任 {Polonski, V. (2018), "People don't trust AI—here's how we can change that," *phys.org*, January 10, [accessed from https://phys. org/news/2018-01-people-dont-aihere.html]}；等等。

71. Upson, S. (2017), "Artificial intelligence is killing the uncanny valley and our grasp on reality," *Wired*, December 16, [accessed from https:// www.wired.com/story/future-of-artificial-intelligence-2018/].

72. Ekanadham, C. (2018), "Using machine learning to improve streaming quality at Netflix," *Netflix Tech Blog*, March 22, [accessed from https://netflixtechblog.com/using-machine-learning-to-improve-streaming-quality-at-netflix-9651263ef09f].

73. Whitehead, S. A. (2020), "What pizza operators can learn from Domino's use of AI," *Pizza marketplace.com*, January 15, [accessed from https://www.pizzamarketplace.com/articles/what-all-pizza-operators-can-learn-from-dominos-use-of-ai/].

74. Himes, M. (2020), "AI is coming to a grocery store near you," *BuiltIn.com*, January 29, [accessed from https://builtin.com/artificial-intelligence/kraft-heinz-machine-learning-ai].

75. Davenport, T. H., and R. Ronanki (2018), "Artificial Intelligence for the Real World," *Harvard Business Review,* 96 (1), 108–116.

76. Marr, B. (2016), "Big data at Volvo: predictive, machine-learning-enabled analytics across petabyte-scale datasets," *Forbes*, July 18, [accessed from https://www.forbes.com/sites/bernardmarr/2016/07/ 18/how-the-connected-car-is-forcing-volvo-to-rethink-its-data-str ategy/#3ea34de13e8d].

第6章

1. 这个沉浸式环境还拥有一个与全球金融系统无缝对接的虚拟经济体系(Au, W. J. (2023), "Neal Stephenson isn't giving up on the metaverse—or crypto," *Fast Company*, October 8, accessed from https://www.fastcompany.com/90935596/neal-stephenson-on-reclaiming-hismetaverse).

2. 理查德A.巴特尔（Richard A.Bartle）将虚拟世界描述为"……一个自动化的、共享的、持续存在的环境，人们可以通过其中的虚拟化身进行实时互动"[Bartle, R. A. (2010). From MUDs to MMORPGs: The history of virtual worlds. In Hunsinger, J., Klastrup, L, & Allen, M. (eds.), *International Handbook of Internet Research*, pp. 23-39. Springer].他进一步将虚拟世界的发展划分为五个时代（即1978—1985年、1985—1989年、1989—1995年、1995—1997年，以及1997年至今）。在第五个时代，图形的引入为现代多用户视频游戏奠定了基础，并最终促成了视频游戏与社交互动技术的融合。

3. Dionisio, J. D. N., Iii, W. G. B., & Gilbert, R. (2013). 3D virtual worlds and the metaverse: Current status and future possibilities. *ACM Computing Surveys (CSUR)*, *45*(3), 1–38.

4. Perlin, K., & Goldberg, A. (1996). Improv: A system for scripting interactive actors in virtual worlds. In *Proceedings of the 23rd Annual Conference on Computer Graphics and Interactive Techniques* (pp. 205– 216), August.

5. Davis, A., Murphy, J., Owens, D., Khazanchi, D., & Zigurs, I. (2009). Avatars, people, and virtual worlds: Foundations for research in metaverses. *Journal of the Association for Information Systems*, *10*(2), 1.

6. Wright, M., Ekeus, H., Coyne, R., Stewart, J., Travlou, P., & Williams, R. (2008). Augmented duality: overlapping a metaverse with the real world. In *Proceedings of the 2008 International Conference on Advances in Computer Entertainment Technology* (pp. 263–266), December.

7. Lee, M. Y. H. (2021), "Seoul wants to build a metaverse. A virtual New Year's Eve ceremony will kick it off," *The Washington Post*,November 28, accessed from https://www.washingtonpost.com/world/asia_pacific/metaverse-seoul-virtual/2021/11/27/03928120-4248-11ec-9404-50a28a88b9cd_story.html.

8. Barrera, K. G., & Shah, D. (2023). Marketing in the Metaverse: Conceptual understanding, framework, and research agenda. *Journal of Business Research*, *155*, 113420.

9. 元宇宙作为一个平台，具备克服挑战、激发创造力和想象力、提升技术能力和熟练度的能力，正在推动对这一新技术的投资 {Tidio. (2021). Leading benefits of the metaverse worldwide in 2021 [Graph]. *Statista*, December 1, accessed from https://www.statista.com/statistics/1285117/metaverse-benefits/}。此外，元宇宙还为人们提供了轻松与他人联系的机会，开辟了新的就业渠道，并让个人以独特的方式表达自己。

10. Ramadhan, A., Pradono Suryodiningrat, S., & Mahendra, I. (2023). The fundamentals of metaverse: A review on types, components and opportunities. *Journal of Information and*

Organizational Sciences, 47 (1), 153–165.

11. Hu, P. J. H., & Hui, W. (2012). Examining the role of learning engage-ment in technology-mediated learning and its effects on learning effectiveness and satisfaction. *Decision Support Systems, 53*(4), 782– 792.
12. Park, S., & Kim, S. (2022). Identifying world types to deliver gameful experiences for sustainable learning in the metaverse. *Sustainability, 14* (3), 1361.
13. Spangler, T. (2023), "'The voice' free metaverse experience will let fans compete in virtual music battles, win prizes and more (EXCLUSIVE)," *The Variety*, May 10, accessed from https://variety.com/2023/digital/ news/the-voice-studios-metaverse-free-virtual-launch-1235608477/.
14. Perez, S. (2023), "Walmart returns to Roblox after its first games were attacked by consumer advocacy groups," *TechCrunch*, September 27, accessed from https://techcrunch.com/2023/09/27/walmart-returns-to-roblox-after-its-first-games-were-attacked-by-consumer-advocacy-groups/.
15. Torrao, M. R. (2023), "Welcome To 'Ubuntuland'—Africa's First Ever Virtual Reality Metaverse [Video]," *2OceansVibe*, August 29, accessed from https://www.2oceansvibe.com/2023/08/29/welcome-to-ubuntuland-africas-first-ever-virtual-reality-metaverse-video/#ixzz8MKmB XRmI.
16. Africarare (2023), "Metaverse Helps Bring Water to Africa," *Africarare*, march 8, accessed from https://www.globenewswire.com/en/news-rel ease/2023/03/08/2622834/0/en/Metaverse-Helps-Bring-Water-to-Africa.html.
17. Shlachter, A. (2023), "How AR and the 'real-world metaverse' can augment traditional media," *The Drum*, April 11, accessed from https://www.thedrum.com/opinion/2023/04/11/how-ar-and-the-real-world-metaverse-can-augment-traditional-media.
18. Bhura, S. (2022). "After Facebook's Meta, some Indian companies are rolling out 'native metaverses'," *The Week*, February 6, accessed https://www.theweek.in/theweek/leisure/2022/01/27/after-facebook-meta-some-indian-companies-are-rolling-out-native-metaverses.html.
19. Purdy, M. (2023). Building a great customer experience in the meta-verse. *Harvard Business Review*, April 3, accessed from https://hbr.org/ 2023/04/building-a-great-customer-experience-in-the-metaverse.
20. 世界经济论坛将互操作性定义为"跨系统、平台、环境和技术进行互动、交换和利用数据及由此产生的信息，从而实现流动、交易和参与的能力"[World Economic Forum (2023), "Interoperability in the Metaverse," *World Economic Forum*, January, accessed from https://www3.weforum.org/docs/WEF_Interoperability_in_the_Metaverse.pdf]。
21. Ball, M. (2022). *The metaverse: And how it will revolutionize everything*. Liveright Publishing.
22. 根据Gartner的预测，到2026年，约25%的人预计每天将至少一个小时的时间花在元宇宙中。39%的受访者提到的主要好处是元宇宙能够帮助用户应对身体残疾等挑战[Pratt, M. K. (2022), "10 realworld use cases of the metaverse, and examples," *TechTarget*,November

22, accessed from https://www.techtarget.com/searchcio/feature/Examples-of-the-metaverse-for-business-and-IT-leaders]。

23. Hazan, E., Kelly, G., Khan, H., Spillecke, D., & Yee, L. (2022). Marketing in the metaverse: An opportunity for innovation and experimentation. *The McKinsey Quarterly*.

24. CNBC (2023). "Exploring Seoul's newly opened metaverse city and others like it," *CNBC-TV18*, January 18, accessed from https://www. cnbctv18.com/technology/exploring-seouls-newly-opened-metaverse-city-and-others-like-it-15707621.htm.

25. 例如，Snapchat针对Z世代的调查显示，60%的即将成为最大消费群体的Z世代表示，增强现实体验让他们感觉更加个性化[Snapchat (2022), "Gen-Z in 2022," *Snapchat*, accessed from https:// downloads.ctfassets.net/inb32lme5009/1rPnekNZuxpa48Gd8tG9z4/ 77217b80f5b0e a535324b3437b9988ab/Gen_Z_in_2022_Culture__Commerce__and_Conversations.pdf]。

26. Hazan, E., Kelly, G., Khan, H., Spillecke, D., & Yee, L. (2022). Marketing in the metaverse: An opportunity for innovation and experimentation. *The McKinsey Quarterly*.

27. Tsiaoussidis, A. (2023), "Every single Fortnite collab & crossover in battle royale's history," Dexerto, December 7, accessed from https:// www.dexerto.com/fortnite/every-fortnite-collab-crossover-battle-royale-history-1645672/ .

28. Thorbecke, C. (2023), "What metaverse? Meta says its single largest investment is now in 'advancing AI,'" *CNN* , March 15, accessed from https://edition.cnn.com/2023/03/15/tech/meta-ai-investment-priority/index.html.

29. NVIDIA (2021), "NVIDIA brings millions more into the meta-verse with expanded omniverse platform," *NVIDIA*, August 10, accessed from https://nvidianews.nvidia.com/news/nvidia-brings-millions-more-into-the-metaverse-with-expanded-omniverse-platform.

30. Gartenberg, C. (2021), "Intel thinks the metaverse will need a thousand-fold increase in computing capability," *The Verge*, December 16, accessed from https://www.theverge. com/2021/12/15/22836401/ intel-metaverse-computing-capability-cpu-gpu-algorithms.

31. Sutcliffe, C. (2022), "21m people have now visited Nike's Roblox store. Here's how to do metaverse commerce right," *The Drum*, September 22, accessed from https://www.thedrum.com/news/2022/ 09/22/21m-people-have-now-visited-nike-s-roblox-store-here-s-how-do-metaverse-commerce.

32. Mileva, G. (2023), "IKEA launches interactive AR game to teach chil-dren about marine life," *AR Post*, February 24, accessed from https:// arpost.co/2023/02/24/ikea-ar-game-children-marine-life/.

33. Chan, A. (2023), "Obsess launches AVA, A dynamic self-serve, DIY tool that allows brands to quickly change and manage merchandising, visual display, and content for their virtual storefronts," *Forbes*, April 14, accessed from https://www.forbes.com/sites/angelachan/2023/ 04/14/obsess-launches-ava-a-dynamic-self-serve-diy-tool-that-allowsbrands-

to-quickly-change-and-manage-merchandising-visual-display-and-content-for-their-virtual-storefronts/?sh=42490e05388e.

34. 根据2022年美国的一项调查，87%的已经使用元宇宙或希望在未来使用元宇宙的用户表示，元宇宙将对他们的购物方式和与品牌的互动产生重大影响 [Sitecore (2022), "Consumer Perceptions about the Metaverse," *Sitecore*, August, accessed from https://www.sitecore.com/blog/metaverse/2022-research]。

35. 据预测，2022年全球元宇宙市场的估值将为655亿美元。这一估值预计在2023年将增长至820亿美元，到2030年将飙升至9366亿美元 {Grand View Research (2023), "Metaverse market revenue worldwide from 2022 to 2030 (in billion U.S. dollars) [Graph]," *Statista*, February 27, accessed from https://www.statista.com/statistics/1295784/metaverse-market-size/}。

36. Akolkar, B. (2023), "Nike soon to bring its popular. SWOOSH NFTs to EA Sports Games," *Coinspeaker*, June 2, accessed from https://www. coinspeaker.com/nike-swoosh-nfts-ea-sports-games/.

37. Purdy, M. (2023). Building a great customer experience in the meta-verse. *Harvard Business Review*, April 3, accessed from https://hbr.org/ 2023/04/building-a-great-customer-experience-in-the-metaverse.

38. Dawes, J. (2022), "Celebrity cruises enters the metaverse with a virtual ship tour," *Skift*, December 14, accessed from https://skift.com/2022/ 12/14/celebrity-cruises-enters-the-metaverse-with-a-virtual-ship-tour/.

39. Wright, W. (2022), "Coca-Cola toasts one year in the metaverse with International Friendship Day NFT drop," *The Drum*, July 27, accessed fromhttps://www.thedrum.com/news/2022/07/27/coca-cola-toasts-one-year-the-metaverse-with-international-friendship-day-nft-drop.

40. Si-young, C. (2022), "Hanwha Life Insurance unveils 'virtual human' in digital push," *The Korea Herald*, November 8, accessed from https:// www.koreaherald.com/view. php?ud=20221108000593.

41. Rush, J. (2023), "It's time we had a frank discussion about the state of the metaverse," *Fast Company*, September 22, accessed from https://www.fastcompany.com/90955919/its-time-we-had-a-frank-dis cussion-about-the-state-of-the-metaverse.

42. 2018年，全球VR头显的平均售价为385美元。此后，价格已上涨至2023年的422美元，并预测到2028年将稳定在大约420美元 {Statista (2023), "Virtual reality (VR) headset average price worldwide from 2018 to 2028 (in U.S. dollars) [Graph]," *Statista*, September 14, accessed from https://www.statista.com/forecasts/1338351/vr-headset-average-price-worldwide}。

43. 2019—2021年，消费电子市场中VR头显板块的全球收入增长了45.4个百分点；然而，预计从2022年到2028年，该板块的收入将下降29.8个百分点。{Statista (2023a), "Revenue growth of the VR headsets market worldwide from 2019 to 2028 [Graph]," *Statista*, September 14, accessed from https://www.statista.com/forecasts/133 1894/vr-headset-revenue-growth-

worldwide}。

44. 在2021年的一项全球调查中，超过40%的参与者将隐私担忧列为元宇宙带来的主要威胁之一 {PC Magazine (2021), "Dangers of the metaverse according to internet users worldwide in 2021 [Graph]," *Statista*, December 1, accessed from https://www.statista.com/statistics/1288822/metave rse-dangers/}。同样，在2021年针对东南亚国家（新加坡、马来西亚、印度尼西亚和菲律宾）的一项研究中，超过60%的受访者因担心数据安全问题和隐私问题而对元宇宙持负面看法 {Techsauce (2022), "Leading reasons for feeling negative about the metaverse in Southeast Asia in 2021, by country [Graph]," *Statista*, January 13, accessed from https://www.statista.com/statistics/1292195/sea-top-concerns-about-the-metaverse-by-country/}。

45. 根据2022年美国的一项调查，60%的参与者倾向于通过元宇宙活动逃避现实世界的挑战，主要原因是生活费用的上升。此外，46%的参与者使用元宇宙来逃避新冠病毒带来的风险。值得注意的是，仅有17%的参与者表示他们没有将元宇宙作为逃避现实的一种方式 {Sitecore (2022a), "Real-world issues that would make meta-verse enthusiasts in the United States inclined to use the metaverse to escape the real world as of August 2022 [Graph]," *Statista*, October 19, accessed from https://www.statista.com/statistics/1346320/us-metaverse-real-world-issues-escape/}。

第7章

1. Muller, J. (2022), "Pop-up digital ads are taking over the freezer aisle," *Axios*, March 29, [accessed from https://www.axios.com/2022/03/29/ pop-up-digital-ads-are-taking-over-the-freezer-aisle].

2. Dooley, J. (2019), "Chicago-based Cooler Screens, leverages smart screens powered by AI and IoT, to enhance the in-store customer shopping experience at Walgreens," *Clickz.com*, December 2019, [accessed from https://www.clickz.com/cooler-screens-is-bringing-the-digital-shopping-experience-to-brick-and-mortar-stores/?amp=1].

3. 根据 {Transforma Insights, & Exploding Topics (2023). Number of Internet of Things (IoT) connected devices worldwide from 2019 to 2023, with forecasts from 2022 to 2030 (in billions) [Graph]. In *Statista*. July 1. Retrieved October 09, 2023, from https://www.statista.com/statistics/1183457/iot-connected-devices-worldwide/}。2020年，全球IoT连接设备数量达到了97.5亿台，预计到2025年将增至190亿台。

4. 预计到2028年，蜂窝物联网的连接数量将从2022年的27亿增长到54亿。在蜂窝物联网增长区域方面，东北亚地区在全球普及方面处于领先地位，预计该地区到2023年将拥有超过20亿的连接数量 {Ericsson. (February 23, 2023). Number of cellular IoT connections worldwide from 2022 to 2028, by connection technology (in millions) [Graph]. In *Statista*. Retrieved October 09, 2023, from https://www.statista.com/statistics/1388055/ cellular-iot-connections-worldwide/}。

5. Lee, G. M., N. Crespi, J. K. Choi, & M. Boussard (2013), "Internet of things," In *Evolution of Telecommunication Services* (pp. 257-282). Springer, Berlin, Heidelberg; Xia, F., L. T. Yang, L. Wang, & A. Vinel (2012), "Internet of things," *International Journal of Communication Systems*, 25(9), 1101–1102.
6. Ashton, K. (2009), "That 'internet of things' thing," *RFID Journal*, 22(7), 97–114.
7. Kaplan, D. A. (2018), "The rise, fall and return of RFID," *Supply Chain Dive*, August 21, [accessed from https://www.supplychaindive. com/news/RFID-rise-fall-and-return-retail/530608/].
8. ITU (2012), "Overview of the Internet of things," *International Telecommunication Union*, June, [accessed from http://handle.itu.int/ 11.1002/1000/11559].
9. IoT为计算机提供了数据收集、观察和分析的能力,并且无须依赖和干预人类,此外还包含一个嵌入日常物品中的智能设备系统,使设备通过互联网连接在一起[Kopetz, H. (2011), "Internet of things," In *Real-time systems* (pp. 307–323). Springer, Boston, MA]。
10. Atzori, L., A. Iera, & G. Morabito (2010), "The internet of things: A survey," *Computer Networks*, 54(15), 2787–2805.
11. Gluhak, A., S. Krco, M. Nati, D. Pfisterer, N. Mitton, & T. Razafind-ralambo (2011), "A survey on facilities for experimental internet of things research," *IEEE Communications Magazine*, 49(11), 58–67.
12. Gubbi, J., R. Buyya, S. Marusic, & M. Palaniswami (2013), "Internet of Things (IoT): A vision, architectural elements, and future direc-tions," *Future Generation Computer Systems*, 29(7), 1645–1660.
13. Sundmaeker, H., P. Guillemin, P. Friess, & S. Woelfflé, (2010), "Vision and challenges for realising the Internet of Things," *Cluster of European Research Projects on the Internet of Things, European Commision*, 3(3), 34–36.
14. Pennic, J. (2017), "Big cloud analytics rebrands as EVO health, launches wellness analytics app platform," *Hit Consultant*, October 9, [accessed from https://hitconsultant.net/2017/10/09/big-cloud-analytics-rebrands-evo-health/].
15. Coetzee, L., & J. Eksteen (2011), "The Internet of Things-promise for the future? An introduction," In *2011 IST-Africa Conference Proceed-ings* (pp. 1–9), May, IEEE.
16. Verhoef, P.C., A. T. Stephen, P. K. Kannan, X. Luo, V. Abhishek, M. Andrews, Y. Bart, H. Datta, N. Fong, D. L. Hoffman, & M. M. Hu (2017), "Consumer connectivity in a complex, technology-enabled, and mobile-oriented world with smart products," *Journal of Interactive Marketing*, 40, 1–8.
17. Macaulay, J., L. Buckalew & G. Chung (2015), "Internet of Things In Logistics," *DHL.com*.
18. Kumar, V., D. Ramachandran, and B. Kumar (2020), "Influence of new-age technologies on marketing: A research agenda," *Journal of Business Research*, [accessed from https://www.sciencedirect.com/science/article/abs/pii/S0148296320300151].

19. 微软在2019年的一项调查显示，在制造业、零售业、运输业等行业中，至少有85%的决策者正在快速将物联网（IoT）积极融入他们的组织。此外，88%的采用者认为物联网对其业务的整体成功至关重要。调查还显示，物联网有助于简化流程并确保整体效率。

20. New, J. and D. Castro (2015), "Why countries need national strategies for the internet of things," *Center for Data Innovation*, December 16, [accessed from http://www2.datainnovation.org/2015-national-iot-strategies.pdf].

21. Microsoft (2019), "IoT Signals," *Microsoft*, July, [accessed from https://azure.microsoft.com/mediahandler/files/resourcefiles/iot-signals/IoT-Signals-Microsoft-072019.pdf].

22. Urban Hub (2018), "Brazil embraces the digital age with an ambi-tious Internet of Things strategy," *Urban Hub*, April 11, [accessed from http://www.urban-hub.com/technology/brazil-embraces-the-digital-age-with-an-ambitious-internet-of-things-strategy/].

23. Government of India (2015), "Smart cities—mission statement & guidelines," *Government of India*, June, [accessed from http://smartcities.gov.in/upload/uploadfiles/files/SmartCity Guidelines(1).pdf] (p. 6).

24. Piwek, L., D. A. Ellis, S. Andrews, & A. Joinson (2016), "The rise of consumer health wearables: promises and barriers," *PLoS Medicine*, *13*(2), e1001953, https://doi.org/10.1371/journal.pmed.1001953.

25. 全球可穿戴设备市场规模预计将从2018年的230亿美元增长至540亿美元 {Barkho, G. (2019), "The wearable tech industry is expected to Hit $54 Billion by 2023," *Observer.com*, August 12, [accessed from https://observer.com/2019/08/wearabletech-industry-hit-54-billion-by-2023/]}。此外，超过80%的消费者表示愿意使用健身技术 {Phaneuf, A. (2020), "Latest trends in medical monitoring devices and wearable health tech-nology," *Business Insider*, January 31, [accessed from https://www.bus inessinsider.com/wearable-technology-healthcare-medical-devices]}。

26. Rashidi, P., & A. Mihailidis (2012), "A survey on ambient-assisted living tools for older adults," *IEEE Journal of Biomedical and Health Informatics*, 17(3), 579–590.

27. Ghayvat, H., J. Liu, A. Babu, E. E. Alahi, X. Gui, & S.C. Mukhopad-hyay (2015), "Internet of Things for smart homes and buildings: Opportunities and Challenges," *Journal of Telecommunications and the Digital Economy*, 3(4), 33–47.

28. Mick, D., Pettigrew, S., Pechmann, C., & Ozanne, J. (2012), "Origins, Qualities, and Envisionments of Transformative Consumer Research," In *Transformative Consumer Research: For Personal and Collective Well-being* (pp. 3–25): Routledge.

29. Andreasen, A. R., M. E. Goldberg, & M. J. Sirgy (2012), "Founda-tional research on consumer welfare: Opportunities for a transforma-tive consumer research agenda," In *Transformative consumer research for personal and collective well-being* (pp. 25–66): Routledge.

30. Burroughs, J. E., & A. Rindfleisch (2012). "What welfare? On the definition and domain of

transformative consumer research and the foundational role of materialism," In *Transformative consumer research for personal and collective well-being*, (pp. 249–266): Routledge.

31. Kumar, V., & D. Ramachandran (2020), "Developing a firm's growth approaches in a new-age technology environment to enhance stake-holder wellbeing," working paper, Georgia State University, GA.

32. Ghayvat, H.,J.Liu,A.Babu, E. E. Alahi, X. Gui, &S.C.Mukhopad-hyay (2015), "Internet of Things for smart homes and buildings: Opportunities and Challenges," *Journal of Telecommunications and the Digital Economy*, 3(4), 33–47.

33. Dohr, A., Modre-Opsrian, R., Drobics, M., Hayn, D., & Schreier, G. (2010). The internet of things for ambient assisted living. In *2010 Seventh International Conference on Information Technology: New Generations*, Las Vegas, NV, USA, April, pp. 804–809.

34. 2023年，智能大家电（如冰箱、洗衣机）普及率前五的国家依次为印度（36%）、中国（35%）、南非（23%）、韩国（20%）和法国（16%）。总体而言，相较于智能小家电（如咖啡机、微波炉），家庭更倾向于拥有智能大家电。{Statista Consumer Insights. (2022). Ownership rate of small and big smart appliances in selected coun-tries in 2023* [Graph]. In *Statista*. May 31. Retrieved October 09, 2023, from https://www.statista.com/statistics/1168812/smart-appliances-ownership-by-country/}。

35. Pennic, J. (2017), "Big cloud analytics rebrands as evo health, launches wellness analytics app platform," *Hit Consultant*,October 9,[accessed from https://hitconsultant.net/2017/10/09/big-cloud-analytics-rebrands-evo-health/].

36. Sauter, T., S. Soucek, W. Kastner, & D. Dietrich (2011), "The evolu-tion of factory and building automation," *IEEE Industrial Electronics Magazine*, 5(3), 35–48.

37. Bratukhin, A., & T. Sauter (2011), "Functional analysis of manufac-turing execution system distribution," *IEEE Transactions on Industrial Informatics*, 7(4), 740–749.

38. Bauer, H., M. Simon, M. Becker, M. Altmeier (2019), "Changing market dynamics—Capturing value in machinery and industrial automation," *McKinsey & Company*, July, [accessed from https://www. mckinsey.com/industries/advanced-electronics/our-insights/capturing-value-in-machinery-and-industrial-automation-as-market-dynamics-change].

39. Wollschlaeger, M., T. Sauter, & J. Jasperneite (2017), "The future of industrial communication: Automation networks in the era of the internet of things and industry 4.0," *IEEE Industrial Electronics Magazine*, 11(1), 17–27.

40. IEEE (2015), "Towards a definition of the Internet of Things (IoT)," *IEEE Internet Initiative*, May 27, [accessed from https://iot.ieee. org/images/files/pdf/IEEE_IoT_Towards_Definition_Internet_of_Thi ngs_Revision1_27MAY15.pdf].

41. 据估计，2018年全球工业自动化市场规模为1570.4亿美元，预计到2026年将达到2967亿美元{PR Newswire (2019), "Industrial Automation Market Will Rise at a CAGR of 8.4%;

Increasing Demand for AI-Based Indus-trial Robots Will Aid Growth, Says Fortune Business Insights," *PR Newswire*, November 4, [accessed from https://www.prnewswire.com/ in/news-releases/industrial-automation-market-will-rise-at-a-cagr-of-8-4-increasing-demand-for-ai-based-industrial-robots-will-aid-growth-says-fortune-business-insights-866899795.html]}。此外，最近的一项调查发现，全球近57%的公司已至少在一个职能部门或业务单元中试点自动化，另有18%的公司表示计划在未来一年内实现自动化 {Edlich, A., F. Ip, R. Panikkar, & R. Whiteman (2018), "The automation imperative," *McKinsey & Company*, September, [accessed from https:// www.mckinsey.com/business-functions/operations/our-insights/the-automation-imperative]}，这表明全球整体上正在推动将自动化融入日常生产运营中。

42. Bolz, L., H. Freund, T. Kasah, & B. Koerber (2018), "IIoT platforms: The technology stack as value driver in industrial equipment and machinery," *McKinsey & Company*, September, [accessed from https:// www.mckinsey.com/industries/advanced-electronics/our-insights/iiot-platforms-the-technology-stack-as-value-driver-in-industrial-equipment-and-machinery].

43. Packaging Europe (2023), "Congress Special: Wiliot adds humidity monitoring to its ambient IoT visibility platform," *Packaging Europe*, October 10, [accessed from https://packagingeurope.com/news/congress-special-wiliot-adds-humidity-monitoring-to-its-ambient-iot-visibility-platform/10439.article].

44. Rooney, P. (2023), "P&G enlists IoT, predictive analytics to perfect Pampers diapers," *CIO.com*, August 25, [accessed from https://www. cio.com/article/650197/pg-enlists-iot-predictive-analytics-to-perfect-pampers-diapers.html].

45. Street, C. (2019), "Sheep Inc.: the world's first carbon-negative fashion brand," *The Standard*, December 6, [accessed from https://www.standard.co.uk/lifestyle/fashion/sheep-inc-jumpers-carbon-negative-nfc-tag-a4303601.html].

46. Leidigh, R. (2023), "Mapbox joins partner ecosystem for Qualcomm Aware Platform," *Mapbox*, March 1,[accessed from https://www.map box.com/blog/mapbox-joins-partner-ecosystem-for-qualcomm-aware-platform].

47. Mitter, S. (2021), "Farming on autopilot: Agritech startup Fasal uses IoT to help horticulture farmers go remote," *Your Story*, January 7, [accessed from https://yourstory.com/2021/01/farming-agritech-startup-fasal-iot-horticulture-farmers].

48. Wangchuk, R. N. (2020), "Installing in 5 Mins, Bengaluru firm's tech helps save 3 Billion Litres of Water," *The Better India*, December 20, [accessed from https://www.thebetterindia.com/243842/bengaluru-agritech-startup-new-tech-innovation-fasal-kranti-water-saving-precis-ion-farmer-irrigation-pest-management-india-nor41/].

49. Kumar, V. (2021). *Intelligent Marketing: Employing New Age Technolo-gies*. Sage Publications.

50. Stewart, K. (2018), "5 ways Sephora creates a seamless customer experience," *National Retail Federation*, July 23, [accessed from https://nrf. com/blog/5-ways-sephora-creates-seamless-

customer-experience].

51. eMarketer (2016), "Walgreens leverages customers' smartphone behavior to drive mobile purchases," *eMarketer*, June, [accessed from https://www.emarketer.com/Article/Walgreens-Leverages-Customers-Smartphone-Behavior-Drive-Mobile-Purchases/1014030].

52. Lucas, A. (2018), "Burger King sells Whoppers for a penny at McDonald's locations to promote its app," *CNBC* , December 4, [accessed from https://www.cnbc.com/2018/12/04/burger-king-sells-whoppers-for-a-penny-at-mcdonalds-locations.html?__source=twitter%7Cmain].

53. Dickson, B. (2020), "3 ways AI is transforming the insurance industry," *TNW* , February 24, [accessed from https://thenextweb. com/growth-quarters/2020/02/24/3-ways-ai-is-transforming-the-insurance-industry/].

54. Moore, J. (2014), "Building automation systems: IoT meets facilities management," *TechTarget*, January 27, [accessed from https://internetofthingsagenda.techtarget.com/feature/Building-automation-systems-Internet-of-Things-meets-facilities-management].

55. Kumar, V. (2021). *Intelligent Marketing: Employing New Age Technolo-gies*. Sage Publications.

56. Teece, D. J. (2018), "Business models and dynamic capabilities," *Long Range Planning*, 51(1), 40–49.

57. Dunaway M., Y. W. Sullivan, & S. F. Wamba (2019), "Building Dynamic Capabilities with the Internet of Things," In *Proceedings of the 52nd Hawaii International Conference on System Sciences*, January, pp. 5909–5918.

58. Day, G. S. (2011), "Closing the marketing capabilities gap," *Journal of Marketing*, 75(4), 183–195.

59. Computerworld (2019), "The most powerful internet of things (IoT) companies to watch," *Computerworld* , February 15, [accessed from https://www.computerworld.com/article/3412287/the-most-powerful-internet-of-things-iot-companies-to-watch.html#slide3].

60. Kumar, V., D. Ramachandran, & B. Kumar (2020), "Influence of new-age technologies on marketing: A research agenda," *Journal of Busi-ness Research*, [accessed from https://www.sciencedirect.com/science/ article/abs/pii/S0148296320300151].

61. Diageo (2015), "Diageo and thinfilm unveil the connected 'smart bottle'," *Diageo.com*, February 25, [accessed from https://www.diageo. com/en/news-and-media/press-releases/diageo-and-thinfilm-unveil-the-connected-smart-bottle/?zd_source=mta&zd_campaign=12776& zd_term=chiradeepbasumallick].

62. Taylor, R. (2018), "BK Whoppers are only 1 cent when you order at McDonald's," *QSR Magazine*, December, [accessed from https:// www.qsrmagazine.com/burgers/bk-whoppers-are-only-1-cent-when-you-order-mcdonalds].

63. Maycotte, H. O. (2018), "What data can a beacon actually collect?" *Multichannel Merchant*, April 9, [accessed from https://multichannel merchant.com/marketing/data-can-beacon-actually-

collect/].

64. Pathak, S. (2014), "Nivea Ad that turns into a Kid-Tracker wins mobile grand prix," *Ad Age*, June 17, [accessed from https://adage. com/article/special-report-cannes-lions/nivea-ad-turns-kid-tracker-wins-mobile-grand-prix/293745].

65. 一项全球调查发现，73%的受访者认为客户体验是决定他们购买结果的关键因素，但只有49%的消费者表示企业目前提供了良好的客户体验。调查还发现，全球32%的消费者在经历不佳的体验后会避开某个品牌——这一比例在拉丁美洲更高，达到49%{Clark, D., & R. Kinghorn (2018), "Experience is everything: Here's how to get it right," *PwC* , [accessed from https://www.pwc.com/us/en/services/consulting/library/con sumer-intelligence-series/future-of-customer-experience.html]}。

66. Kumar, V., & W. J. Reinartz (2016), "Creating enduring customer value," *Journal of Marketing*, 80(6), 36–68; Verhoef, P. C., W. J. Reinartz, and M. Krafft (2010), "Customer engagement as a new perspective in customer management," *Journal of Service Research*, 13(3), 247–52.

67. Kumar, V., & A. Pansari (2016), "Competitive advantage through engagement," *Journal of Marketing Research*, 53(4), 497–514; Pansari, A., & V. Kumar (2017), "Customer engagement: the construct, antecedents, and consequences," *Journal of the Academy of Marketing Science*, 1–18.

68. 关于客户对企业的价值贡献以及客户参与度的概念化方面的更多详细信息，请参阅[Kumar, V, L. Aksoy, B. Donkers, R. Venkatesan, T. Wiesel, & S. Tillmanns (2010), "Under-valued or overvalued customers: Capturing total customer engagement value," *Journal of Service Research*, 13(3), 297–310］；[Van Doorn, J., K. N. Lemon, V. Mittal, S. Nass, D. Pick, P. Pirner, & P. C. Verhoef (2010), "Customer engagement behavior: Theoretical foundations and research directions," *Journal of Service Research*, 13(3), 253–66］。

69. Pansari, A., & V. Kumar (2017), "Customer engagement: the construct, antecedents, and consequences," *Journal of the Academy of Marketing Science*, 1–18.

70. Kumar, V., B. Rajan, S. Gupta, S., & I. D. Pozza, (2019), "Customer engagement in service," *Journal of the Academy of Marketing Science*, 47(1), 138–160.

71. Ramaswamy, V., & K. Ozcan (2018), "Offerings as digitalized interac-tive platforms: A conceptual framework and implications," *Journal of Marketing*, 82(4): 19–21.

72. Govindarajan, V., & J. R. Immelt (2019), "Digital transformation is no longer optional for industrial companies. The problem is it's really, really hard," *MIT SloanManagement Review*, 60(3), 24–33.

73. Kopalle, P. K., V. Kumar, & M. Subramaniam (2020), "How legacy firms can embrace the digital ecosystem via digital customer orienta-tion," *Journal of the Academy of Marketing Science*, 48(1), 114–131.

74. Kumar, V. (2021). *Intelligent Marketing: Employing New Age Technolo-gies*. Sage Publications.

75. 美国环境保护局（EPA）发现，2018年交通运输部门产生的温室气体排放量占比最大，达到28%。这些排放主要来源于汽车、船舶、火车和飞机燃烧化石燃料 {EPA (2020), "*Draft Inventory of U.S. Greenhouse Gas Emissions and Sinks: 1990– 2018,*" *EPA*, March, [accessed from https://www.epa.gov/sites/produc tion/files/2020-02/documents/us-ghg-inventory-2020-main-text.pdf]}。

76. Mohanty, S. P., U. Choppali, & E. Kougianos (2016), "Everything you wanted to know about smart cities: The internet of things is the backbone," *IEEE Consumer Electronics Magazine*, 5(3), 60–70.

77. KTAR (2018), "Valley Metro testing mobile ticket app for buses, light rail," *KTAR.com*, April 5, [accessed from https://ktar.com/story/2011520/valley-metro-testing-mobile-ticket-app-for-buses-light-rail/].

78. Martín, J., E. J. Khatib, P. Lázaro, & R. Barco (2019), "Traffic monitoring via mobile device location," *Sensors*, 19(20), 4505.

79. Orange (2018), "How mobile phone data could reduce traffic jams and train delays," *Orange*, December 27, [accessed from https://www. orange-business.com/en/magazine/how-mobile-phone-data-could-reduce-traffic-jams-and-train-delays].

80. Al-Dweik, A., R. Muresan, M. Mayhew, & M. Lieberman (2017), "IoT-based multifunctional scalable real-time enhanced roadside unit for intelligent transportation systems," In *2017 IEEE 30th Canadian Conference on Electrical and Computer Engineering (CCECE)*, April, pp. 1–6.

81. Hall, R. E. (2000), "The vision of a smart city," In *Proceedings of the 2nd International Life Extension Technology Workshop,* Paris, France, September 28, [accessed from http://www.osti.gov/bridge/servlets/purl/773961-oyxp82/webviewable/773961.pdf].

82. 要了解有关概念化智慧城市的各种方法，请参阅[Washburn, D., U. Sindhu, S. Balaouras, R. A. Dines, N. Hayes, & L. E. Nelson (2009), "Helping CIOs understand "smart city" initiatives," *Growth*, 17(2), 1-17],[Caragliu, A., C. Del Bo, & P. Nijkamp (2011), "Smart cities in Europe," *Journal of Urban Tech-nology*, 18(2), 65–82], [Zanella, A., N. Bui, A. Castellani, L. Vange-lista, & M. Zorzi (2014), "Internet of things for smart cities," *IEEE Internet of Things journal*, 1(1), 22–32],以及[Neirotti, P., A. De Marco, A. C. Cagliano, G. Mangano, & F. Scorrano (2014), "Current trends in Smart City initiatives: Some stylised facts," *Cities*, 38, 25–36]。

83. Ellsmoor, J. (2019), "Smart cities: The future of urban development," *Forbes*, May 19, [accessed from https://www.forbes.com/sites/jamesellsmoor/2019/05/19/smart-cities-the-future-of-urban-development/# 1f14fb0f2f90].

84. Horwitz, L. (2017), "Can smart city infrastructure alleviate the strain of city growth?" *Cisco*, June, [accessed from https://www.cisco.com/c/ en/us/solutions/internet-of-things/smart-city-infrastructure.html].

85. Blackman, J. (2019), "Cisco to 'make sci-fi real' as partner in $7.5bn Las Vegas smart city

project," *Enterprise IoT Insights*, August 5, [accessed from https://enterpriseiotinsights.com/20190805/channels/ news/cisco-to-make-sci-fi-real-in-las-vegas].

86. Zanella, A., N. Bui, A. Castellani, L. Vangelista, & M. Zorzi (2014), "Internet of things for smart cities," *IEEE Internet of Things journal*, 1(1), 22–32.

87. Buntz, B. (2020), "In Japan, Smart City Projects Have a Social Dimension," *IoT World Today*, February 26, [accessed from https:// www.iotworldtoday.com/2020/02/26/in-japan-smart-city-projects-have-a-social-dimension/].

88. [Stank, T. P., M. Crum, & M. Arango (1999), "Benefits of interfirm coordination in food industry supply chains," *Journal of Business Logistics*, 20(2), 21] 和 [Stank, T. P., S. B. Keller, & P. J. Daugherty (2001), "Supply chain collaboration and logistical service performance," *Journal of Business Logistics*, 22(1), 29–48] 指出，那些供应链整合程度高并且与合作伙伴保持协作关系的企业更有可能采用能简化信息交换并使库存更快响应需求变化的技术。

89. Glock, C. H. (2017), "Decision support models for managing return-able transport items in supply chains: A systematic literature review," *International Journal of Production Economics*, 183, 561–569.

90. Wang, M., & L. Zhao (2018), "Pricing decisions and environmental assessment in a two-echelon supply chain with returnable transport items," *Procedia Computer Science*, 126, 1792–1801.

91. Hellström, D. (2009), "The cost and process of implementing RFID technology to manage and control returnable transport items," *Inter-national Journal of Logistics: Research and Applications*, 12(1), 1–21.

92. Sainathan, P., and A. M. Giménez (2020), "Returnable packaging and IoT: Keys to a More Sustainable Supply Chain," *Supply Chain Brain*, January 13, [accessed from https://www.supplychainbrain.com/ blogs/1-think-tank/post/30704-returnable-packaging-and-iot-keys-to-a-more-sustainable-supply-chain].

93. Business Wire (2020). "An post, the Irish leading mails, parcels and ecommerce logistics company, revolutionise their supply chain," *Busi-ness Wire*, February 28, [accessed from https:// www.businesswire.com/ news/home/20200228005183/en/].

第8章

1. Kumar, V. (2021). *Intelligent marketing: Employing new age technolo-gies*. Sage Publications.

2. Kumar, V., B. Rajan, R. Venkatesan, & J. Lecinski (2019a), "Under-standing the role of artificial intelligence in personalized engagement marketing," *California Management Review*, 61(4), 135–155.

3. 2021年，全球工业机器人市场规模估计为810亿美元。预计到2025年，这一市场规模将增长至约1290亿美元，到2028年将达到约1650亿美元 {Inkwood Research. (October 25, 2021). Size of the market for industrial robots worldwide from 2018 to 2020, with a forecast through 2028 (in billion U.S. dollars) [Graph]. In *Statista*. Retrieved October 05, 2023, from https://www.statista.com/statistics/728530/industrial-robot-market-size-worldwide/}。此外，截至2022年，全球工业机器人市场销售额估计为150亿美元，其中中国、美国、日本、韩国和德国是排名前五的国家 {Statista. (2021). Sales value of the industrial robotics market worldwide from 2018 to 2022, by main country (in million U.S. dollars) [Graph]. In *Statista*. February 24, Retrieved October 05, 2023, from https://www.statista.com/statistics/1018634/industrial-robotics-sales-value-by-country/}。

4. Harris, K., A. Kimson & A. Schwedel (2018), "Labor 2030: The collision of demographics, automation and inequality," *Bain & Company*, February 7, [accessed from https://www.bain.com/insights/labor-2030-the-collision-of-demographics-automation-and-ine quality/].

5. Hegel, F., C. Muhl, B. Wrede, M. Hielscher-Fastabend, & G. Sagerer (2009), "Understanding social robots," In *2009 Second international conferences on advances in computer-human interactions*, pp. 169–174, IEEE.

6. IFR (2020), "Robot history," *International Federation of Robotics*, [accessed from https://ifr.org/robot-history].

7. Sciavicco, L., & B. Siciliano (2012), *Modelling and control of robot manipulators*, Springer Science & Business Media (p. 2).

8. Craig, J. J. (2009), *Introduction to robotics: mechanics and control*,3/ E. Pearson Education India.

9. Lynch, K. M., & F. C. Park (2017), *Modern robotics*,Cambridge University Press: Cambridge, UK.

10. Siciliano, B., & O. Khatib (2016), *Springer handbook of robotics*, Springer.

11. Mentzer, J. T., & N. Gandhi (1993), "Expert systems in industrial marketing," *Industrial Marketing Management*, 22(2), 109–116.

12. ISO (2012), "ISO 8373:2012—Robots and robotic devices— Vocabulary," *International Organization for Standardization*, March, [accessed from https://www.iso.org/obp/ui/#iso:std:iso:8373:ed-2:v1: en:term:2.6].

13. Breazeal, C. (2003), "Toward sociable robots," *Robotics and Autonomous Systems*, 42(3–4), 167–175.

14. Kaplan, F. (2005), "Everyday robotics: robots as everyday objects," In *Proceedings of the 2005 joint conference on Smart objects and ambient intelligence: Innovative context-aware services: usages and technologies*, October, pp. 59–64.

15. Kurfess, T. R. (2018), *Robotics and automation handbook*,(Ed.),CRC Press: Boca Raton, FL.

16. Wilson, H. James (2015), "What is a robot, anyway?" *Harvard Busi-ness Review*, April 15, [accessed from https://hbr.org/2015/04/what-is-a-robot-anyway].

17. Taylor, H. (2016), "Lowe's introduces LoweBot, a new autonomous in-store robot," *CNBC*,

August 30, [accessed from https://www.cnbc. com/2016/08/30/lowes-introduces-lowebot-a-new-autonomous-in-store-robot.html].

18. Crawford, M. (2016), "Top 6 robotic applications in medicine," *The American Society of Mechanical Engineers (ASME)*, September 14, [accessed from https://www.asme.org/topics-resources/content/ top-6-robotic-applications-in-medicine].

19. Radcliffe, D. (2019), "Seven ways robots are being used by publishers and newsrooms," *What's New in Publishing*, May 28, [accessed from https://whatsnewinpublishing.com/seven-ways-robots-are-being-used-by-publishers-and-newsrooms/].

20. Papadopoulos, L. (2020), "Flippy the robot is your new burger chef," *Industrial Engineering*, February 29, [accessed from https://interestingengineering.com/flippy-the-robot-is-your-new-burger-chef].

21. Swearingen, J. (2019), "A.I. is flying drones (very, very slowly)," *The New York Times*, March 26, [accessed from https://www.nytimes. com/2019/03/26/technology/alphapilot-ai-drone-racing.html].

22. Kumar, V., & D. Ramachandran (2020), "Developing a firm's growth approaches in a new-age technology environment to enhance stake-holder wellbeing," working paper, Georgia State University, GA.

23. Tilley, J. (2017), "Automation, robotics, and the factory of the future," *McKinsey & Company*, September, [accessed from https:// www.mckinsey.com/business-functions/operations/our-insights/automation-robotics-and-the-factory-of-the-future]; Huang, M. H., & Rust, R. T. (2018), "Artificial Intelligence in Service," *Journal of Service Research*, 21(2), 155–172. https://doi.org/10.1177/109467 0517752459.

24. 截至2015年，全球在机器人技术上的支出估计为270亿美元。到2020年，这一支出急剧增加到430亿美元，预计到2025年将达到670亿美元 {Nasdaq OMX. (May 21, 2018). Global spending on robotics from 2000 to 2025 (in billion U.S. dollars), by category [Graph]. In *Statista*. Retrieved October 05, 2023, from https://www.statista.com/statistics/943113/ spending-on-robotics-worldwide-by-category/}。

25. 据估计，2021年机器人流程自动化市场规模为26.5亿美元。预计从2021年到2030年，该市场将以27.7%的复合年均增长率增长，到2030年市场规模预计达到239亿美元 {GlobeNewswire. (January 6, 2022). Spending on robotic process automation (RPA) software worldwide from 2020 to 2030 (in billion U.S. dollars) [Graph]. In *Statista*. Retrieved October 05, 2023, from https://www.statista.com/statistics/1309384/worldwide-rpa-software-market-size/}。

26. Nguyen, T. D., T. S. Kim, J. Noh, H. Phung, H. R. Choi, & G. Kang (2020), "Skin-type proximity sensor by using the change of electromagnetic field," *IEEE Transactions on Industrial Electronics*, [accessed from https://ieeexplore.ieee.org/stamp/stamp.jsp?tp=&arnumber=9014491].

27. Simonite, T. (2020), "These Industrial Robots Get More Adept With Every Task," *Wired*, March

10, [accessed from https://www.wired. com/story/these-industrial-robots-adept-every-task/].

28. Wirtz, J.,P.G.Patterson, W.H.Kunz, T. Gruber, V.N.Lu, S. Paluch, & A. Martins (2018), "Brave new world: Service robots in the frontline," *Journal of Service Management*, 29(5), pp. 907–931.

29. European Commission (2020), "Danish disinfection robots save lives in the fight against the Corona virus," *European Commission*, March 16, [accessed from https://ec.europa.eu/digital-single-market/ en/news/danish-disinfection-robots-save-lives-fight-against-corona-virus].

30. Urwin, M. (2023), "Medical Robots Transforming Healthcare: 11 Examples," *BuiltIn*, April 26, accessed from https://builtin.com/robotics/surgical-medical-healthcare-robotics-companies.

31. Pedersen, S. M., S. Fountas, H. Have, & B. S. Blackmore (2006), "Agricultural robots—System analysis and economic feasibility," *Precision Agriculture*, 7(4), 295–308; Bechar, A., & C. Vigneault (2016), "Agricultural robots for field operations: Concepts and components," *Biosystems Engineering*, 149, 94–111.

32. Chui, M., J. Manyika, & M. Miremadi (2016), "Where machines could replace humans—and where they can't (yet)," *McKinsey Quar-terly*, July, [accessed from https://www.mckinsey.com/business-functions/digital-mckinsey/our-insights/where-machines-could-replace-humans-and-where-they-cant-yet].

33. Mest, E. (2017), "Aloft Dallas Love Field opens with Savioke's robot butler," *Hotel Management*, March 10, [accessed from https://www. hotelmanagement.net/tech/aloft-dallas-love-field-opens-savioke-s-robot-butler].

34. Taylor, H. (2016), "Lowe's introduces LoweBot, a new autonomous in-store robot," *CNBC*, August 30, [accessed from https://www.cnbc. com/2016/08/30/lowes-introduces-lowebot-a-new-autonomous-in-store-robot.html].

35. Ciment, S. (2020), "Walmart is bringing robots to 650 more stores as the retailer ramps up automation in stores nationwide," *Business Insider*, January 13, [accessed from https://www.businessinsider. com/walmart-adding-robots-help-stock-shelves-to-650-more-stores-2020-1].

36. Burgar, C. G., P. S. Lum, P. C. Shor, & H. M. Van der Loos (2000), "Development of robots for rehabilitation therapy: The Palo Alto VA/Stanford experience," *Journal of Rehabilitation Research and Develop-ment*, 37(6), 663–674; Volpe, B. T., H. I. Krebs, N. Hogan, L. Edel-stein, C. Diels, & M. Aisen (2000), "A novel approach to stroke reha-bilitation: robot-aided sensorimotor stimulation," *Neurology*, 54(10), 1938–1944.

37. 2022年，全球外骨骼的市场规模约为150万美元，预计到2027年将达到1150万美元左右 {Statista. (2022). Global exoskeleton market size from 2019 to 2027 (in million U.S. dollars) [Graph]. In *Statista*. January 19, Retrieved October 06, 2023, from https://www.statista.com/statistics/888936/ global-exoskeleton-market/}。

38. 2020年，全球家用消费类机器人的价值估计为34亿美元，预计到2025年将达到68亿美元 {Loup Ventures. [2019a]. Value of the domestic consumer robotics market worldwide from 2015

to 2025 [in billion U.S. dollars]* [Graph]. In *Statista*. May 10, Retrieved October 06, 2023, from https://www.statista.com/statistics/730885/global-domestic-robotics-market-value/.}在同一时期，2020年全球家用机器人的发货量达到1320万台，预计到2025年将达到近3000万台 {Loup Ventures. (2019b). Unit ship-ments of domestic consumer robots worldwide from 2015 to 2025 (in millions)* [Graph]. In *Statista*. May 10, Retrieved October 06, 2023, from https://www.statista.com/statistics/730884/domestic-service-robots-shipments-worldwide/}。

39. Xiao, L., & V. Kumar (2021). "Robotics for customer service: A useful complement or an ultimate substitute?" *Journal of Service Research*, 24(1), 9–29.

40. Hegel, F., C. Muhl, B. Wrede, M. Hielscher-Fastabend, & G. Sagerer (2009), "Understanding social robots," In *2009 Second international conferences on advances in computer-human interactions*, pp. 169–174, IEEE.

41. Riether, N., F. Hegel, B. Wrede, & G. Horstmann (2012), "Social facilitation with social robots?" In *2012 7th ACM/IEEE international conference on Human-Robot Interaction (HRI)*, March, pp. 41–47.

42. Ackerman, E. (2019), "This "useless" social robot wants to succeed where others failed," *IEEE Spectrum*, September 19, [accessed from https://spectrum.ieee.org/automaton/robotics/home-robots/kiki-social-home-robot].

43. Bartneck, C., & Forlizzi, J. (2004). A design-centred framework for social human-robot interaction. In *RO-MAN 2004. 13th IEEE inter-national workshop on robot and human interactive communication*, September, 591–594.

44. Breazeal, C. (2003), "Toward sociable robots," *Robotics and Autonomous Systems*, 42(3–4), 167–175.

45. Fong, T., I. Nourbakhsh, & K. Dautenhahn (2002), "A survey of socially interactive robots: Concepts, design and applications," *Robotics and Autonomous Systems*, 42(3–4), 142–166.

46. Hegel, F., C. Muhl, B. Wrede, M. Hielscher-Fastabend, & G. Sagerer (2009), "Understanding social robots," In *2009 second international conferences on advances in computer-human interactions*, pp. 169–174, IEEE.

47. Biba, J. (2023), "The Tesla robot: Here's what we know," *BuiltIn*, May 31, accessed from https://builtin.com/robotics/tesla-robot.

48. McCallum, S. (2022), "Tesla boss Elon Musk presents humanoid robot Optimus," *BBC.com*, October 1, accessed from https://www.bbc.com/news/technology-63100636.

49. IBM (2023), "What is intelligent automation?" *IBM* , accessed from https://www.ibm.com/topics/intelligent-automation.

50. Kenyon, T. (2022), "How AMP Robotics is applying AI and robotics to recycling," *Technology*, May 30, accessed from https://technolog ymagazine.com/ai-and-machine-learning/how-amp-robotics-is-applying-ai-and-robotics-to-recycling.

51. Gliadkovskaya, A. (2023), "Advocate health's research arm pilots KelaHealth's predictive software to assess surgical risk, improve outcomes," *Fierce Healthcare*, April 10, accessed from https://www. fiercehealthcare.com/health-tech/advocate-aurora-health-pilots-kelahealths-predictive-software-improve-or-outcomes.
52. Liu, H., & Wang, L. (2021). "Collision-free human-robot collaboration based on context awareness." *Robotics and Computer-Integrated Manufacturing*, 67, 101997.
53. Coxworth, B. (2022), "Pizzaiola aims to robotize the humble pizzeria," *New Atlas*, June 7, accessed from https://newatlas.com/rob otics/pizzaiola-robotic-pizzeria/.
54. Verdict Food Service (2022), "Slice Factory to install Nala Robotics' automated chef," *Verdict Food Service*, June 30, accessed from https:// www.verdictfoodservice.com/news/slice-factory-nala-robotics/?cf-view&cf-closed.
55. Volkswagen, (2022), "Volkswagen to strengthen regional develop-ment competence for autonomous driving in China through jointventure between CARIAD and Horizon Robotics," *Volkswagen.com*, October 13, accessed from https://www.volkswagen-newsroom.com/ en/press-releases/volkswagen-to-strengthen-regional-development-competence-for-autonomous-driving-in-china-through-joint-venture-between-cariad-and-horizon-robotics-15248.
56. World Bank (2011), "The China new energy vehicles program— Challenges and opportunities," *World Bank*, April, accessed from https://documents1.worldbank.org/curated/en/333531468216944 327/pdf/612590WP0PRTM01BOX358342B01PUBLIC11.pdf.
57. Linwan, Z. (2023), "Volkswagen ramping up profile in Chinese market," *ChinaDaily.com*, August 28, accessed from https://www.chinadaily.com.cn/a/202308/28/WS64ebfc2ea31035260b81e8a4.html.
58. 如需更多信息，请参阅与服务行业机器人相关的研究[例如, Achrol, R. S., & P. Kotler (2012), "Fron-tiers of the marketing paradigm in the third millennium," *Journal of the Academy of Marketing Science*, 40(1), 35–52; Bitner, M. J. (2017), "Service research: Rigor, relevance, and community," *Journal of Service Research*, 20(2), 103–104; Huang and Rust 2017; Wirtz and Zeithaml 2018]；客户与机器人互动的研究[例如, Holzwarth, M., C. Janiszewski, & M. M. Neumann (2006), "The influence of avatars on online consumer shopping behavior," *JournalofMarketing*, 70(4), 19–36; Toure-Tillery, M., & A. L. McGill (2015), "Who or what to believe: Trust and the differential persuasiveness of human and anthropomorphized messengers," *Journal of Marketing*, 79(4), 94–110; Kim, S., R. P. Chen, & K. Zhang (2016), "Anthropomor-phized helpers undermine autonomy and enjoyment in computer games," *Journal of Consumer Research*, 43(2), 282–302]；性能研究[例如, Herrmann, P. N., D. O. Kundisch, & M. S. Rahman (2015), "Beating irrationality: Does delegating to IT alleviate the sunk cost effect?" *Management Science*, 61(4), 831–850]；机器人影响的研究[例如, Smith 2002; Huang and Rust 2018; Shankar, V. (2018), "How Arti-ficial Intelligence (AI) is reshaping retailing," *Journal*

of Retailing,94 (4), vi–xi］；机器人法律影响的研究［例如，Olazabal, A. M., A. Cava, & R. Sacasas (2001), "Marketing and the Law," *Journal of the Academy of Marketing Science*, 33(4), 116–118］；客户服务中引入机器人的先决条件及其带来的影响［例如，Xiao, L., & V. Kumar (2021). "Robotics for customer service: A useful complement or an ultimate substitute?" *Journal of Service Research*, https://doi.org/10. 1177/1094670519878881］。这只是一个具有代表性的列表，并非详尽无遗。

59. Nichols, G. (2020a), "DHL expands robotic footprint with 1000 autonomous robots," *ZD Net*, March 12, [accessed from https:// www.zdnet.com/article/dhl-expands-robotic-footprint-with-1000-autonomous-robots/]; Nichols, G. (2020b), "CES 2020: Is this robot concierge the future of service robots?," *ZD Net*,January 10, [accessed from https://www.zdnet.com/article/ces-2020-is-this-robot-concierge-the-future-of-service-robots/].

60. Rolfsen, B. (2019), "Amazon's growing robot army keeps warehouses humming," *Bloomberg Law*, May 1, [accessed from https://news. bloombergenvironment.com/safety/amazons-growing-robot-army-keeps-warehouses-humming].

61. 对于评估客户对机器人部署的准备程度，相关研究仍在持续进行中 {Mims, Christopher (2010), "Why Japanese love robots (And Americans fear them)," *MIT Technology Review*, October 12, [accessed from https://www.technologyreview.com/ s/421187/why-japanese-love-robots-and-americans-fear-them]; Forl-izzi, Jodi (2014), "How robots will work with us isn't only a technological question," *Harvard Business Review*, March 20, [accessed from https://hbr.org/2014/03/how-robots-will-work-with-us-isnt-only-a-technological-question]}。Meuter 等人[Meuter, M. L., M. J. Bitner, A. L. Ostrom, & S. W. Brown (2005), "Choosing among alternative service delivery modes: An investigation of customer trial of self-service technologies," *Journal of Marketing*, 69(2), 61–83]将"客户准备度"界定为客户已处于并做好首次尝试使用某项创新的准备状态。这一概念包含角色清晰性、动机和自我交感三大要素，并对客户的技术采纳决策、对技术的态度以及实际使用行为产生深远影响[参见 Venkatesh, V., M. G. Morris, G. B. Davis, & F. D. Davis (2003), "User acceptance of information technology: Toward a unified view", *MIS Quarterly*, 27(3), 425–478.; Meuter et al., 2005; Venkatesh, V., & H. Bala (2008), "Technology acceptance model 3 and a research agenda on interventions," *Decision Sciences*, 39(2), 273–315; Kohler, C. F., A. J. Rohm, K. de Ruyter, & M. Wetzels (2011), "Return on interactivity: The impact of online agents on newcomer adjustment," *Journal of Marketing*, 75(2), 93–108; Xiao and Kumar 2021]。

62. Barney, J. B. (2001), "Is the resource-based view a useful perspective for strategic management research? Yes," *Academy of Management Review*, 26(1), 41–56.

63. Menguc, B., & S. Auh (2006), "Creating a firm-level dynamic capability through capitalizing on market orientation and innovativeness," *Journal of the Academy of Marketing Science*, 34(1), 63–73.

64. Teece, D. J., G. Pisano, & A. Shuen (1997), "Dynamic capabili-ties and strategic management," *Strategic Management Journal*, 18(7), 509–533.
65. Eisenhardt, K. M. and J. A. Martin (2000), "Dynamic capabil-ities: What are they?" *Strategic Management Journal*, 21(10–11), 1105–1121.
66. Johnson, J. L., R. P. Lee, A. Saini, & B. Grohmann (2003), "Market-focused strategic flexibility: Conceptual advances and an integrative model," *Journal of the Academy of Marketing Science*, 31(1), 74–89.
67. Hansen, D. R., & M. M. Mowen (2011), *Cornerstones of cost accounting*, South-Western Cengage Learning, Mason, OH.
68. Kumar, V., A. Dixit, R. R. G. Javalgi, & M. Dass (2016), "Research framework, strategies, and applications of intelligent agent technolo-gies (IATs) in marketing," *Journal of the Academy of Marketing Science*, 44(1), 24–45.
69. Kumar, V., & D. Ramachandran (2020), "Developing a firm's growth approaches in a new-age technology environment to enhance stake-holder wellbeing," working paper, Georgia State University, GA.
70. Kumar, V., & D. Ramachandran (2020), "Developing a firm's growth approaches in a new-age technology environment to enhance stake-holder wellbeing," working paper, Georgia State University, GA.
71. Smith, M. D. (2002), "The impact of shopbots on electronic markets," *Journal of the Academy of Marketing Science*, 30(4), 446–454.
72. Chen, Y., & Sudhir, K. (2004). When shopbots meet emails: Impli-cations for price competition on the Internet. *Quantitative Marketing and Economics*, 2, 233–255.
73. Diehl, K., Kornish, L. J., & Lynch Jr, J. G. (2003). Smart agents: When lower search costs for quality information increase price sensi-tivity. *JournalofConsumerResearch*, 30(1), 56–71.
74. Bertacchini, F., E. Bilotta, & P. Pantano (2017). "Shopping with a robotic companion." *Computers in Human Behavior*, 77, 382–395.
75. Iyer, G. and A. Pazgal (2003), "Internet shopping agents: Virtual co-location and competition," *Marketing Science*, 22(1), 85–106.
76. Smith, M. D. (2002), "The impact of shopbots on electronic markets," *Journal of the Academy of Marketing Science*, 30(4), 446–454.
77. Kumar, V., A. Dixit, R. R. G. Javalgi, & M. Dass (2016), "Research framework, strategies, and applications of intelligent agent technolo-gies (IATs) in marketing," *Journal of the Academy of Marketing Science*, 44(1), 24–45.
78. Bandoim, L. (2020), "How robots are helping grocery stores during the coronavirus outbreak," *Forbes*, March 30, [accessed from https:// www.forbes.com/sites/lanabandoim/2020/03/30/how-robots-are-helping-grocery-stores-during-the-coronavirus-outbreak/#2436a74b242a]; Meyersohn,

N. (2020), "Grocery stores turn to robots during the coronavirus," *CNN*, April 7, [accessed from https://www. cnn.com/2020/04/07/business/grocery-stores-robots-automation/ index.html].

79. Schultz, D. (2016), "The future of advertising or whatever we're going to call it," *Journal of Advertising*, 45(3), 276–285.

80. Biba, J. (2022), "What is robotics as a service (RaaS)?," *BuiltIn*, October 25, accessed from https://builtin.com/robotics/robotics-as-a-service-raas.

81. Kumar, V. (2021). *Intelligent marketing: Employing new age technolo-gies*, Sage Publications.

82. Qmatic (2016), "Qmatic's customer journey platform integrates humanoid robot to serve customers and improve the customer experience in New Elisa Flagship Store," *Qmatic*, June 15, [accessed from https://www.qmatic.com/meet-qmatic/news/2016/june/qmatics-customer-journey-platform-integrates-humanoid-robot-to-serve-customers-and-improve-the-customer-experience-in-new-elisa-flagship-store/?zd_source=mta&zd_campaign=13760&zd_term=vandit agrover].

83. ITU (2014), "The tactile internet—ITU-T technology watch report," *International Telecommunications Union*, August, [accessed from https://www.itu.int/dms_pub/itu-t/oth/23/01/T23010000230001PDFE.pdf].

84. Simsek, M., A. Aijaz, M. Dohler, J. Sachs, & G. Fettweis (2016), "5G-enabled tactile internet," *IEEE Journal on Selected Areas in Communications*, 34(3), 460–473.

85. Kumar, V., B. Rajan, S. Gupta, & I. Dalla Pozza (2019b), "Customer engagement in service," *Journal of the Academy of Marketing Science*, 47(1), 138–160.

86. Aron, R., S. Dutta, R. Janakiraman, & P. A. Pathak (2011), "The impact of automation of systems on medical errors: Evidence from field research," *Information System Research*, 22(3), 429–446.

87. Moorman, C., & R. J. Slotegraaf (1999), "The contingency value of complementary capabilities in product development," *Journal of Marketing Research*, 36(2), 239–257.

88. Gupta, S., A. Leszkiewicz, V. Kumar, T. Bijmolt, D. Potapov, "Digital analytics: Modeling for insights and new methods," forthcoming, *Journal of Interactive Marketing*.

89. Saboo, A. R., A. Sharma, A. Chakravarty, & V. Kumar (2017), "Influencing acquisition performance in high-technology industries: The role of innovation and relational overlap," *Journal of Marketing Research*, 54(2), 219–238.

90. Arora, N., X. Dreze, A. Ghose, J. D. Hess, R. Iyengar, B. Jing, Y. Joshi, V. Kumar, N. Lurie, S. Neslin, S. Sajeesh, M. Su, N. Syam, J. Thomas, & Z. J. Zhang (2008), "Putting one-to-one marketing to work: Personalization, customization, and choice," *Marketing Letters*, 19(3), 305–321.

91. Wirtz, J., & V. Zeithaml (2018), "Cost-effective service excellence," *Journal of the Academy of Marketing Science*, 46(1), 59–80.

92. Kumar, V. (2021). *Intelligent marketing: Employing new age technolo-gies*. Sage Publications.

93. Xiao, L., & V. Kumar (2021). "Robotics for customer service: A useful complement or an ultimate

substitute?" *Journal of Service Research*, https://doi.org/10.1177/1094670519878881.

94. Kumar, V., A. Dixit, R. R. G. Javalgi, & M. Dass (2016), "Research framework, strategies, and applications of intelligent agent technolo-gies (IATs) in marketing," *Journal of the Academy of Marketing Science*, 44(1), 24–45.

95. Frick, W. (2014), "Experts have no idea if robots will steal your job," *Harvard Business Review*, August 8, [accessed from https:// hbr.org/2014/08/experts-have-no-idea-if-robots-will-steal-your-job]; Miremadi, M., S. Narayanan, R. Sellschop, & J. Tilley (2015), "The age of smart, safe, cheap robots is already here," *Harvard Business Review*, June 15, [accessed from https://hbr.org/2015/06/the-age-of-smart-safe-cheap-robots-is-already-here].

96. Xiao, L., & V. Kumar (2019). "Robotics for customer service: A useful complement or an ultimate substitute?" *Journal of Service Research*, https://doi.org/10.1177/1094670519878881.

97. Miremadi, M., S. Narayanan, R. Sellschop, & J. Tilley (2015), "The age of smart, safe, cheap robots is already here," *Harvard Business Review*, June 15, [accessed from https://hbr.org/2015/06/the-age-of-smart-safe-cheap-robots-is-already-here]; Shah, J. (2016), "Robots are learning complex tasks just by watching humans do them", *Harvard Business Review*, June 21, [accessed from https://hbr.org/2016/06/robots-are-learning-complex-tasks-just-by-watching-humans-do-them].

98. Miremadi, M., S. Narayanan, R. Sellschop, & J. Tilley (2015), "The age of smart, safe, cheap robots is already here," *Harvard Business Review*, June 15, [accessed from https://hbr.org/2015/06/the-age-of-smart-safe-cheap-robots-is-already-here]; Nedelescu, L. (2015), "We should want robots to take some jobs," *Harvard Business Review*, June 5, [available at https://hbr.org/2015/06/we-should-want-robots-to-take-some-jobs]; Torres, N. (2015), "Research: Technology is only making social skills more important," *Harvard Business Review*, August 26, [accessed from https://hbr.org/2015/08/research-technology-is-only-making-social-skills-more-important].

99. Chui, M., J. Manyika, & M. Miremadi (2016), "Where machines could replace humans—And where they can't (yet)," *McKinsey Quar-terly*, July, [accessed from https://www.mckinsey.com/business-functions/digital-mckinsey/our-insights/where-machines-could-replace-humans-and-where-they-cant-yet].

100. Xiao, L., & V. Kumar (2021). "Robotics for customer service: A useful complement or an ultimate substitute?" *Journal of Service Research*, 24(1), 9–29.

101. Nichols, G. (2020b), "CES 2020: Is this robot concierge the future of service robots?," *ZD Net*, January 10, [accessed from https://www.zdnet.com/article/ces-2020-is-this-robot-concierge-the-future-of-service-robots/].

102. 人们已经对机器人在以人为中心的环境中的影响进行了各种研究。例如，Čaić等人研究了交互式机器人是否像人类一样引发相似的社交反应，并找到证据表明老年人在与机器人的互动中会将机器人人性化，同时表现出温暖的情感以及对机器人能力的判断[Čaić, M., Mahr, D., & Oderkerken-Schröer, G. (2019). Value of social robots in services: social cognition perspective. *Journal of Services Marketing*, 33(4), 463–478]。

103. 有研究调查了客户对人形服务机器人与人类服务提供者的反应，为"诡异谷"假说提供了实证——与人形机器人互动会让人感到不舒服的现象。一系列实验的结果表明，与人形机器人互动的客户会采取补偿行为（例如，地位彰显、寻求社会归属感或增加食物摄入量）以减轻对自身身份的威胁[Mende, M., Scott, M. L., Van Doorn, J., Grewal, D., & Shanks, I. (2019). Service robots rising: How humanoid robots influ-ence service experiences and elicit compensatory consumer responses. *Journal of Marketing Research*, 56(4), 535–556]。

104. Huang, M. H., & R. T. Rust (2017), "Technology-driven service strategy," *Journal of the Academy of Marketing Science*, 45(6), 906–924.

105. Whittaker, S. (2011), "Personal information management: From information consumption to curation," *Annual Review of Information Science and Technology*, 45(1), 1–62.

106. 埃森哲最近的一项调查发现，48%的消费者将他们的购买转移到了不同的提供商（在线或实体店），因为商品的挑选不佳。事实证明，更好的挑选会提高客户参与度 {Karp, P. D. (2016), "Can we replace curation with information extraction soft-ware?" *Database*, December, [accessed from https://doi.org/10.1093/ database/baw150]}。

107. Beath, C., I. Becerra-Fernandez, J. Ross, & J. Short (2012), "Finding value in the information explosion," *MIT Sloan Management Review*, 53(4), 18.

108. Sushma, U. N. (2018), "An Indian startup has created an AI-driven nutritionist for fitness freaks," *Quartz India*, May 28, [accessed from https://qz.com/india/1279254/healthifyme-has-an-artificial-intelligence-led-nutritionist-for-fitness-freaks/]; Dhapola, S. (2019), "Healthifyme wants to improve your diet with its Ria2.0 AI assistant: Here's how," *Indian Express*, January 21, [accessed from https://indianexpress.com/article/technology/social/healthifyme-wants-to-improve-your-diet-with-its-ria2-0-ai-assistant-here-is-how-5544698/].

109. Windyka K. (2018). In-store platform uses AI to digitally personalize shoppers' experience. PSFK, September 11, avail-able at https://www.psfk.com/2018/09/mystore-e-ai-personalized-shopping-experience.html .

110. Holt, K. (2019), "McCormick hands over its spice R&D to IBM's AI," *Engadget.com*, February 4, [accessed from https://www.engadget. com/2019/02/04/ibm-ai-food-seasonings-mccormick/].

111. Kumar, V., B. Rajan, R. Venkatesan, & J. Lecinski (2019a), "Under-standing the role of artificial intelligence in personalized engagement marketing," *California Management Review*, 61(4), 135–155.

第9章

1. 全球无人机服务市场已经显著扩张，预计将从2018年的44亿美元增长到2025年的636亿美元 {Markets Insider (2019), "Global Drone Service Market Report 2019: Market is Expected to Grow from USD 4.4 Billion in 2018 to USD 63.6 Billion by 2025, at a CAGR of 55.9%," *Markets Insider*, April 29, [accessed from https://markets.businessinsider.com/ news/stocks/global-drone-service-market-report-2019-market-is-exp ected-to-grow-from-usd-4-4-billion-in-2018-to-usd-63-6-billion-by-2025-at-a-cagr-of-55-9-1028147695]}。

2. 威瑞森公司的研究发现，超过90%的受访企业表示，由于使用无人机，企业的效率提高了，节省了时间，并且信息捕获能力更强了；近50%的企业表示，如果不使用无人机，可能会在盈利方面遭受损失 {Skyward (2018), "State of Drones in Big Business," *Skyward*, [accessed from http://go.skyward.io/rs/902-SIU-382/images/ 2018%20State%20of%20Drones.pdf]}。

3. Smith, A., & M. Anderson (2017), "Automation in everyday life" *Pew Research Center*, October 4, [accessed from https://www.pewresearch.org/internet/2017/10/04/americans-attitudes-toward-a-future-in-which-robots-and-computers-can-do-many-human-jobs/].

4. Cohn, P., A. Green, M. Langstaff, and M. Roller (2017), "Commercial drones are here: The future of unmanned aerial systems," *McKinsey & Company*, December, [accessed from https://www.mckinsey.com/industries/capital-projects-and-infrastructure/our-insights/commercial-drones-are-here-the-future-of-unmanned-aerial-systems].

5. Keane, J. F., & S. S. Carr (2013), "A brief history of early unmanned aircraft," *Johns Hopkins APL Technical Digest*, 32(3), 558–571; O'Donnell, S. (2019), "A Short History of Unmanned Aerial Vehicles," *Consortiq*, June 16, [accessed from https://consortiq.com/ media-centre/blog/short-history-unmanned-aerial-vehicles-uavs].

6. Dekoulis, G. (2018), *Drones: Applications*, (Ed.) IntechOpen Limited.

7. Zeng, Y., R. Zhang, & T. J. Lim (2016), "Wireless communications with unmanned aerial vehicles: Opportunities and challenges," *IEEE Communications Magazine*, 54(5), 36–42.

8. Austin, R. (2011), *Unmanned aircraft systems: UAVS design, develop-ment and deployment* (Vol. 54), John Wiley & Sons.

9. Watts, A. C., V. G. Ambrosia, & E. A. Hinkley (2012), "Unmanned aircraft systems in remote sensing and scientific research: Classification and considerations of use," *Remote Sensing*, 4(6), 1671–1692.

10. Larm, D. (1996), *Expendable remotely piloted vehicles for strategic offensive airpower roles*, Air University Press, AL., USA.

11. ICAO (2011), "Unmanned Aircraft Systems (UAS) Circular," *Inter-national Civil Aviation Organization (ICAO)*, CIR 328, AN/190, Montreal, Quebec, CA.

12. ICAO (2011), "Unmanned Aircraft Systems (UAS) Circular," *Inter-national Civil Aviation*

Organization (ICAO), CIR 328, AN/190, Montreal, Quebec, CA.

13. Villasenor, J. (2012), "What is a drone, anyway?" *Scientific American*, April 12, [accessed from https://blogs.scientificamerican.com/guest-blog/what-is-a-drone-anyway/].

14. AUVSI (2019), "Global trends of unmanned aerial systems," *Asso-ciation for Unmanned Vehicle Systems International*, [accessed from https://02f09e7.netsolhost.com/AUVSIDocs/Global%20Trends% 20for%20UAS.pdf].

15. 国际无人系统协会（AUVSI）报告称，无人机最常见的六大应用为：成像（86%）、侦察、监视和情报收集（69%）、巡逻与安保（69%）、灾害应急响应（66%）、测量/绘图（64%）、环境监测（64%）（国际无人系统协会，2019）。

16. Vergouw, B., H. Nagel, G. Bondt, & B. Custers (2016), "Drone tech-nology: Types, payloads, applications, frequency spectrum issues and future developments," in *The future of drone use: Opportunities and threats from ethical and legal perspectives*, B. Custers (Ed.), Springer.

17. US DoD (2011), "Unmanned Systems Integrated Roadmap FY2011-2036," *US Department of Defense*, October, [accessed from http://info. publicintelligence.net/DoD-UAS-2011-2036.pdf].

18. Clarke, R. (2014), "Understanding the drone epidemic," *Computer Law & Security Review*, 30(3), 230–246.

19. Gregory, D. (2011), "From a view to a kill: Drones and late modern war," *Theory,culture &society*, 28(7–8), 188–215; Klauser, F., & S. Pedrozo (2015), "Power and space in the drone age: A litera-ture review and politico-geographical research agenda," *Geographica Helvetica*, 70(4), 285.

20. Clarke, R. (2014), "Understanding the drone epidemic," *Computer Law & Security Review*, 30(3), 230–246.

21. Goldberg, D., M. Corcoran, & R. G. Picard (2013), "Remotely piloted aircraft systems and journalism: Opportunities and chal-lenges of drones in news gathering," *Reuters Institute for the Study of Journalism*, June, [accessed from https://ora.ox.ac.uk/objects/uuid:a86 8f952-814d-4bf3-8cfa-9d58da904ee3]; Floreano,D., &R.J. Wood (2015), "Science, technology and the future of small autonomous drones," *Nature*, 521(7553), 460–466.

22. Kumar, V., and D. Ramachandran (2020), "Developing a firm's growth approaches in a new-age technology environment to enhance stake-holder wellbeing," working paper, Indian School of Business, India.

23. Huang, M. H., & R. T. Rust (2018), "Artificial intelligence in service," *Journal of Service Research*, 21(2), 155–172.

24. Boucher, P. (2015), "Domesticating the drone: the demilitarisation of unmanned aircraft for civil markets," *Science and Engineering Ethics*, 21(6), 1393–1412.

25. Sparrow, R. (2009), "Predators or plowshares? Arms control of robotic weapons," *IEEE Technology and Society Magazine*, 28(1), 25–29.

26. Clouet, L. M. (2012), "Drones as future air power assets: The dawn of aviation 2.0?" In *Power in the 21st Century*, pp. 177–192.

27. Ministry of Defence (2017), "Joint Concept Note 1/17: future force concept," *UK Ministry of Defence*, September 7, [accessed from https:// www.gov.uk/government/publications/future-force-concept-jcn-117].

28. Apgar, M., & J. M. Keane (2004), "New business with the new military," *Harvard Business Review*, 82(9), 45–56.

29. 美国陆军工程兵团不断参与国家建设活动，应对自然灾害，并建设通常涉及新时代技术的大规模民用基础设施 {Gilsinan, K. (2020), "The race to build new hospitals," *The Atlantic*, April 18, [accessed from https:// www.theatlantic.com/politics/archive/2020/04/army-corp-engineers-hospitals-coronavirus/610195/]; Kramnik, I. (2020), "To sequestrate, or not to sequestrate: The impact of Covid-19 on military budgets," *Modern Diplomacy*, April 12, [accessed from https:// moderndiplom acy.eu/2020/04/12/to-sequestrate-or-not-to-sequestrate-the-impact-of-covid-19-on-military-budgets/]}。

30. Matthews, K. (2020), "Military robotics market shows strength for new applications," *Robotics Business Review*, January 31, [accessed from https://www.roboticsbusinessreview.com/news/military-robotics-market-shows-strength-new-applications/].

31. Frolich, T., E. Comen, & G. Suneson (2019), "15 commercial prod-ucts invented by the military include GPS, duct tape and Silly Putty," *USA Today*, May 16, [accessed from https:// www.usatoday.com/story/ money/2019/05/16/15-commercial-products-invented-by-the-military/39465501/].

32. 全球消费级无人机市场规模预计将从2022年的48.5亿美元增长到2027年的87.4亿美元 {Statista, & BRC. (January 15, 2023). Consumer drone market size worldwide in selected years from 2020 to 2027 (in billion U.S. dollars) [Graph]. In *Statista*. Retrieved October 08, 2023, from https://www.statista.com/statistics/1234655/worldwide-consumer-drone-market-size/}。此外，消费级无人机市场是首个在军事领域之外发展起来的市场 {Goldman Sachs (2016), "Drones: Reporting for Work," *Goldman Sachs*, October 24, [accessed from https://www.goldmansachs.com/insights/technology-driving-inn ovation/drones/index.html]}。

33. FAA (2012), "FAA modernization and reform Act of 2012," *Pub. L. No. 112-95*, [accessed from https://www.congress.gov/112/plaws/publ95/PLAW-112publ95.pdf].

34. Mayntz, M. (2019), "The impact of drones on birds," *The Spruce*, June 9, [accessed from https:// www.thespruce.com/birds-and-drones-3571688].

35. Verhagen, J. (2019), "Drones and bird photography: Why it's just not worth it," *National Audubon Society*, October 1, [accessed from https://www.audubon.org/news/drones-and-bird-photography-why-its-just-not-worth-it].

36. 国际航空运动联合会（FAI）、加拿大无人机竞速联合会和智利无人机竞速联合会等组织是此类体育赛事的管理机构。MultiGP、无人机竞速联盟（Drone Racing League）、RotorMatch 联盟和 X 级无人机竞速联赛等竞速联盟定期主办和协调无人机竞速赛事。

37. 2020 年，全球售出 510 万台无人机，收入达 29 亿美元。预计到 2024 年，收入将增至 43 亿美元（售出 820 万台），到 2028 年将增至 47 亿美元（售出 930 万台）。无人机的五大区域市场是中国、美国、法国、德国和英国 [Statista (2023). Drones-Worldwide. (n.d.). In Statista. Retrieved October 08, 2023, from https://www.statista.com/outlook/ cmo/consumer-electronics/drones/worldwide*]。

38. Amoukteh, A., J. Janda, & J. Vincent (2017), "Drones go to work," *Boston Consulting Group*, April 10, [accessed from https://www.bcg. com/en-us/publications/2017/engineered-products-infrastructure-machinery-components-drones-go-work.aspx].

39. McGee, P. (2019), "How the commercial drone market became big business," *Financial Times*, November 26, [accessed from https://www. ft.com/content/cbd0d81a-0d40-11ea-bb52-34c8d9dc6d84].

40. Biswas, P. (2023), "Maharashtra's agri-entrepreneurs take to the skies: How drone are being used tackle farm labour shortage," *The Indian Express*, September 3, accessed from https://indianexpress.com/article/cities/pune/drones-the-new-tool-for-farmers-in-maharashtra-892 1730/.

41. CFBF (2019), "Still searching for solutions: Adapting to farm worker scarcity survey 2019," *California Farm Bureau Federation*, April 30, [accessed from https://www.cfbf.com/news/survey-california-farms-face-continuing-employee-shortages/].

42. New American Economy (2020), "Agriculture," *New American Economy*, [accessed from https://www.newamericaneconomy.org/iss ues/agriculture/].

43. 2019 年，加利福尼亚州农业局联合会调查发现，74% 的受访者采用技术是因为劳动成本上升，56% 的受访者表示是因为劳动力短缺 (CFBF 2019)。

44. Mazur, M. (2016), "Six ways drones are revolutionizing agriculture," July 20, *MIT Technology Review*, [accessed from https://www.technologyreview.com/2016/07/20/158748/six-ways-drones-are-revolutionizing-agriculture/].

45. Burger, R. (2019), "6 Ways drones are affecting the construction industry," *The Balance*, August 15, [accessed from https://www.the balancesmb.com/drones-affecting-construction-industry-845293]; Goodman, J. (2020), "Tech 101: Construction drones," *Construction Dive*, January 8, [accessed from https://www.constructiondive.com/ news/tech-101-construction-drones/569796/].

46. Winick, E. (2018), "AI and drones are being used to control construction projects," MIT Technology Review, March 15, [accessed from https://www.technologyreview.com/2018/03/15/144645/ai-and-drones-are-being-used-to-control-construction-projects/].*

47. UPS (2019a), "UPS flight forward attains FAA's first full approval for drone airline," *UPS*, October 1, [accessed from https://pressroom.ups. com/pressroom/ContentDetailsViewer.

page?ConceptType=PressRele ases&id=1569933965476-404].

48. UPS (2019b), "UPS flight forward, CVS pharmacy to develop drone delivery applications," *UPS*, October 21, [accessed from https://pressr oom.ups.com/pressroom/ContentDetailsViewer.page?ConceptType= PressReleases&id=1571676331520-698].

49. 灾害流行病学研究中心（CRED）报告称，在2008年至2017年的十年间，全球平均每年发生348起灾害事件，平均每年造成67572人死亡，平均每年影响1.988亿人，平均每年造成1667亿美元的经济损失。相比之下，2018年全球发生了315起自然灾害事件，导致11804人死亡，影响了超过6800万人，并造成约1317亿美元的经济损失。2008年至2017年这十年间平均值较高的原因可能是发生了诸如2010年海地地震、2011年日本地震和海啸以及2015—2016年印度旱灾等重大灾害，这些灾害夺去了数千人的生命，影响了数百万人，并造成了数十亿美元的经济损失。

50. Measure-Red Cross (2015), "Drones for disaster response and relief operations," *Measure* and *American Red Cross*, April, [accessed from http://www.issuelab.org/resources/21683/21683.pdf].

51. Al-Tahir, R., M. Arthur, & D. Davis (2011), "Low cost aerial mapping alternatives for natural disasters in the Caribbean," *International Feder-ation of Surveyors*, May, [accessed from https://www.fig.net/resources/ proceedings/fig_proceedings/fig2011/papers/ts06b/ts06b_altahir_arthur_et_al_5153.pdf].

52. 研究已探讨了无人机在物流运营中的应用[Gupta, L., R. Jain, & G. Vaszkun (2015), "Survey of important issues in UAV communication networks," *IEEE Communications Surveys & Tutorials*, 18(2), 1123–1152; Erdelj, M., & E. Natalizio (2016), "UAV-assisted disaster management: Applications and open issues," In *2016 international conference on computing, networking and communications (ICNC)*, IEEE, February, pp. 1–5]，包括用于物资运送[Hayat, S., E. Yanmaz, & R. Muzaffar (2016), "Survey on unmanned aerial vehicle networks for civil applications: A communications viewpoint," *IEEE Communications Surveys & Tutorials*, 18(4), 2624–2661]和回收有害物质[Pauner, C., I. Kamara, & J. Viguri (2015)., "Drones. Current challenges and standardisation solutions in the field of privacy and data protection," In *2015 ITU Kaleidoscope: Trust in the Information Society (K-2015)*, IEEE, December, pp. 1– 7]等，并开发了框架以经济、高效地部署无人机服务用于受灾地区[Chowdhury, S., A. Emelogu, M. Marufuzzaman, S. G. Nurre, & L. Bian (2017), "Drones for disaster response and relief operations: A continuous approximation model," *International Journal of Production Economics*, 188, 167–184]。

53. Fisher, J. (2020), "UPS and workhorse test drones to help COVID-19 response," *FleetOwner*, April 21, [accessed from https://www.fleetowner.com/covid-19-coverage/article/21129382/ups-and-workhorse-test-drones-to-help-covid19-response].

54. Zip line通过使用长距离无人机将农村地区的检测样本运送到两个大城市的医学实验室，协助加纳政府控制新冠病毒的传播{Muller, J. (2020), "A coronavirus first: Zipline drones deliver test samples in Africa," *Axios*, April 20, [accessed from https://www.axios.com/cor onavirus-

zipline-drone-delivery-africa-1d4d2680-ce4f-4efe-b3b4-b91714c4a254.html]}。同样，印度在抗击新冠疫情的过程中部署了无人机进行监视，从而追踪大型聚集活动、尽量减少身体接触、监控警车难以进入的狭窄小巷，并喷洒消毒剂 {Srivastava, A. (2020), "Coronavirus lockdown: Drones deployed for surveillance across Bihar," *India Today*, April 20, [accessed from https://www.indiat oday.in/coronavirus-outbreak/story/coronavirus-lockdown-drones-dep loyed-for-surveillance-across-bihar-1669110-2020-04-20];Shekhar, G. C. (2020), "Chennai's drone army joins city's fight against coronavirus; plays crucial role in red zones," *Outlook*, April 22, [accessed from https://www.outlookindia.com/website/story/india-news-chennais-drone-army-joins-citys-fight-against-coronavirus-plays-crucialrole-in-red-zones/351249]}。

55. Economic Times (2023), "Aerodyne teams up With AWS to solve complex industrial issues with drone data," *Economic Times—CIO Southeast Asia*, December 4, accessed from https://ciosea.economict imes.indiatimes.com/news/corporate/aerodyne-teams-up-with-aws-tosolve-complex-industrial-issues-with-drone-data/105712904.

56. Sheena, J. (2023), "Drone aerial advertising startup gets green light from aviation authorities," *Marketing Brew*, August 29, accessed from https://www.marketingbrew.com/stories/2023/08/29/drone-aerial-advertising-startup-gets-green-light-from-aviation-authorities.

57. Ghosh, B. (2023), "World's first: Citymesh to deploy 70 drone-in-a-box systems across Belgium for emergency response," *flytbase*, March 16, accessed from https://www.flytbase.com/blog/citymesh-to-deploy-70-drone-in-a-box-systems-across-belgium-for-emergency-response.

58. Gill, J. (2023), "Boeing sees 5G, drone inspectors and augmented reality training key to future aircraft maintenance," *Breaking Defense*, June 29, accessed from https://breakingdefense.com/2023/06/boeingsees-5g-drone-inspectors-and-augmented-reality-training-key-to-fut ure-aircraft-maintenance/.

59. Jackson, A. (2023), "Agribots: The possible future development of food harvesting," *Food Digital*, July 17, accessed from https://fooddigital.com/articles/agribots-the-possible-future-development-of-foodharvesting.

60. Kumar, V. (2021). *Intelligent Marketing: Employing New Age Technologies*. Sage Publications.

61. 各企业正在考虑利用无人机进行配送以提升"最后一英里"（1英里=1609.34米）的配送效率。2021—2022年，无人机配送的包裹数量增加了80%以上，在全球范围内累计完成了近87.5万次配送。此外，预计到2023年，商业无人机的配送量将突破100万大关(Cornell et al. 2023)。

62. 到2025年，同日送达和即时送达服务将共同占据20% ~ 25%的市场份额，从而凸显出无人机在满足"最后一英里"（1英里=1609.34米）配送需求方面的重要性；同时，60%的消费者支持无人机配送，或者至少对此持中立态度 {Joerss, M., F. Neuhaus, & J. Schröder (2016), "How customer demands are reshaping last-mile delivery," *McKinsey*, October, [accessed from https://www.mckinsey.com/industries/travel-transport-and-logistics/our-insights/how-

customer-demands-are-reshaping-last-mile-delivery]}。

63. Fleck, A. (2023). European city dwellers would try delivery drones. In *Statista*. January 13, Retrieved October 08, 2023, from https://www. statista.com/chart/29109/share-of-people-that-would-try-delivery-dro nes/.
64. Islam, Z. (2020), "Great service drives revenue in Gladly's 2020 customer expectations report," *Gladly*, [accessed from https://www.gladly.com/latest/great-service-drives-revenue-in-gladlys-customer-expectations-report/].
65. Kumar, V., B. Rajan, S. Gupta, & I. D. Pozza (2019), "Customer engagement in service," *Journal of the Academy of Marketing Science*, 47(1), 138–160.
66. McLaughlin, C. P., and J. A. Fitzsimmons (1996), "Strategies for globalizing service operations," *International Journal of Service Industry Management*, 7(4), 43–57.
67. Jayawardhena, C., and P. Foley (2000), "Changes in the banking sector–the case of Internet banking in the UK," *Internet Research*, 10(1), 19–31.
68. Wright, A. (2002), "Technology as an enabler of the global branding of retail financial services," *Journal of International Marketing*, 10(2), 83–98.
69. Kumar, V. (2021). *Intelligent marketing: Employing new age technologies*. Sage Publications.
70. Gupta, S., Leszkiewicz, A., Kumar, V., Bijmolt, T., & Potapov, D. (2020). Digital analytics: Modeling for insights and new methods. *Journal of Interactive Marketing*, 51(1), 26–43.
71. Srinivasan, R., G. L. Lilien, & A. Rangaswamy (2002), "Technological opportunism and radical technology adoption: An application to e-business," *Journal of Marketing*, 66(3), 47–60.
72. 技术能力指的是那些使企业在竞争中脱颖而出，并使其能够在不断变化的环境中基于技术创造持续竞争优势的能力[Leonard-Barton, D. (1992), "Core capabilities and core rigidities: A paradox in managing new product development," *Strategic Manage-ment Journal*, 13(S1), 111–125; Prahalad, C. K., & G. Hamel (1990), "The Core Competence of the Corporation," *Harvard Business Review*, 68(3), 79–91]。在新时代技术（此处可能指某一特定技术或行业环境）环境中，这一点尤为重要，因为企业必须应对新兴技术、竞争压力和不断变化的监管环境。Lall[Lall, S. (1992), "Technological capabilities and industrialization," *World Development*, 20(2), 165–186]将企业发展技术能力视为企业为应对内外部刺激，以及与当地和外国、私营和公共等其他经济主体的互动而进行的投资的结果。这意味着，多个微观和宏观因素共同决定了企业的技术能力水平。
73. Kumar, V., and D. Ramachandran (2020), "Developing a firm's growth approaches in a new-age technology environment to enhance stake-holder wellbeing," working paper, Indian School of Business, India.
74. Kumar, V., & S. Banda (2020), "CX in a drone world," working paper, Indian School of Business, India.
75. Kumar, V., and D. Ramachandran (2020), "Developing a firm's growth approaches in a new-age

76. Martin, C. (2018), "Walmart Files Patent For Drone Customer Service In Stores," *MediaPost*, March 26, [accessed from https://www.mediapost.com/publications/article/316641/walmart-files-patent-for-drone-customer-service-in.html].

77. Leonard, M. (2019), "Patent pending: Walmart plans for drone delivery, others tackle faster picking and the end of lost inventory," *Supply Chain Dive*, October 4, [accessed from https://www.supplycha indive.com/news/patent-pending-walmarts-plans-for-drone-delivery/ 564359/].

78. 客户参与度[Kumar, V., L. Aksoy, B. Donkers, R. Venkatesan, T. Wiesel, & S. Tillmanns (2010), "Undervalued or overvalued customers: Capturing total customer engagement value," *Journal of Service Research*, 13(3), 297–310; Pansari, A., and V. Kumar (2017), "Customer engagement: The construct, antecedents, and consequences," *Journal of the Academy of Marketing Science*,1– 18; Verhoef, P. C., W. J. Reinartz, & M. Krafft (2010), "Customer engagement as a new perspective in customer management," *Journal of Service Research*, 13 (3), 247–252]、客户参与行为[Van Doorn, J., K. N. Lemon, V. Mittal, S. Nass, D. Pick, P. Pirner, & P. C. Verhoef (2010), "Customer engagement behavior: Theoretical foundations and research directions," *Journal of Service Research*, 13(3), 253–266]、客户品牌参与度[Hollebeek, L. D., M. S. Glynn, & R. J. Brodie (2014), "Consumer brand engagement in social media: Conceptualization, scale development and validation," *Journal of Interactive Marketing*, 28(2), 149–165]和客户参与营销[Harmeling, C. M., J. W. Moffett, M. J. Arnold, & B. D. Carlson (2017), "Toward a theory of customer engagement marketing," *Journal of the Academy of Marketing Science*, 45(3), 312–335]等都是学术研究已经涵盖的参与度概念。V.库马尔等人（2019）在服务环境中研究了客户参与度，其中服务体验被定义为"……随着时间的推移，客户在与服务提供方进行各种形式的互动、沟通和交易的过程中积累的整体感受"（p. 139）。

79. Social Samosa (2022), "Case study: How biryani by kilo created buzz around their drone delivery campaign," *SocialSamosa.com*, accessed from https://www.socialsamosa.com/2022/10/case-study-bir yani-by-kilo-buzz-drone-delivery-campaign/.

80. Fuhrman, T., D. Schneider, F. Altenberg, T. Nguyen, S. Blasen, S. Constantin, & A. Waibel (2019), "An interactive indoor drone assis-tant," *arXiv preprint*, arXiv:1912.04235; Padhy, R. P., S. Verma, S. Ahmad, S. K. Choudhury, & P. K. Sa (2018), "Deep neural network for autonomous UAV navigation in indoor corridor environments," Procedia Computer Science, 133, 643-650.*

81. Cornell, A., Mahan, S., & Riedel, R. (2023), "Commercial drone deliveries are demonstrating continued momentum in 2023," *McKinsey*, October 6, accessed from https://www.mckinsey.com/ industries/aerospace-and-defense/our-insights/future-air-mobility-blog/commercial-drone-deliveries-are-demonstrating-continued-momentum-in-2023.

82. Guglielmo, C. (2013), "Turns out Amazon, touting drone delivery, does sell lots of products

that weigh less than 5 pounds," *Forbes*, December 2, [accessed from https://www.forbes.com/sites/conniegug lielmo/2013/12/02/turns-out-amazon-touting-drone-delivery-does-sell-lots-of-products-that-weigh-less-than-5-pounds/#1372924455ed].

83. Blake, T. (2020), "What is unmanned aircraft systems traffic manage-ment?" *NASA*, January 30, [accessed from https://www.nasa.gov/ames/ utm/].

84. Tsiros M., & V. Mittal (2000), "Regret: A model of its antecedents and consequences in consumer decision making," *JournalofConsumer Research*, 26(4), 401–417.

85. Faverio, M. (2022), "Share of those 65 and older who are tech users has grown in the past decade," *Pew Research Center*, January 13, accessed from https://www.pewresearch.org/short-reads/2022/01/13/ share-of-those-65-and-older-who-are-tech-users-has-grown-in-the-past-decade/.

86. Kumar, V. (2021). *Intelligent marketing: Employing new age technologies*. Sage Publications.

87. Reid, D. (2016), "Domino's delivers world's first ever pizza by drone," *CNBC*, November 16, accessed from https://www.cnbc.com/2016/ 11/16/dominos-has-delivered-the-worlds-first-ever-pizza-by-drone-to-a-new-zealand-couple.html.

88. Marquand, B. (2017), "Meet your new claims inspector: A drone," *NerdWallet*, June 9, [accessed from https://www.nerdwallet.com/blog/ insurance/drones-home-insurance-claims-inspectors/].

89. Lillian, B. (2019), "Dominion energy brings BVLOS experience to small UAV coalition," *Unmanned Aerial*, August 1, [accessed from https://unmanned-aerial.com/dominion-energy-brings-bvlos-experience-to-small-uav-coalition].

90. NYPA (2017), "First ever drone inspection of Niagara Ice Boom," *NY Power Authority*, January 27, [accessed from https://www.nypa.gov/ news/press-releases/2017/20170127-drone-inspection].

91. OG&E (2017), "Move over Amazon; OG&E using drones for storm recovery," *Oklahoma Gas and Electric*, March 15, [accessed from https://ogeenergy.gcs-web.com/news-releases/news-release-details/move-over-amazon-oge-using-drones-storm-recovery].

92. Feloni, R., & A. Taube (2014), "These drone-based advertisements were super cool and only a little creepy," *Business Insider*, September 29, [accessed from https://www.businessinsider.com/drones-in-advertising-2014-9].

93. Walgrove, A. (2016), "How 3 major brands are using drone marketing to reach new heights," *Sprinklr*, June 2, [accessed from https://blog. sprinklr.com/brands-using-drones-marketing/]; Agrawal, A. J. (2017), "5 Ways marketers can take advantage of drone technology," Forbes, June 10, [accessed from https://www.forbes.com/sites/ajagrawal/2017/ 06/10/5-ways-marketers-can-take-advantage-of-drone-technology/# 489af0de58cc]*.

94. Intel (2020), "Why an Intel® drone light show?" *Intel.com*, [accessed from https://www.intel.com/content/www/us/en/technology-innovation/aerial-technology-light-show.html].

95. Nearly 88% of respondents cited a change in the regulatory envi-ronment as a key growth driver

for the subsequent use of drones (Comptia (2019), "The drone market: Insights from customers and providers," *Comptia*, June, [accessed from https://www.comptia.org/ content/research/drone-industry-trends-analysis]).

第10章

1. IDC. (2022). IDC FutureScape Webcast: Worldwide Blockchain, Crypto, NFT, and Web3 2023 Predictions. International Data Corporation. https://www.idc.com/getdoc.jsp?containerId=US49800122&pageType=PRINTFRIENDLY.

2. Deloitte. (2021). Deloitte's 2021 global blockchain survey. *Deloitte Insights*.https://www2.deloitte.com/content/dam/insights/articles/ US144337_Blockchain-survey/DI_Blockchain-survey.pdf.

3. Nakamoto, S. (2008). Bitcoin: A peer-to-peer electronic cash system. www.bitcoin.org/bitcoin.pdf.

4. Crosby, M., Pattanayak, P., Verma, S., & Kalyanaraman, V. (2016). Blockchain technology: Beyond bitcoin. *Applied Innovation Review*, *2*(June), 6–19.

5. Crosby, M., Pattanayak, P., Verma, S., & Kalyanaraman, V. (2016). Blockchain technology: Beyond bitcoin. *Applied Innovation Review*, *2*(June), 6–19.

6. De Kruijff, J., & Weigand, H. (2017). Understanding the blockchain using enterprise ontology. In *International Conference on Advanced Information Systems Engineering* (pp. 29–43). Springer.

7. Lin, I. C., & Liao, T. C. (2017). A survey of blockchain security issues and challenges. *International Journal of Network Security*, *19*(5), 653–659.

8. Zheng, Z., Xie, S., Dai, H., Chen, X., & Wang, H. (2017). An overview of blockchain technology: Architecture, consensus, and future trends. In *2017 IEEE international congress on big data (BigData congress)* (pp. 557–564).

9. Zīle, K., & Strazdiņa, R. (2018). Blockchain use cases and their feasibility. *Applied Computer Systems*, *23*(1), 12–20.

10. Akcora, C. G., Gel, Y. R., & Kantarcioglu, M. (2017). Blockchain: A graph primer. *arXiv*. https://arxiv.org/pdf/1708.08749.pdf.

11. Akcora, C. G., Gel, Y. R., & Kantarcioglu, M. (2017). Blockchain: A graph primer. *arXiv*. https://arxiv.org/pdf/1708.08749.pdf; Grif-fith, K. (2014). A quick history of cryptocurrencies BBTC— Before Bitcoin. *Bitcoin Magazine*. https://bitcoinmagazine.com/articles/quick-history-cryptocurrencies-bbtc-bitcoin-1397682630.

12. Maslova, N. (2018). Blockchain: Disruption and opportunity. *Strategic Finance*, *100*(1), 24–29.

13. Condos等人认为区块链是一种分布式的电子数据库，可以保存信息，如记录数据、事件和交易详情等。它通过参与者组成的分布式或共享网络，使用群体共识协议进行维护。随着新区块的不断添加，区块链会不断扩展（Condos, J., Sorrell, W. H., & Donegan, S. L. (2016).

Blockchain technology: Opportunities and risks. *State of Vermont*. http://www.gai ngon.net/pdf2016/4301532863860983.pdf）。

14. Yli-Huumo等人(2016) 提出，由于数据记录在公共账本中，区块链为管理交易提供了一种去中心化的解决方案，无须任何第三方干预或调解。这意味着公共账本在所有节点批准数据后无法被修改或删除，从而使其在网络上使用时非常安全。

15. Walch, A. (2016). The path of the blockchain lexicon (and the law). *Review of Banking & Financial Law*, *36* (3), 713–765.

16. Hileman, G., & Rauchs, M. (2017). Global blockchain bench-marking study. Cambridge Centre for Alternative Finance. https:// cdn.crowdfundinsider.com/wp-content/uploads/2017/09/2017-Global-Blockchain-Benchmarking-Study_Hileman.pdf.

17. Tama, B. A., Kweka, B. J., Park, Y., & Rhee, K. H. (2017). A critical review of blockchain and its current applications. In *2017 Inter-national Conference on Electrical Engineering and Computer Science (ICECOS)* (pp. 109–113).

18. Zheng, Z., Xie, S., Dai, H., Chen, X., & Wang, H. (2017). An overview of blockchain technology: Architecture, consensus, and future trends. In *2017 IEEE international congress on big data (BigData congress)* (pp. 557–564).

19. Yli-Huumo, J., Ko, D., Choi, S., Park, S., & Smolander, K. (2016). Where is current research on blockchain technology?—A systematic review. *PloS One*, *11*(10), e0163477.

20. Nakamoto, S. (2008). Bitcoin: A peer-to-peer electronic cash system. www.bitcoin.org/bitcoin.pdf.

21. 例如，SHA-256哈希函数（常用于比特币）无论输入的是单个字符还是整本书，总是会生成一个256位的哈希值(Nakamoto, 2008)。

22. Freni, P. & Ferro, E. & Moncada, R. (2022). Tokenomics and blockchain tokens: A design-oriented morphological frame-work. *LINKS Foundation*. https://www.sciencedirect.com/science/article/pii/S2096720922000094.

23. Aste, T., Tasca, P., & Di Matteo, T. (2017). Blockchain technolo-gies: The foreseeable impact on society and industry. *Computer*, *50*(9), 18–28; Clack, C. D., Bakshi, V. A., & Braine, L. (2016). Smart contract templates: Foundations, design landscape and research directions. *arXiv preprint arXiv:1608.00771*.

24. Kumar, V., Ramachandran, D., & Kumar, B. (2020). Influence of new-age technologies on marketing: A research agenda. *Journal of Business Research*. https://www.sciencedirect.com/science/article/abs/ pii/S0148296320300151.

25. Buterin, V. (2015). On public and private blockchains. *Ethereum Blog*. https://blog.ethereum.org/2015/08/07/on-public-and-private-blockchains/.

26. Wüst, K., & Gervais, A. (2018). Do you need a blockchain? In *2018 Crypto Valley Conference on Blockchain Technology (CVCBT)* (pp. 45– 54). IEEE.

27. Buterin, V. (2015). On public and private blockchains. *Ethereum Blog*. https://blog.ethereum.

org/2015/08/07/on-public-and-private-blockchains/.

28. BMW Group. (2020). BMW Group uses Blockchain to drive supply chain transparency. https://www.press.bmwgroup.com/global/article/ detail/T0307164EN/bmw-group-uses-blockchain-to-drive-supply-chain-transparency?language=en.

29. Morgan, N. (2023). JP Morgan Activates Euro Payment Settlement With Its JPM Coin. *Decrypt*. https://decrypt.co/146027/jp-morgan-using-jpm-coin-blockchain-to-settle-euro-payments.

30. Ledger Insights. (2022). MediLedger blockchain developer Chroni-cled raises $8.3m from True Global Ventures. https://www.ledgerinsights.com/mediledger-blockchain-founder-chronicled-raises-8-3m-from-true-global-ventures/.

31. Nelson, L. (2022). How Blockchain and Cryptocurrency Are Influ-encing the Real Estate Market. *National Association of Realtors*. https://www.nar.realtor/magazine/real-estate-news/technology/how-blockchain-and-cryptocurrency-are-influencing-the-real-estate.

32. Perez, S. (2017). Spotify acquires blockchain startup Mediachain to solve music's attribution problem. *TechCruch*. https://techcrunch. com/2017/04/26/spotify-acquires-blockchain-startup-mediachain-to-solve-musics-attribution-problem/.

33. Starbucks (2022). Starbucks Brewing Revolutionary Web3 Experi-ence for its Starbucks Rewards Members. https://stories.starbucks. com/press/2022/starbucks-brewing-revolutionary-web3-experience-for-its-starbucks-rewards-members/.

34. Sristy, A. (2021). Blockchain in the food supply chain—What does the future look like? *Walmart Global Tech*. https://tech.walmart.com/ content/walmart-global-tech/en_us/news/articles/blockchain-in-the-food-supply-chain.html.

35. V.库马尔等人(2020)讨论了区块链为企业带来的五个关键好处：业务运营透明、减少交易处理时间、更好地追踪营销传播对消费者的影响、合同执行自动化、直接补偿客户和保护消费者的身份。

36. 由于是实践者主导开发的，区块链的底层隐私和安全设置尚未完全规范化，导致行业内缺乏统一的安全标准（Zīle & Strazdiņa, 2018）。安全设置可能会根据开发者的个人选择以及所开发的解决方案而改变[Halpin, H., & Piekarska, M. (2017). Intro-duction to security and privacy on the blockchain. In *2017 IEEE European Symposium on Security and Privacy Workshops (EuroS&PW)* (pp. 1–3). IEEE]。此外，脚本语言设计中的问题和缺乏统一的术语进一步加剧了这一变化(Zīle & Strazdiņa, 2018).

37. Aravinthan, V., Namboodiri, V., Sunku, S., & Jewell, W. (2011). Wireless AMI application and security for controlled home area networks. In *2011 IEEE Power and Energy Society General Meeting* (pp. 1–8). IEEE; Karame, G. O., & Androulaki, E. (2016). *Bitcoin and blockchain security*. Artech House; Komninos, N., Philippou, E., & Pitsillides, A. (2014). Survey in smart grid and smart home security: Issues, challenges and counter-measures. *IEEE Communica-tions Surveys & Tutorials*, *16* (4), 1933–1954.

38. Kumar, V., Rajan, B., Venkatesan, R., & Lecinski, J. (2019). Under-standing the role of artificial intelligence in personalized engagement marketing. *California Management Review*, *61*(4), 135–155.

39. Salah, K., Rehman,M.H.U., Nizamuddin, N.,&Al-Fuqaha,A. (2019). Blockchain for AI: Review and open research challenges. *IEEE Access*, *7* , 10127–10149.

40. Dinh, T. N., & Thai, M. T. (2018). AI and blockchain: A disruptive integration. *Computer*, *51*(9), 48–53.

41. 截至2023年3月，黑客在2022年通过加密货币犯罪共盗窃了近37亿美元，比2021年盗窃的23亿美元增长了近60%。非法加密货币活动在2022年创下历史新高，达到201亿美元，比前一年增加了21亿美元[Reed, J. (2023). Cryptocurrency-related crime boomed in 2022. *Security Intelligence*. https://securityintelligence.com/news/ cryptocurrency-related-crime-boomed-2022/]。

42. Achrol, R. S., & Kotler, P. (1999). Marketing in the network economy. *Journal of Marketing*, *63*, 146–163; Glazer, R. (1991). Marketing in an information-intensive environment: Strategic implications of knowledge as an asset. *Journal of Marketing*, *55*(4), 1–19.

43. Shaw, M. J., Subramaniam, C., Tan, G. W., & Welge, M. E. (2001). Knowledge management and data mining for marketing. *Decision Support Systems*, *31*(1), 127–137.

44. Day, G. S. (1994). The capabilities of market-driven organizations. *Journal of Marketing*, *58*(4), 37–52.

45. Day, G. S. (2011). Closing the marketing capabilities gap. *Journal of Marketing*, *75*(4), 183–195.

46. Porter, M. E., & Millar, V. E. (1985). How information gives you competitive advantage. *Harvard Business Review*, *85*(July/August), 149–160.

47. Argote, L., McEvily, B., & Reagans, R. (2003). Managing knowledge in organizations: An integrative framework and review of emerging themes. *Management Science*, *49*(4), 571–582.

48. Carlile, P. R. (2004). Transferring, translating, and transforming: An integrative framework for managing knowledge across boundaries. *Organization Science*, *15*(5), 555–568.

49. Teece, D. J. (2000). Strategies for managing knowledge assets: The role of firm structure and industrial context. *Long Range Planning*, *33*(1), 35–54.

50. Dinh, T. N., & Thai, M. T. (2018). AI and blockchain: A disruptive integration. *Computer*, *51*(9), 48–53.

51. Graves, S. (2020). The decentralized ride-sharing disruptors taking on Uber. *Decrypt*. https://decrypt.co/18155/the-decentralized-ride-sharing-disruptors-taking-on-uber.

52. Ledger Insights. (2020). Blockchain ride-hailing firm raises $5 million.https://www.ledgerinsights.com/blockchain-ride-hailing-tada/.

53. Williams, M. (2023), "The end-to-end in sight at Volvo Cars," *Auto-motive Logistics*, March 21, accessed from https://www.automotivelogistics.media/supply-chain-management/the-end-to-end-

in-sight-at-volvo-cars/44043.article.

54. Aura Blockchain Consortium (2022). Authenticating Luxury Goods with Blockchain. *Aura Blockchain Consortium*, August 23. https://auraluxuryblockchain.com/insight/authenticating-luxury-goods-with-blockchain.

55. Saunders, B. (2022). Diesel Announces D:VERSE NFT Collec-tion. *Hypebeast*, March 10. https://hypebeast.com/2022/3/diesel-dverse-nft-collection-info.

56. Prabha, A. (2023). Crurated: reimagining the wine industry with blockchain and live auctions. *Inside Retail*. June 20. https://inside retail.asia/2023/06/20/crurated-reimagining-the-wine-industry-with-blockchain-and-live-auctions/.

57. Meisenzahl, M. (2023). Crurated's wine platform uses NFTs and memberships to find a younger market. *Digital Commerce 360*. February 6. https://www.digitalcommerce360.com/2023/02/06/crurated-wine-blockchain-nft-younger-market/.

58. 研究已经调查了选民欺诈对降低选民信心的影响，尽管这些研究结果各异，但区块链和基于互联网的投票系统能够帮助提高选民参与度，使公民能够在世界任何地方进行选民登记和投票[Ansolabehere, S., & Persily, N. (2007). Vote fraud in the eye of the beholder: The role of public opinion in the challenge to voter identification requirements. *Harvard Law Review*, *121*, 1737; Atkeson, L. R., Bryant, L. A., Hall, T. E., Saunders, K., & Alvarez, M. (2010). A new barrier to participation: Heterogeneous application of voter identification policies. *Electoral Studies*, *29*(1), 66–73；Mearian, L. (2019). Why blockchain-based voting could threaten democracy. *Computerworld* . https://www.computerworld.com/article/3430697/why-blockchain-could-be-a-threat-to-democracy.html]。

59. Kshetri, N., & Voas, J. (2018). Blockchain-enabled e-voting. *IEEE Software*, *35*(4), 95–99; Ølnes, S., Ubacht, J., & Janssen, M. (2017). Blockchain in govern-ment: Benefits and implications of distributed ledger technology for information sharing. *Government Information Quarterly*, *34* (3), 355–364.

60. Tatar, J. (2020). How blockchain technology can change how we vote. *The Balance*. https://www.thebalance.com/how-the-blockchain-will-change-how-we-vote-4012008.

61. Sinclair, S. (2020). West Virginia Ditches Blockchain Voting App Provider Voatz. *CoinDesk*. https://www.coindesk.com/policy/2020/ 03/02/west-virginia-ditches-blockchain-voting-app-provider-voatz/.

62. Changing Markets Foundation (2019), "Fishing for Catastrophe," *Changing Markets Foundation*, accessed from https://changingmark ets.org/wp-content/uploads/2019/10/CM-EX-SUMMARY-FINAL-WEB-FISHING-THE-CATASTROPHE-2019-.pdf.

63. Evans, M. (2023), "Can blockchain help you trace your food?" *Think Landscape*, April 19, accessed from https://thinklandscape.globallandscapesforum.org/60203/how-traceability-is-changing-supply-chains/.

64. Yiannas, F. (2018). A new era of food transparency powered by blockchain. *Innovations: Technology, Governance, Globalization, 12*(1– 2), 46–56.
65. Daley, S. (2019). Five blockchain companies improving the food industry. *Built In*. https://builtin.com/blockchain/food-safety-supply-chain.
66. Kumar, V. (2021). *Intelligent Marketing: Employing New Age Technolo-gies*. Sage Publications.
67. Caswell, J. A., & Mojduszka, E. M. (1996). Using informational labeling to influence the market for quality in food products. *Amer-ican Journal of Agricultural Economics, 78*(5), 1248–1253.
68. Teisl, M. F., & Roe, B. (1998). The economics of labeling: An overview of issues for health and environmental disclosure. *Agricul-tural and Resource Economics Review, 27* (2), 140–150.
69. Kahneman, D., & Tversky, A. (1973). On the psychology of predic-tion. *Psychological Review, 80*(4), 237–251.
70. McCluskey, J. J., & Swinnen, J. F. (2004). Political economy of the media and consumer perceptions of biotechnology. *American Journal of Agricultural Economics, 86* (5), 1230–1237.
71. 在当今高度互联的世界中，客户非常关注他们所消费的产品和服务的来源——这有助于他们与企业建立联系，并对企业及其产品产生积极的情感。随着时间的推移，这有助于建立客户对品牌的信任，使客户更愿意与品牌分享个人信息，从而实现更深入的客户互动[Harvey, C. R., Moorman, C., & Toledo, M. (2018). How blockchain can help marketers build better relationships with their customers]。
72. Yakubowski, M. (2019). Alibaba Exec: E-commerce giant consid-ering blockchain use in complex supply chains. *Cointelegraph.com*. https://cointelegraph.com/news/alibaba-exec-e-commerce-giant-considering-blockchain-use-in-complex-supply-chains.
73. High, M. (2020). Six world-leading blockchain and cryptocur-rency firms. *FinTech*. https://www.fintechmagazine.com/blockchain/ six-world-leading-blockchain-and-cryptocurrency-firms.
74. Everledger. (2022). To ensure ethical EV battery recycling, Everledger and Ford announced the beginning of a world-first battery passport pilot in October 2022. https://everledger.io/everledger-launches-battery-passport-pilot-with-ford/.
75. Win, T. L. (2020). Apps and blockchain help European supermarketslure climate-conscious consumers. *Reuters*. https://www.reuters.com/ article/us-europe-food-climate-change/apps-and-blockchain-help-european-supermarkets-lure-climate-conscious-consumers-idUSKCN20 K0VN.
76. Carrefour. (2022). Carrefour is the first retailer to use blockchain technology with its own-brand organic products, providing consumers with more transparency. https://www.carrefour.com/ sites/default/files/2022-04/CARREFOUR_bio_blockchain.pdf.
77. Muthoni, G. (2019). Adoption and usefulness of blockchain inte-gration services. *CryptoNews*. https://www.crypto-news.net/adoption-and-usefulness-of-blockchain-integration-services/.
78. Renault Group. (2021). XCEED: a new blockchain solution for Renault plants in Europe. https://www.renaultgroup.com/en/news-on-air/news/xceed-a-new-blockchain-solution-for-renault-plants-

in-europe/.

79. Kumar, V. (2021). *Intelligent Marketing: Employing New Age Technologies*. Sage Publications.

80. Yodanova, H. (2020). Blockchain in Bulgaria: Data storage and encryption. *Business Blockchain HQ*. https://businessblockchainhq.com/business-blockchain-news/blockchain-in-bulgaria-data-storage-and-encryption/.

81. Shabalala, Z. (2018). De Beers tracks diamonds through supply chain using blockchain. *Reuters*. https://www.reuters.com/article/us-anglo-debeers-blockchain/de-beers-tracks-diamonds-through-supply-chain-using-blockchain-idUSKBN1IB1CY.

82. 戴比尔斯集团决定于2022年5月全面部署Tracr区块链技术，以确保所有钻石从源头到店铺的全程可追溯[De Beers Group. (2022). De Beers group introduces world's first blockchain-backed diamond source platform at scale.https://www.debeersgroup.com/media/company-news/2022/de-beers-group-introduces-worlds-first-blockchain-backed-diamond-source-platform-at-scale#:~:text=The%20introduction%20of%20TracrTM,of%20De%20Beers'%20production%20possible]。这样的举措使该公司及其他参与的钻石制造商能够实时追踪它们的资产。

83. Alexandre, A. (2020). Telecom giant Vodafone explores blockchain to verify suppliers. *Cointelegraph.com*. https://cointelegraph.com/news/telecom-giant-vodafone-explores-blockchain-to-verify-suppliers.

84. Ledger Insights. (2023). Vodafone's IoT blockchain used for cargo tracking with Aventus integration. https://www.ledgerinsights.com/vodafone-iot-blockchain-cargo-tracking-aventus/.

85. Kumar, V., & Ramachandran, D. (2020). *Developing a firm's growth approaches in a new-age technology environment to enhance stakeholder wellbeing* (Working Paper). Georgia State University.

86. Kumar, V., Ramachandran, D., & Kumar, B. (2020). Influence of new-age technologies on marketing: A research agenda. *Journal of Business Research*. https://www.sciencedirect.com/science/article/abs/pii/S0148296320300151.

87. Haig, S. (2020). Indonesian customs joins IBM's blockchain supply chain platform. *Cointelegraph.com*. https://cointelegraph.com/news/indonesian-customs-joins-ibms-blockchain-supply-chain-platform.

88. Bhattacharya, A. (2018). Blockchain is helping build a new Indian city, but it's no cure for corruption. *Quartz India*. https://qz.com/india/1325423/indias-andhra-state-is-using-blockchain-to-build-capital-amaravati/.

89. Perez, E. (2019). Blockchain registers for recording ownership rights around the world. *Cointelegraph.com*. https://cointelegraph.com/news/blockchain-registers-for-recording-ownership-rights-around-the-world.

90. Hampton, L. (2019). Oil and gas majors sign deal to implement blockchain in Bakken oilfield.

Reuters. https://www.reuters.com/article/us-blockchain-oil/oil-and-gas-majors-sign-deal-to-implement-blockchain-in-bakken-oilfield-idUSKCN1VV1SE.

91. Carson, B., Romanelli, G., Walsh, P., & Zhumaev, A. (2018). Blockchain beyond the hype: What is the strategic business value? *McKinsey*. https://www.mckinsey.com/business-functions/mckinsey-digital/our-insights/blockchain-beyond-the-hype-what-is-the-strategic-business-value.

92. McConaghy, T. (2023). Ocean Protocol Update ‖ 2023. *Ocean Protocol*.https://blog.oceanprotocol.com/ocean-protocol-update-2023-44ed14510051.

93. Boulos, M. N. K., Wilson, J. T., & Clauson, K. A. (2018). Geospa-tial blockchain: Promises, challenges, and scenarios in health and healthcare. *International Journal of Health Geographics*, *17* (1), 25.

94. Chiappinelli, C. (2019). Think tank: Blockchain evolves into geoblockchain. *ESRI* . https://www.esri.com/about/newsroom/public ations/wherenext/geoblockchain-think-tank/; Dasgupta, A. (2017). The game changer of geospatial systems—Blockchain. *Geospa-tial World* . https://www.geospatialworld.net/article/blockchain-geospatial-systems/.

95. Kumar, V., Ramachandran, D., & Kumar, B. (2020). Influence of new-age technologies on marketing: A research agenda. *Journal of Business Research*. https://www.sciencedirect.com/science/article/abs/ pii/S0148296320300151.

96. Cathay Pacific. (2018). Cathay Pacific Group leverages blockchain technology powered by Accenture to launch Asia Miles marketing campaign.https://news.cathaypacific.com/cathay-pacific-group-lev erages-blockchain-technology-powered-by-accenture-to-launch-asia-miles-marketing-campaign#.

97. Zmudzinski, A. (2019). Unilever says its blockchain ad-buying pilot saved the company money. *Cointelegraph.com* https://cointelegraph. com/news/unilever-says-its-blockchain-ad-buying-pilot-saved-the-company-money.

98. Slefo, G. P. (2018). Toyota says it gets a boost when applying blockchain to digital ad buys. *Ad Age*. https://adage.com/article/digital/toyota-turns-blockchain-optimize-digital-ad-buys/315279?zd_ source=mta&zd_campaign=12714&zd_term=chiradeepbasumallick.

99. Rao, V. (2017). With $3.3M in funding, Boostinsider bets on Social Book for YouTube influencer insights. *YourStory*. https://yourstory. com/2017/09/3-3m-funding-boostinsider-social-book-for-youtube-influencer-insights.

100. Tameez, H. (2020). Here's how The New York Times tested blockchain to help you identify faked photos on your timeline. *NiemanLab*.https://www.niemanlab.org/2020/01/heres-how-the-new-york-times-tested-blockchain-to-help-you-identify-faked-photos-on-your-timeline/.

101. Pansari, A., & Kumar, V. (2018). Customer engagement marketing. In R. W. Palmatier, V. Kumar, & C. M. Harmeling (Eds.), *Customer engagement marketing* (pp. 1–27). Palgrave Macmillan.

102. Dowling, N. (2020). Wine counterfeiters beware. *Cosmos*. https://cosmosmagazine.com/technology/wine-counterfeiters-beware.
103. Palmer, D. (2019). Miller Lite teams with blockchain firm for customer engagement game. *Coindesk*. https://www.coindesk.com/ miller-lite-teams-with-blockchain-firm-for-customer-engagementgame.
104. Bijmolt, T. H., Krafft, M., Sese, F. J., & Viswanathan, V. (2018). Multi-tier loyalty programs to stimulate customer engagement.
105. Lawlor, S. (2019). Blockchain technology is being used to lift the lid on false claims in the beauty industry and it's set to change the way we shop. *Glamour*. https://www.glamourmagazine.co.uk/article/what-is-blockchain-technology.
106. Vadino, J. (2019). Securing customer loyalty programs with blockchain for retail. *Retail Touchpoints*. https://retailtouchpoints. com/features/executive-viewpoints/securing-customer-loyalty-programs-with-blockchain-for-retail.
107. Conti, R. (2023). Guide To NBA Top Shot. *Forbes Advisor*. https:// www.forbes.com/advisor/investing/cryptocurrency/nba-top-shot/.
108. Felin, T., & Lakhani, K. (2018). What problems will you solve with blockchain? *MIT Sloan Management Review*, *60*(1), 32–38.
109. Kumar, V. (2021). *Intelligent Marketing: Employing New Age Technolo-gies*. Sage Publications.
110. Kopalle, P. K., Kumar, V., & Subramaniam, M. (2020). How legacy firms can embrace the digital ecosystem via digital customer orienta-tion. *Journal of the Academy of Marketing Science*, *48*(1), 114–131.
111. Grigonis, H. K. (2018). KodakOne uses blockchain and web crawlers to spot stolen images. *Digital Trends*. https://www.digitaltrends.com/ photography/kodakone-creates-photo-registry-blockchain-ces2018/.
112. Greene, T. (2018). Kodak is the latest company to jump on blockchain. And one of the few that make sense. *TNW*. https://thenextweb.com/hardfork/2018/01/09/kodak-is-the-latest-company-to-jump-on-blockchain-and-one-of-the-few-that-make-sense/.
113. Allison, I. (2019). Louis Vuitton owner LVMH is launching a blockchain to track luxury goods. *Coindesk*. https://www.coindesk. com/louis-vuitton-owner-lvmh-is-launching-a-blockchain-to-track-luxury-goods.
114. James, A. (2018) Aworker—Disrupting the HR industry through next-gen blockchain technology. *Bitcoinist*. https://bitcoinist.com/ aworker-disrupting-hr-industry-next-gen-blockchain-technology/.
115. Felin, T., & Lakhani, K. (2018). What problems will you solve with blockchain? *MIT Sloan Management Review*, *60*(1), 32–38.
116. Kumar, V., Ramachandran, D., & Kumar, B. (2020). Influence of new-age technologies on

marketing: A research agenda. *Journal of Business Research*. https://www.sciencedirect.com/science/article/abs/ pii/S0148296320300151.

117. Auxier, B., Rainie, L., Anderson, M., Perrin, A., Kumar, M., & Turner, E. (2019). Americans and privacy: Concerned, confused and feeling lack of control over their personal information. *Pew ResearchCente*r. https://www.pewresearch.org/internet/2019/11/15/ americans-and-privacy-concerned-confused-and-feeling-lack-of-control-over-their-personal-information/.

118. Athey, S., Catalini, C., & Tucker, C. (2017). *The digital privacy paradox: Small money, small costs, small talk* (NBER Working Paper No. 23488). National Bureau of Economic Research. https://www. nber.org/papers/w23488.pdf.

119. 一项最近的调查发现，虽然整合区块链技术的现有企业（成熟企业）中有71%的企业认为区块链比传统的IT解决方案提供了更高的安全性，但并非所有的新兴颠覆者都持相同看法（仅有48%）。调查还显示，新兴颠覆者认为区块链带来的新商业模式和创建新价值链的机会是其显著的优势[Pawczuk, L., Massey, R., & Holdowsky, J. (2019). Deloitte's 2019 global blockchain survey. *Deloitte Insights*. https://www2.deloitte.com/us/en/insights/topics/understanding-blockchain-potential/global-blockchain-survey.html]。

120. 虽然这两类组织对区块链技术的属性有不同的看法，但当新兴颠覆者引领创新解决方案，而成熟企业将其推广成主流时，双方能够共同创造价值。

121. Zhang, R., Xue, R., & Liu, L. (2019). Security and privacy on blockchain. *ACM Computing Surveys (CSUR)*, *52*(3), 1–34.

122. IAB. (2019a). IAB internet advertising revenue report—2018 full year results. https://www.iab.com/wp-content/uploads/2019/05/Full-Year-2018-IAB-Internet-Advertising-Revenue-Report.pdf.

123. IAB. (2019b). U.S. digital ad revenue climbs to $57.9 billion in first half 2019, up 17% YOY, according to IAB internet advertising revenue report. https://www.iab.com/news/u-s-digital-ad-revenue-cli mbs-to-57-9-billion-in-first-half-2019/.

124. Cui, Y., Zhang, R., Li, W., & Mao, J. (2011). Bid landscape fore-casting in online ad exchange marketplace. In *Proceedings of the 17th ACM SIGKDD International Conference on Knowledge Discovery and Data Mining* (pp. 265–273).

125. Fisher, L. (2019). US programmatic ad spending forecast 2019. *eMarketer.com*.https://www.emarketer.com/content/us-programmatic-ad-spending-forecast-2019.

126. 2021年，美国在全球程序化广告支出（4184美元）中的贡献超过了2000亿美元，预计到2022年年底，这一金额将超过4930亿美元[Statista. (2023). Programmatic advertising in the United States. https://www.statista.com/topics/7912/programmatic-advertising-in-the-us/#topicOverview]。

127. Brayer, M. (2020). What is programmatic advertising? *Outbrain*. Accessed from https://www.outbrain.com/blog/programmatic-advert ising/.

128. Page, R. (2020). Can blockchain deliver on its big advertising promises? *CMO.com*. https://www.cmo.com.au/article/671101/can-blockchain-deliver-its-big-advertising-promises/.

129. Ellwanger, S. (2020). How blockchain fueled avocados from Mexico's super bowl campaign. *MediaPost.com*. https://www.mediapost.com/ publications/article/346755/how-blockchain-fueled-avocados-from-mexicos-super.html.

130. Rogers, B. (2021). Carolina Abenante Cofounds NYIAX To Bring Nasdaq-Like Transparency To Digital Ads. *Forbes*. https://www.for bes.com/sites/brucerogers/2021/09/01/carolina-abenante-co-founds-nyiax-to-bring-nasdaq-like-transparency-to-programmatic-ads/?sh= 2a0f1a3c1369.

131. Kumar, V., & Reinartz, W. (2018). *Customer relationship manage-ment—Concept, strategy, and tools* (3rd ed.). Springer.

132. AMA. (2020). Influencer marketing. https://www.ama.org/topics/inf luencer-marketing/.

133. MASB. (2020). Buying roles. https://marketing-dictionary.org/b/buy ing-roles/#cite_ref-1.

134. Kumar, V., Bhaskaran, V., Mirchandani, R., & Shah, M. (2013). Creating a measurable social media marketing strategy: Increasing the value and ROI of intangibles and tangibles for hokey pokey. *Marketing Science*, *32*(2), 194–212.

135. Kumar, V., Bhaskaran, V., Mirchandani, R., & Shah, M. (2013). Creating a measurable social media marketing strategy: Increasing the value and ROI of intangibles and tangibles for hokey pokey. *Marketing Science*, *32*(2), 194–212.

136. Kumar, V., Bhaskaran, V., Mirchandani, R., & Shah, M. (2013). Creating a measurable social media marketing strategy: Increasing the value and ROI of intangibles and tangibles for hokey pokey. *Marketing Science*, *32*(2), 194–212.

第11章

1. Kumar, V. (2021), *Intelligent marketing: Employing new age technologies*. Sage Publications.
2. 研究发现客户参与具有以下作用：①是成功的关键因素[Kumar, V., & Pansari, A. (2016), "Competitive advantage through engagement," *Journal of Marketing Research*, 53(4), 497– 514; Verhoef, P. C., Reinartz, W. J., & Krafft, M. (2010), "Customer engagement as a new perspective in customer management," *Journal of Service Research*, 13(3), 247–252]；②为企业创造价值[Kumar, V., Aksoy, L., Donkers, B., Venkatesan, R., Wiesel, T., & Till-manns, S. (2010), "Undervalued or overvalued customers: capturing total customer engagement value," *Journal of Service Research*, 13(3), 297–310]；③向企业反映消费者的行为[Van Doorn, J., Lemon, K. N., Mittal, V., Nass, S., Pick, D., Pirner, P., & Verhoef, P. C. (2010), "Customer engagement behavior: Theoretical foundations and research directions," *Journal of Service Research*, 13(3), 253–266]；④支持创建互动、共创的客户体验[Brodie, R. J., Hollebeek, L. D., Jurić, B.,&Ilić, A. (2011),

"Customer engagement: Conceptual domain, fundamental proposi-tions, and implications for research," *Journal of Service Research*, 14(3), 252–271]；⑤创造积极服务体验的成果[Kumar, V., & Rajan, B. (2017), "What's in it for me? The creation and destruction of value for firms from stakeholders," *Journal of Creating Value*, 3(2), 142–156]。

3. Kumar, V. (2021), *Intelligent marketing: Employing new age technologies*. Sage Publications.
4. Kumar, V., Rajan, B., Gupta, S., & Dalla Pozza, I. (2019), "Customer engagement in service," *Journal of the Academy of Marketing Science*, 47(1), 138–160.
5. Fernandez, A. (2020), "The Three Drivers of Food Traceability Changes in 2020," *Food Safety Magazine*, June 2, [accessed from https://www.foodsafetymagazine.com/enewsletter/the-three-drivers-of-food-traceability-changes-in-2020/].
6. 个性化使消费者与企业建立了联系[Murthi B. P. S., & Sarkar, S. (2003), "The Role of the Management Sciences in Research on Personalization," *Management Science*, 49(10), 1344–1362; Vesanen, J., & Raulas, M. (2006), "Building bridges for personalization—a process model for marketing," *Journal of Interactive Marketing*, 20(1), 1–16]，这种联系很可能加强由此发展起来的关系[Simonson, I. (2005), "Deter-minants of customers' responses to customized offers: Conceptual framework and research propositions," *Journal of Marketing*, 69(1), 32–45]。此外，积极的企业-客户关系会影响客户的参与行为[Van Doorn, J., Lemon, K. N., Mittal, V., Nass, S., Pick, D., Pirner, P., & Verhoef, P. C. (2010), "Customer engagement behavior: Theoretical foundations and research direc-tions," *Journal of Service Research*, 13(3), 253–266]，带有情感联结的客户关系会带来更好的客户体验[Pansari, A., & Kumar, V. (2017), "Customer engagement:the construct, antecedents, and consequences," *Journal of the Academy of Marketing Science*, 1–18]，而在新时代技术背景下，通过精选策略和人工智能工具实施的个性化体验营销策略可以取得更好的营销效果[Kumar, V., Rajan, B., Gupta, S., & Dalla Pozza, I. (2019), "Customer engage-ment in service," *Journal of the Academy of Marketing Science*, 47(1), 138–160]。
7. 例如，利益相关者价值被定义为商业交换过程中，企业和个人/组织所实现的累积收益（有形的和无形的）与相关成本之间的差额[Kumar, V., & Rajan, B. (2017), "What's in it for me? The creation and destruction of value for firms from stakeholders," *Journal of Creating Value*, 3(2), 142–156]。在有很多利益相关者的环境中，利益相关者参与度被定义为：客户之间、客户与员工之间、客户与员工在企业内部的态度、行为和相互联系的程度[Kumar, V., & Pansari, A. (2016), "Competitive advantage through engagement," *Journal of Marketing Research*, 53(4), 497–514]。
8. Kumar, V., & Rajan, B. (2017), "What's in it for me? The creation and destruction of value for firms from stakeholders," *Journal of Creating Value*, 3(2), 142–156.
9. Anderson, E. W. (1998), "Customer satisfaction and word of mouth," *Journal of Service Research*, 1(1), 5–17.

10. Dowling, G. R., & Uncles, M. (1997), "Do customer loyalty programs really work?" *Sloan Management Review*, 38(4), 71–82; Oliver, R. L. (1999), "Whence Consumer Loyalty?" *The Journal of Marketing*, 63, 33–44.

11. Reinartz, W. J., & Kumar, V. (2003), "The impact of customer rela-tionship characteristics on profitable lifetime duration," *Journal of Marketing*, 67 (1), 77–99; Reinartz, W. J., & Kumar, V. (2000), "On the profitability of long-life customers in a noncontractual setting: An empirical investigation and implications for marketing," *Journal of Marketing*, 64 (4), 17–35.

12. Kumar, V., Aksoy, L., Donkers, B., Venkatesan, R., Wiesel, T., & Till-manns, S. (2010), "Undervalued or overvalued customers: capturing total customer engagement value," *Journal of Service Research*, 13(3), 297–310.

13. Berry, L. L. (1981), "The Employee as Customer," *Journal of Retail Banking*, 3(1), 33–40; Grönroos, C. (1982), "An applied service marketing theory," *European Journal of Marketing*, 16(7), 30–41.

14. Banker, S. (2020), "Is the Future of Drones Now?" *Forbes*, June 11, [accessed from https://www.forbes.com/sites/stevebanker/2020/06/11/ is-the-future-of-drones-now/#57855e7e3284]; Lewis, N. (2020), "A tech company engineered drones to deliver vital COVID-19 medical supplies to rural Ghana and Rwanda in minutes," *Business Insider*, May 12, [accessed from https://www.businessinsider.com/zipline-drone-coronavirus-supplies-africa-rwanda-ghana-2020-5].

15. Leong, B., & Jordan, S. (2020), "Artificial Intelligence and the COVID-19 Pandemic," *Future of Privacy Forum*, May 7, [accessed from https://fpf.org/2020/05/07/artificial-intelligence-and-the-covid-19-pandemic/].

16. Kumar, V. (2021), *Intelligent marketing: Employing new age technologies*. Sage Publications.

17. Elkington, J. (1994), "Towards the sustainable corporation: Win-win-win business strategies for sustainable development," *California Management Review*, 36(2), 90–100.

18. Crittenden, V. L., Crittenden, W. F., Ferrell, L. K., Ferrell, O. C., & Pinney, C. C. (2011), "Market-oriented sustainability: a conceptual framework and propositions," *Journal of the Academy of Marketing Science*, 39(1), 71–85.

19. Peloza, J., & Shang, J. (2011), "How can corporate social responsibility activities create value for stakeholders? A systematic review," *Journal of the Academy of Marketing Science,* 39(1), 117–135.

20. Ballings, M., McCullough, H., & Bharadwaj, N. (2018), "Cause marketing and customer profitability," *Journal of the Academy of Marketing Science, 46* (2), 234–251; Kumar, V. (2020), Global impli-cations of cause-related loyalty marketing. *International Marketing Review*, 37(4), 747–772.

21. Kumar, V., & Ramachandran, D. (2020), "Developing a firm's growth approaches in a new-age technology environment to enhance stake-holder wellbeing," working paper, Georgia State University, GA.